拷问
传媒公信力

——新闻打假十年实录

宋 超 主编

新闻记者 编著

文汇出版社

维护新闻真实性永远是我们从业的铁律（代序）

宋　超

由上海新闻战线"三项学习教育"活动领导小组、上海市新闻工作者协会、文汇新民联合报业集团共同举办的"维护新闻真实性　提高媒体公信力"高峰论坛，是在全国新闻界深入开展"杜绝虚假报道，增强社会责任，加强新闻职业道德建设"专项教育活动的大背景下召开的，是上海开展专项教育活动的一个重要组成部分。举办这次论坛，还有一个重要动因，就是在本次论坛上，市委宣传部嘉奖表彰的《新闻记者》杂志坚持十年新闻打假，为上海新闻界树立了一个对党和人民负责，追求新闻真实性的标杆。我们要借此契机，认真总结，认真思考，结合当前新闻工作的实际，扎实推进"三项学习教育"活动，切实完成好这次专项教育活动的各项任务。

本次论坛的主题是"维护新闻真实性　提高媒体公信力"，这不是一个新话题，但它是新闻工作一个永恒的话题。真实是新闻的生命，公信力是媒体的核心竞争力。这是我们所有从事新闻传播研究或实践工作的人，在与新闻传播事业发生关系的最初，都会受到的教育或者说被要求秉持的理念。但同时，我们也会发现，从诞生"新闻"这个概念开始，就一直伴随有"假新闻"，不同的历史阶段，不同的社会背景下，新闻造假呈现出不同的特点。新闻工作者永远需要警惕"假新闻"被有意无意地炮制出来，维护新闻真实性永远是我们从业的铁律。

下面，我就如何更进一步坚定信念、采取措施、深化成果，谈几点意见：

一、要牢牢树立正确的新闻价值观

实践证明，只有坚持正确的新闻价值观才能坚持正确的舆论导向，只有牢牢树立马克思主义新闻观，我们才能正确把握、充分发挥党的新闻事业在当前中国特色社会主义伟大事业中特殊的、重要的、不可替代的作用。

1. 树立正确的新闻价值观就要注重加强党的知识的学习

我们的新闻事业要坚持马克思主义新闻观的指导地位，这与我们党的性质、宗旨和方针路线有着直接关系，与新闻事业在党的总体工作中的独特地位和作用有着直接关系。高举旗帜、围绕大局、服务人民、改革创新，是党的宣传思想工作的总方针，也是我们新闻舆论工作的总方针。新闻舆论工作的出发点和落脚点，是为人民服务，这是新闻工作的根本价值所在。我们高举旗帜、围绕大局、改革创新，也都是为了更好更有效地服务人民。正由于这一目标宗旨，我们的新闻工作必须知实情、讲实话、办实事。

新闻工作者一定要加强党的知识的学习，加强世界观、方法论的学习，提高思想认识。此次专项教育活动，中央推荐了一批学习材料，其中第一份就是毛泽东同志的《实践论》《矛盾论》。这次专项活动还特别要求各新闻单位党政负责人上党课，加强新闻工作者的党性修养。这项工作，上海的绝大多数新闻单位已经进行了，还要进一步推进。

2. 树立正确的新闻价值观就要注重加强新闻理论学习

理论修养的提高有助于我们正确把握新闻工作的方法、核心、实质，尤其是当前，新闻队伍的从业人员学科背景多样，不少人欠缺基本的新闻理论素养，对于新闻的本质属性、新闻的社会功能、新闻的发展历史，知之甚少，对于何谓新闻真实、新闻价值、新闻舆论导向等缺乏清醒的认识。这次全国"三教办"推荐的《新闻学概论》《马克思主义新闻观研究》《新形势下新闻媒体的党性原则研究》等理论读物都是非常好的学习材料，我们要认真组织学习，加强领会、理解，要善于从中国新闻工作者的视角就新闻理论中的种种问题作进一步的研究和思考，要善于把新闻理论的一些问题放在中国历史和现实的纵深背景下加以考察，增强新闻工作者的使命感和责任感，以正确的新闻价值观引领正确的舆论导向。

二、要培养踏实过硬的采编作风

有好作风才有好作品。杜绝虚假新闻，必须要有踏实、过硬的采编作风，要有"对虚假新闻人人喊打"的行业风气和共同认知。

这次论坛上,童兵教授在概括当前新闻造假的新特征时,用了四个"无":无所顾忌、无所不为、无所畏惧、无动于衷。这四个"无"的概括虽然只是"一家之言",但也的确可以反映出当前的一些新闻造假者的面目和态度。我们再看一看今年《新闻记者》杂志评出的"十大假新闻",可以说简直是令人发指,新闻业界个别造假者的无知无良,已令世人痛恨。

1. 杜绝虚假新闻一定要树立良好的行业风气

对于上海新闻界来说,要继续加大力度推进新闻行风建设和评议工作,尤其要加大对采编作风的建设和评议。新闻真实的第一道关口在采编,新闻记者、编辑没有脚踏实地、认真细致、探根问底、求真务实的精神,没有对党和人民高度负责的精神,不仅不可能出新闻力作精品,就会连基本的真实性都做不到。我们要在整个行业形成良好的风气,铲除虚假报道孳生的土壤。

2. 要树立正面典型,形成重视人才、重视业务的良好氛围

在鞭挞造假者的同时,正面典型的树立非常必要。这几年来,上海各新闻媒体都涌现出不少出色的新闻采编业务人才,也出过一批优秀的新闻作品,中央领导、上海市委领导都有过批示表扬,我们也召开过一系列不同类型的新闻作品、新闻主持等业务研讨会,也一直坚持召开中青年业务骨干座谈会,充分肯定好作风、好作品,产生了积极的作用。在去年的中国新闻奖评选中,上海共有14件作品获奖,获奖种类、总量、一等奖作品的数量都创下历年新高。这可以说是我们重视人才、重视业务的一个反映。

这样的工作,我们要继续花力气抓,在新闻界内部要有一批不但业界叫得响也在社会上叫得响,不但上海叫得响也在全国叫得响的优秀典型。

3. 重视人才,重视业务,关键是要爱护人才、及时奖励,放在关键岗位上使用,体现导向

重视要落实在行动和政策上。我一直表示,对于优秀的记者编辑,我们要在职称评定、培训机会、奖金激励等各方面有直接的体现,要敢于倾斜,敢于奖励,敢于放手使用,让他们有精神、有风光、有地位,而让那种作风浮夸、弄虚作假、吹牛拍马的人自惭形秽,不敢神气。同时,我们也要明确，正面典型可以是优秀的记者、编辑，也可以是我们今天嘉奖的《新闻记者》坚持十年新闻打假这种项目典范。这次对《新闻记者》嘉奖，要重奖编辑部。对于出了好报道的记者编辑，也要及时奖励，分量不要怕重，要体现出奖励的力度和明确指向。

三、要掌握正确的思想方法和工作方法

分析虚假新闻产生的原因，从目前来看，明显因为利益驱动或外部压力而主观、恶意造假的情况并不占多数，有不少虚假新闻的产生，主要是源于不正确的思想方法和工作方法。综合分析历年来不少假新闻的产生，往往与抢新闻、抢独家、想以批评曝光引起轰动等急功近利的思想意识和行为有关。

1. 要正确处理"抢新闻"与确保新闻真实性的关系

新闻工作者都有抢新闻的意识，但抢新闻的前提，必须是准确，抢的必须是"新闻"，而不是最后贻笑大方的"假新闻"。越是想争分夺秒"抢新闻"，就越是要重视正确的工作方法和严格的流程管理，各个工种要有效、密切配合，前后方记者、编辑要高度默契、及时沟通，主要领导要慎重把关，要准确判断哪些是在第一时间可能掌握从而可以披露的新闻事实，而哪些是需要进一步核实或者陆续跟进的。这方面，我们有过不少成功的案例，要认真加以学习、研究。

2. 要正确处理"独家报道"与确保新闻真实性的关系

不少虚假报道，往往是"独家报道"，产生问题的原因往往与抢新闻的心理类似，希望独家，希望具有爆炸性，引起轰动。做出精彩的"独家报道"是每个渴望成功的新闻工作者都追求的，但越是希望做出独家，就越需要比别人投入更大的精力，需要更加深入、细致地采访、核对，更加正确理解和把握新闻事实。"独家"的背后是独家的投入、独家的深入、独家的水平，没有这些独家的功夫，即便是没有出现事实差错，也难以保证独家报道的精彩。

3. 要正确处理"舆论监督"与确保新闻真实性的关系

舆论监督出现不实报道的情况，并不少见，作为宣传管理部门，我们接到对媒体这一类的投诉也相对较多。舆论监督首先要坚持正确的立场、正确

的出发点，要是善意的、建设性的监督。在此基础上，尤其要坚持正确的工作方法。比如我们一直强调的要与批评对象见面，不能偏听偏信；重要批评稿要与有关部门核对，事实一定要准确；特别重大的舆论监督要与党委部门沟通，从政治上把关；等等。这些思想方法和工作方法对于保证舆论监督的正确、准确，非常重要。这也是我们新闻工作的优良传统，要继承和发扬。

四、机制和制度保障要健全

良好的采编作风，正确的思想方法和工作方法，都要有机制和制度的保障。制度化才能常态化、长效化。

1. 要进一步健全监督机制

这次开展"杜绝虚假报道"专项教育活动，按照中央要求，我们特别强调要更进一步建立健全监督机制。目前，上海主要新闻单位都已面向社会公布专项教育活动的监督电话、邮箱等联系方式，同时，进一步健全了内部监督机制。对于社会监督，我们一定要高度重视反馈工作，有问题及时整改，有误解及时澄清，要第一时间把对监督的回应反馈给监督者，这对于维护新闻单位的良好形象很重要。

2. 要更进一步健全预案、奖励等各种有效制度

新闻工作要有预警意识，尤其是对防止虚假报道的产生，一定要有合理科学的管理流程设计，要有出现问题后的及时纠错机制，要有应对预案。奖励和惩罚也要制度化，要有机制保证，有资金保证，有举措保障。这几年，上海有几家媒体相继完成了ISO9001质量认证体系的建设，这里面有很好的制度设计，但关键是落实。

3. 要更进一步健全培训制度

培训千万不能走形式，要保证实效，要受大家欢迎，而不是被人敷衍。这项工作的展开，也一定要以问题为导向、以需求为导向、以项目为导向。这就要求我们要不断了解、认真分析培训需求，结合不同阶段的新闻工作实际，精心设计、不断更新培训课程和内容。比如多设计一些案例教育，不仅可以拿我们身边的案例，中央媒体、兄弟省市媒体的案例，无论是正面、反面的，也都可以经常进行"解剖麻雀式"的分析和研究，这种培训，一定受欢迎。而对有些内容，我们则要坚持反复培训，比如宣传纪律、一段

时间内的宣传指导思想和方针，要坚持反复讲，层层讲。尤其对于这次专项教育活动要求的培训工作，我们要合理安排出时间，要保证出席率，保证培训效果。

五、值得进一步研究和探讨的几个问题

对于新闻真实性和媒体公信力的研究和思考，许多专家、学者和一线的新闻工作者都有不少真知灼见。在我看来，在当前形势下，结合传播技术革命和我国新闻传播事业的发展实践，以下几个问题值得我们做更进一步的研究和探讨：

1. 深入研究媒体形态变化与坚守新闻真实性的关系

在传播技术革命的推动下，新闻媒体的形态到今天可以说达到了空前丰富的一个阶段。传统的平面、广电媒体依然占据主流，而新兴的网络媒体以及"微博"等所谓的"自媒体"正在以惊人的速度发展并影响甚至深刻改变着新闻传播行为。

媒体形态变化带来新闻信息来源、素材收集渠道、采编工作流程等一系列的变化，这些变化在加快传播速度、丰富传播方式、增强与传播受众互动的同时，可能在多大程度上、从哪些方面影响到新闻传播的准确性、新闻的真实性，值得做全面而细致的研究。而在这种影响下，新闻实践需要做什么样的进一步制度设计、流程调整、业务培训等，也需要密切关注和改进。

2. 深入研究坚持正确的新闻价值观与坚守新闻真实性的关系

在分析虚假报道产生原因的时候，我们常常会提到"主观造假"与"客观造假"这两个概念。从媒体实践来说，我们又常常讲，有些错误是"低级错误"，是技术层面比如采编不精、核校不严等原因造成的，而有些虚假报道的炮制，却涉及从业人员新闻价值观的问题，是错误的新闻价值观导致了错误的方法论，从而导致一些违反常识、违背常理的虚假新闻的产生。

从深层次来讲，新闻价值观的背后是立场，立场决定新闻价值判断，决定对新闻事实性质的判定和对新闻材料的取舍。比如，如何判断"局部真实"与"整体真实"的关系，如何判断"阶段性问题"与"历史性问题"的关系，这不是技术层面而是思想层面的问题。高校新闻教学工作者如何培养学生正确的新闻价值观，对于从根源上杜绝虚假报道，维护媒体公信

力有着重要作用，值得我们更进一步思考和研究。

3. 深入研究推进文化体制改革与坚守新闻真实性、提升媒体公信力的关系

当前，国家正深入推进文化体制改革，相当一部分媒体的市场化程度越来越高，媒体从业人员数量空前庞大，队伍构成较以前更为复杂，人员流动加剧，这客观上对我们传统的新闻把关模式或者说新闻管理手段提出了挑战，对新闻队伍的业务培训、资质审查等提出了更高要求。另一方面，我们已经可以在越来越多的报道中，看见市场力量的介入和经济利益群体在背后的影响，再加之媒体市场化竞争的日益激烈，生存压力的加剧，都可能造成新闻媒体在坚守新闻真实性上的动摇甚至是主动造假。

推进体制机制改革是为了更进一步增强媒体的活力，增强主流舆论的影响力，而进入市场之后的媒体，只有更加自觉地坚守新闻真实，才是捍卫媒体公信力和生命力的根本，也才是进一步提升媒体市场竞争力的关键。如何正确把握媒体市场化和增进自律、坚守新闻真实的关系，也值得我们研究。

除了以上几个方面，还有新闻采编流程再造与坚守新闻真实性的关系、媒体集团化与子报子刊管理的关系等等，我认为，都是当前新闻传播实践中抵制虚假报道、增强媒体社会责任感迫切需要关注和解决的问题。

因为时间原因，我只是简单地提出了自己思考的几个问题，而答案正需要理论和实践的对话和碰撞，共同探讨和寻找。理论的研究可以给予实践以思想性的指导，而实践的体验则可极大地丰富理论的认知。这也是我们举办此次"维护新闻真实性 提高媒体公信力"高峰论坛的意义所在。

当前，上海正着力推进"四个率先"、建设"四个中心"，中央要求上海当好推动科学发展、促进社会和谐的排头兵。我想，有着深厚积淀和优良传统的上海新闻界，也要率先把上海媒体的新闻报道打造成业界的"优质产品"，在坚守新闻真实性上走在全国前列。

（作者系上海市新闻工作者协会主席，上海市新闻学会会长，复旦大学新闻学院院长、教授、高级记者。本文系作者在2011年1月21日～22日举行的"维护新闻真实性 提高媒体公信力"高峰论坛上的讲话。）

目录

第三编 新闻打假 任重道远：虚假新闻泛滥现象研究报告

跋

第一编

守护生命 力克顽症：《新闻记者》年度"十大假新闻"评选分析报告

1

作者：童　兵（复旦大学资深特聘教授、博导）

张涛甫（复旦大学新闻学院新闻系主任、副教授）

林溪声（复旦大学新闻学院讲师、博士后）

　　新闻以真实作为其职业生命,失去真实性,也就失去了新闻业的职业合法性。"造假"是新闻业的顽症。新闻业有多古老,假新闻的历史就有多悠久。因此,打假就成为新闻业的"终身"任务。新闻的公共属性,决定了它的表现关乎整个社会的利益与福祉。让假新闻泛滥,即会出现"劣币驱逐良币",其后果是不堪想象的。这不仅是新闻业的不幸,更是全社会的不幸。

　　凡新闻,都是对实实在在的事实的老老实实的反映。[①]假新闻以新闻的面目混迹于新闻丛林之中,有的甚至看上去比真新闻还更像新闻。新闻具备的核心要素,它都有,只不过是假的而已。导致新闻出假的原因可能很多,有故意造假的,有无意致假的,但不论是故意炮制还是无意过失,所产生的假新闻,流入社会,其影响都是负面的,都会对新闻媒体公信力构成很大伤害。正因乎此,不管是社会也好,新闻媒体也罢,都不能容忍假新闻的存在。对于假新闻,出头就打,打假务尽,应成为新闻业永远的职责。

一、《新闻记者》2001~2010年"十大假新闻"样本分析与初步发现

　　本文对假新闻的考察分析,依据的是《新闻记者》杂志从2001年开始连续十年评出的"十大假新闻"。假新闻层出不穷,花样百出,要从每年生产的海量新闻中把假新闻一网打尽,在技术和能力上是不可能的。《新闻记者》抓大放小,每年从大量的假新闻中捞起"大鱼",选出年度"十大假新闻",抽取

最为突出的 10 个假新闻样本，拿出来"示众"。这一评选活动持续十年，因其出色的专业性、案例的典型性，引起社会各界的广泛关注，也对假新闻的生产形成了很大的震慑作用。本文依据这十年《新闻记者》评选的"十大假新闻"，将这 100 个典型样本作为考察对象，试图从中发现新世纪以来中国假新闻生产与传播特征，诊断假新闻生产存在的问题，探寻其根由。在此基础上，寻求根治假新闻的方法与路径。

（一）假新闻首发媒体

2001 ～ 2010 年不同类型媒体"十大假新闻"分布情况

媒体类型	机关报	都市报	专业报	广播电视	网络媒体	其他媒体
假新闻数量	6	63	12	2	13	4
所占百分比	6%	63%	12%	2%	13%	4%

综观 10 年来评选的总计 100 个年度"十大假新闻"在不同类型媒体的分布情况，我们发现，来自报纸的假新闻占绝大多数，有 81 篇，电视媒体有 2 篇，网络媒体有 13 篇。相对而言，报纸、网络媒体出现假新闻的数量多，而广播、电视则比较少。其原因主要在于：一是报纸、网络媒体基数很大，远远多于广播、电视，其假新闻发生的概率也相对较高。二是广播、电视文本的可保存性比较差，在新闻造假方面，电视和广播并非没有作为，只不过囿于技术手段，难以直接取证。[②]因此，电子媒介的假新闻被"捉拿在案"的几率较小。但在 2007年"十大假新闻"名单上，电视媒体居然连中 2 项：一个是北京电视台"透明度"栏目制作播发的"纸箱馅包子"假新闻；另一个是江西电视台"都市情缘"栏目播发的"史上最恶毒后妈虐童"假新闻，都是证据确凿的案例。三是报纸媒介市场发育相对成熟，竞争比较激烈，而网络媒介发展的速度超过了规范的速度，致使新闻操作上常常出现"城门失火"。近年来，由网络媒体首发的假新闻呈上升趋势，值得关注，甚至有些权威网站也会出现在"十大假新闻"名单中，如新浪网、中新网、中国日报网等权威网站也会马失前蹄。

具体到报纸媒体，可以发现，党报的新闻可信度比较高，新闻生产相对规范。当然，这也与中国对时政新闻的特殊规制有关，由于党报刊发的信息主要掌握在党政部门手中，属于垄断性资源，即便其信息失真，也不易证伪。而那些市场化程度较高的报纸,假新闻数量相对较多,像《华西都市报》《半岛都市报》《江南时报》《天府早报》《成都商报》《新快报》《中国经营报》等媒体甚至多次进入"十大假新闻"之列。一个假新闻一经某一媒体首发,就会形成 N 级传播接力,产生巨大传播效应。如《中国少女改写牛津大学 800 年校史》假新闻,先经《黑龙江日报》下属的《生活报》首发,后经新华网、《人民日报·海外版》、中新网等转载,一时,几乎成为家喻户晓的大新闻。

（二）假新闻的作者

假新闻来自于媒体,但新闻生产的主体往往是新闻记者、编辑。作为职业新闻人,他们的职业操守以及专业能力,关乎新闻生产的数量和质量。一旦其职业责任感或专业能力出了问题,假新闻就容易出炉。

在 2001 ~ 2010 年的 100 篇"十大假新闻"中,出自特约记者、自由撰稿人、实习生、通讯员甚至无署名作者的文本占了不小的数量,达到 13 篇之多。出自实习生之手的假新闻,可能由于业务能力不济,造成新闻真实性的失守;而特约记者、通讯员、无署名作者可能因为责任不到位,缺乏刚性约束,这些人可能会心存侥幸,蒙混过关。如 2009 年 1 月 18 日、19 日,《华西都市报》《青岛早报》刊登了题为《深海围"鲨"？》《猎"鲨"行动》等有关我国舰艇编队索马里护航的稿件。稿件均为社会自由撰稿人个人杜撰,两报也未对稿件严格把关,经网络媒体转载、改编,造成了十分恶劣的影响。

庆幸的是,在 10 年"十大假新闻"名单上,鲜见有名记者、名编辑"失身",新闻制假者多是一般采编人员,有不少是聘用人员、实习记者、通讯员等。比如,2007 年北京电视台"纸箱馅包子"假新闻制作者訾北佳即是刚进电视台不久的临时人员。由于职业伦理感淡薄,在名利驱动之下,加之节目截稿期限的催逼,造成新闻真实性失守,致使一个假新闻典型出笼。虽然还没有发现名记者、名编辑栽倒在"十大假新闻"里,但是我们看到,不少主流媒体竟出现在"十大假新闻"名单中,有失名家风范。主流媒体的职业声誉往往是多年积累的结果,一旦在"真实性"上"失贞",对其职业公信力的损害可能是毁灭性的。

（三）假新闻失实程度

一种新闻产品称之为假新闻,一定是新闻严重失实所致。新闻是对事实(fact)的记录。这里所说的事实是经验层面的,是通过专业的而且是可靠的方式收集的相关信息。其他类型的事实探求，比如在有关哲学或科学研究中，也涉及现象与本质的关系。但是在新闻工作的程序中，并不需要那些让你沉思的理性，也不需要与事物的决定性本质相联系的信息。记者们并不需要去预测或者证明什么放之四海而皆准的公理。新闻与科学研究是不一样的，后者需要运用更严格、更缜密的方式来探求事物的真实性，而新闻工作则是与交稿期限紧密相关的实际工作，事实必须被立即得到证实。在新闻工作中，验证事实既是一种政治需要，也是一种职业技能。[③]因此，有学者认为，新闻真实是一个并不复杂的职业要求。[④]这一职业要求是对新闻业的底线要求，并不复杂。不过，在复杂的社会以及复杂的新闻业中，要做到这一点，实属不易。综观十年 100 条"十大假新闻"，我们发现，新闻事实完全失实者达到 71%，部分失实者达到 29%，其中不包括"细节失实"的情况。

2001~2010 年"十大假新闻"失实程度分布情况

失实类型	完全失实	部分失实
新闻数量	71	29
所占百分比	71%	29%

"完全失实"的假新闻，这里是指依据的"新闻事实"是无法在现实层面证实的。这种假新闻是想象、臆造、捏造的产物，是通过想象思维虚构的"事实"。假新闻完全不包括任何事实。[⑤]根据失实的程度差别，即在新闻中被遗漏的事实片断、侧面、事项等对整个新闻完整性、准确性影响的程度，可以把失实新闻在失实范围内大致分为一般性失实新闻（简称为"一般失实"）和严重性失实新闻（简称为"严重失实"）。"一般失实"是指新闻报道中被遗漏的，但却是应该包含在其中的事实片断、侧面、事项等的信息，还不足以造成人们难以把握新闻事实的大致真实面目。"严重失实"是指新闻中遗漏了决定某事实之所以是某事实的关键片断、侧面、事项等的信息，使人们难以通过新闻报道来把握新闻事实的大致面貌。这样的失实新闻几乎就是假新闻。[⑥]上述表格中所言的部分失实，不是"一般性失实"，而是"严重失实"。关于严重失实是不是假新闻，在理论上尚有分歧，但在实践层面，是把"严重失实"者，划入假新闻之列的。《新闻记者》杂志的"十大假新闻"评选，实际上就包括了"严

重失实"的情况。

（四）假新闻的选题类型

2001 ~ 2010 年"十大假新闻"选题类型分布情况

选题类型	时政	经济	社会	文化教育	体育	环境	法制
假新闻数量	22	9	20	31	10	4	4
所占百分比	22％	9％	20％	31％	10％	4％	4％

从上述统计中可见，假新闻出现频率较高的题材多是社会、文化、体育；相对较少的是经济、时政类题材。究其原因，可能与中国当下新闻语境下对不同新闻题材把关的严格程度有关。政经类题材，约束性很强，容不得轻忽，假新闻出现的频率就较低；而社会、文化、体育等领域题材的约束则相对宽松，泥沙俱下，遂成为假新闻的重灾区，比例高达61%。

但是近几年来，时政领域假新闻渐有增多趋势，比如"银监会拟发退市令""加收铁路建设费""济州岛建唐人街""河南新郑市副市长出狱后卖烧饼""巨蟒吞噬中国维和士兵""传我军数百战机青岛上空军演""汤加出现反华风潮""奥巴马送金正日 iPhone 和苹果电脑"等。时政类假新闻增多，其中国际政治类占了较大比重。

（五）假新闻故事框架类型

假新闻作为新闻家族中的"劣币"，混迹于新闻丛林中，把自己伪装成真新闻的模样，很难识别，有时甚至看上去比真新闻还"真实"。常规意义上的新闻要素、范式它都具有，除了事实要素不是真的，其他的部分均不存在破绽，在技术表现上它什么都不缺，造成以假乱真的效果。仔细分析后可以发现，假新闻在新闻叙事框架上是存在一些共同特征的。通过分析，可以发现，假新闻对新闻的显著性和反常性的追求要远远超出真实的新闻。名人、奇闻已经成为假新闻追逐的重要元素，这些元素已深深地内化为假新闻的主要叙事框架。

2001~2010 年"十大假新闻"叙事框架类型分布情况

新闻叙事框架	名人	奇闻	名人＋奇闻
新闻数量	6	70	24
所占百分比	6％	70％	24％

从上述统计看，在假新闻中，利用名人叙事框架的假新闻所占的比例为6%，利用奇闻叙事框架的比例为70%，而利用名人+奇闻叙事框架的为24%。为了追求轰动效果，吸引更多人的眼球，可以看到，无中生有、道听途说、颠倒黑白、移花接木、添枝加叶已成为炮制假新闻的常用手法。

（六）假新闻制假方法

假新闻的制作方法也是形式各异，花样甚多。概其大要，可分为这么几类：

一是无中生有。"无中生有"就是假新闻中所报道的"事实"完全是由报道者凭空捏造出来的，在现实层面是根本不存在的，是地地道道的"客里空"。比如，《成都商报》2008年7月23日刊登的"比尔·盖茨花亿元租房看奥运"即是一例。再如，北京电视台訾北佳炮制的"纸箱馅包子"也是一个典型。

二是道听途说。"道听途说"就是假新闻中所报道的新闻"事实"不是作者亲历现场、认真取证获得的，也没有权威、可信的新闻来源，而是从其他间接渠道获得的。比如，2003年3月29日中国日报网站发表的"比尔·盖茨遇刺"的消息是来自于美国愚人节恶作剧。新闻制作者根本没有进行起码的取证核实，贸然下笔，制造了耸人听闻的虚假新闻。

三是移花接木。"移花接木"就是把发生在A身上的事情移植到B身上，或者把几年前的旧闻"翻新"再"新闻"一次。2004年8月15日，一位陈姓中科院院士逝世。2005年1月26日，《中华读书报》误以为陈家镛先生去世。同样的情况也发生在2009年的一条"十大假新闻"身上，《收藏人物》杂志发表的"陈永贵之子陈明亮涉赌涉毒被刑拘"，就把两个"陈明亮"弄混了。

四是"颠倒黑白"。"颠倒黑白"就是把核心事实要件搞颠倒了。比如，2004年8月29日新浪网体育频道报道：女排姑娘奋战不敌俄罗斯，20年奥运冠军梦惜未能圆。真实的情况则是：中国女排终于拿下阔别多年的奥运金牌。

五是添枝加叶。"添枝加叶"就是假新闻虽然有一定事实依据，但添加了非事实性的内容或细节，造成新闻事实被严重扭曲。比如，2007年6月《杂文月刊》发表的《一次感动》，报道兵妈妈认了176个兵儿子。作者肆意拔高兵妈妈乔文娟的事迹，造成事实严重变形。

需要说明的是，有时假新闻作者往往是多种方法并用的。我们在分析其制假方法时，主要看其以哪种方法为主。比如说，在"道听途说"中可能会出现"添枝加叶"的伎俩。我们考察、分析的重点是其主要方法。

2001 ~ 2010 年"十大假新闻"制假方法

制假方法	无中生有	道听途说	添枝加叶	移花接木	颠倒黑白
新闻数量	45	29	10	11	5
所占百分比	45%	29%	10%	11%	5%

从上表中可以发现，"无中生有"及"道听途说"两种方法占有很大比重。

（七）消息来源

从近十年的"十大假新闻"中可以发现，在100篇假新闻中，没有注明消息来源的比例高达50%，占一半之多。无名头的消息，往往是不负责任的信息。没有消息来源的新闻，无论如何是不能让人放心的。诚如学者李希光所言："新闻媒体中匿名信源现象如不加以规范性地消灭，公众永远不会接近事物的真相。新闻报道和写作中，媒体犯的最可怕的错误不是错别字或者把日期搞错了，而是滥用匿名信源，或者对新闻报道中的当事人不进行任何采访核实。新闻职业标准和道德标准不允许把这些匿名信源散布的信息发表在合法的媒体上。"[⑦]

2001 ~ 2010 年"十大假新闻"消息来源分布情况

消息来源类型	有明确消息来源	没有明确消息来源	其他（图片新闻）
新闻数量	47	50	3
所占百分比	47%	50%	3%

但是，注明了消息来源的新闻就是可信的吗？未必。即便那些看上去是权威的消息来源，也未必权威。比如，2009年11月24日海口市工商局擅自发布农夫山泉饮料总砷含量超标的消息，引起市场恐慌。还有些言之凿凿注明了消息来源的假新闻，不少是移花接木、无中生有的。比如，《越洋电话采访郎平》其实是根据网上资料改头换面编出来的；《秦始皇兵马俑损失严重 专家担忧百年后变煤坑》中的消息来源是中国社科院研究员、环境专家曹俊吉（音），实际上是记者曲解、夸大了他的观点；《新闻从业人员平均寿命45.7岁》的消息来源是医学专家在新闻发布会上的讲话，实际上是《新闻记者》杂志对上海在职死亡新闻工作者平均寿命的调查。《比尔·盖茨遇刺》的消息来源号称是美

国有线新闻网（CNN），实际上是假新闻消息源伪造了 CNN 网页，以假乱真，致使我们的记者信以为真，犯了低级错误，结果贻笑大方。

那些出自权威媒体且标明权威消息来源的新闻同样也会出假。2010 年 5 月 16 日中新社所发的《中国每年有 220 万青少年死于室内污染》一文，消息出处号称是"权威机构调查显示"，而真正的消息提供者是某一科技成果推广会的承办方：北京海曼普环保科技有限公司。对此，记者没有认真核实，致使假新闻出笼。

在互联网时代，信息资讯异常丰富，网上的海量信息给新闻媒体提供了非常丰富的信息资源，但是虚拟世界的"新闻"很容易出现假冒伪劣，我们发现，在"十大假新闻"中，有不少的消息来源出自网上信息。这说明，网上信息渐渐成为假新闻生产的一个重要源头。在 100 篇假新闻中，有 14 篇竟然是假新闻制作者从网上拿来的。有的是直接照搬，有的则作了拼接、改装。

（八）纠错媒体

媒体规模的扩张和竞争的白热化既提高了假新闻出现的概率，也扩大了纠错、打假的阵容。这对制作假新闻形成了巨大的震慑。从统计中可以发现，11% 的假新闻是刊播媒体自己出来纠正错误、以正视听的；有 53% 的假新闻是由其他媒体揭穿的；还有 36% 的假新闻是由其他渠道揭穿的，比如，由假新闻受害主体出面揭穿，或通过新闻发言人出面辟谣，澄清事实。另外，来自于网民揭穿的假新闻，也占很小的比例，但网民参与新闻"打假"，是一个值得关注的趋势。

2001~2010 年"十大假新闻"纠错情况

纠错类型	自身纠错	其他媒体纠错	其他
新闻数量	11	53	36
所占百分比	11%	53%	36%

（九）假新闻纠错时间差

假新闻流入社会，就会产生或多或少的影响，甚至还会酿成巨大的负面影响。因此，假新闻一旦出现，就需要在尽可能短的时间内将其揭穿、纠正过来，假新闻在社会上传播的时间越长，其负面影响也就越大。反过来说，假新闻的寿命越短,其负面影响也就越小。

2001～2010年"十大假新闻"纠错时间差分布情况

纠错时间差	1天之内	2～7天之内	7天以上	30天以上	不确定
新闻数量	20	39	19	9	13
所占百分比	20%	39%	19%	9%	13%

从统计数据中发现,在媒体高度发达的今天,假新闻的生命周期相对短暂,在7天内得到纠正的比例最高,高达三分之二的比重。

(十)假新闻生产主体认错、纠错情况

假新闻的产生是一种职业过失行为。假新闻制作可分为"有意过失"与"无意过失"两种情况。不管是出于故意还是无意,新闻虚假作为一种职业过失行为,一旦发生,就会带来社会后果。假新闻发生后,行为主体采取怎样的姿态和行动面对公众和传媒共同体,是我们观察假新闻行为主体职业伦理和社会责任感的重要方面。采取鸵鸟策略者有之;狡辩、赖账者有之;而主动认错、纠错者也有较大比重。在100个假新闻样本中,能够有明确认错、纠错表示的有28个。在早期假新闻中,有认错、纠错表现的并不多见,近年来,随着国家主管部门的重视,公开点名批评了一些媒体的虚假新闻,认错、纠错的情况渐渐多了起来。值得一提的是,《中国新闻周刊》2010年12月6日官方微博发布了"金庸去世"的假新闻。当天夜里,《中国新闻周刊》副总编辑、新媒体总编辑刘新宇在新浪微博上承认其失误,并于第二天辞去《中国新闻周刊》副总编辑、新媒体总编辑职务。如此高调、果决的认错、纠错表现,可敬可佩,这为业界树立了一个新标杆。

(十一)我们的初步发现

通过对《新闻记者》连续十年评选出的"十大假新闻"的统计分析,我们可以得出以下结论:

1. 新闻真实是一个并不复杂的要求。但是,这一要求在新闻实践中则经常失守,致使假新闻的接连发生。问题在于,新闻从业者在常识问题上不能坚守。他们或故意,或无意,放弃了新闻职业的底线伦理。有的假新闻假得匪夷所思,远远超出了职业规范的底线。我们发现,随着新闻专业水平的提升,新闻造假的技巧也在提高，造假者的技术也更趋老到，识别起来也比较困难。

2. 假新闻的重灾区是社会、文化教育、体育类新闻，这与中国新闻语境下的新闻控制机制有关，也与受众日常新闻偏好有关。近年来，新闻娱乐化趋向日益明显，"眼球"新闻泛滥成灾。在这过程中，假新闻频频发生。相对而言，时政、财经等硬新闻造假的比重不太大，但在近几年却有上升趋势。

3. 在假新闻所涉媒体中，我们发现，有不少媒体不是严格意义的新闻媒体。比如，《家庭》《知音》《廉政瞭望》《收藏人物》等，它们在叙述"事实"的时候，其新闻专业意识、技术都难以与正规的新闻媒体相提并论。因此，出自这些非严格意义上的新闻媒体的假新闻，不妨不作为重点关注，而对那些转载、改编这些非新闻媒体的新闻媒体，则要严加对待，不可轻忽。

4. 有一个现象值得注意：一个假新闻会同时出现在数家媒体上，出现假新闻"共振"现象。有研究者称之为："一报感冒，众报吃药。"比如，《比尔·盖茨花亿元租房看奥运》的报道，除了"原创媒体"《成都商报》外，同一天还见诸《重庆晨报》《楚天都市报》《南方都市报》《都市快报》《现代快报》等媒体。这些媒体早在 2007 年 7 月结成"捷报奥运同盟"，可以在统一发稿平台上共享新闻资源。⑧一个假新闻会产生这么大的燎原之势，反映出都市报群体在新闻真实性的把关上是比较薄弱的。

5. 假新闻也是一座公民新闻教育的课堂。每年"示众"的假新闻，都是一个个鲜活的反面教材。新闻受众在这些假新闻中，可以了解到新闻制假的圈套和伎俩，获得一些识别假新闻的技巧与方法。比如，对那些看上去耸人听闻、极具戏剧性的新闻，要多存一个心眼；对那些与假新闻"黑名单"类似的新闻，要保持警惕；对那些易发、频发新闻的媒体，要有戒心。

二、十年假新闻屡禁不绝的缘由剖析

2001 ~ 2010 年，《新闻记者》每年揭露与剖析十条假新闻。这十年，正是新世纪第一个十年，是中国经济社会大发展的十年，也是党和政府倾力反腐倡廉扶正祛邪的十年。文风是党风的重要组成部分。邓小平指出，我们党的作风，群众路线和实事求是是两条最根本的东西；说空话、说大话、说假话的恶习必须杜绝。[⑨]他的口号就是:抓作风,改文风。包括《新闻记者》在内的全国新闻界齐心协力反对新闻造假,是整顿党风、改进文风伟大工程的重要部分。

十年假新闻屡禁不绝,以至《新闻记者》同仁评选假新闻的工作欲罢不能,很大程度上是党风不正、社会风气不良导致新闻文风败坏的结果。换言之,新闻造假,传媒腐败,反映出社会生活和党内生活中存在着造假和腐败的土壤,存在着文风败坏的大环境、大气候。不能说我们党对反腐倡廉不重视,也不能说新闻界对整顿文风不给力。不看别的,单看《新闻记者》每年着力新闻打假的复杂心态就足以证明。编者在《2002年十大假新闻》按语中说:去年(即2001年,《新闻记者》从这一年开始新闻打假)本刊评选出"2001年十大假新闻",迅即为国内外无数媒体所转载。但作为新闻从业人员,我们毫无兴奋可言,却感到自责和愧疚,因为在我们的理念中,新闻和造假本是水火不容。原打算"2001年十大假新闻"的评选是第一次,也是最后一次,但是,2002年的传媒依然生产了为数不少的假新闻,使我们不得不改变初衷,再作冯妇。

就这样,一年又一年,持续到2007年时,编者按中说:屈指算来,评选年度"十大假新闻"活动已进入第六个年头。这六年来,虽然我们曾被误解,虽然我们曾蒙受委屈,虽然我们也曾想偃旗息鼓,但是,眼看假新闻依然猖獗,仍时不时地出现在我们的媒体上,作为有良知的新闻人,羞愤汗颜、痛心疾首的同时,更坚定了新闻打假的信念。

到了2008年,编者在按语中流露的心态更复杂,也更坚定:抗战八年,虽然漫长,终获胜利。然而,本刊评选年度假新闻,也已经整整八年,却尚未见到胜利的曙光。可见新闻打假之难!这是八年前我们不曾想到的。原以为只要竖起新闻打假的大旗,呼啦啦立马就会聚集起浩浩荡荡的讨伐大军,不消半个时辰,假新闻便"谈笑间樯橹灰飞烟灭"。如今反思,我们过于善良,高估了媒体人的自律力;我们过于天真,低估了假新闻的生命力。现在方知,因为毒草的孳生,离不开合适的土壤,光拔草而不除根基,必定如春韭,割了一茬又一茬。看来,这场持久战恐怕远无停战之日。也罢,八年之后,让我们从头再来!

综观这十年假新闻出笼的大环境、大气候,不外这样几个方面:

一是党政机关夸大业绩,通过传媒给自己戴"数字"大红花。读到一个"编外记者"的"自白"，此人在两年时间里写了80多篇假新闻："表扬稿可以随便写，尤其是一些企业，你夸大业绩，人家不会怪你。"这就是这位"记者"的理念。⑩不少内参和内部通讯对各地胡编乱造GDP神话有许多揭露，但对这类假货的公开批评却鲜有披露，所以《新闻记者》十年新闻打假，100篇假新闻中这种假货居然不见。一次见到一篇近似"正面报道"的假新闻，编辑还着实为此高兴了一回。以"正面报道"为基调的假新闻多数没有得到无情揭露，没有成为"过街老鼠"被人痛打，其中有着复杂的、值得深思的时代背景。

二是商业利益冲击正常采编活动，导致假新闻泛滥。片面夸大对方厂家产品的缺点毛病，以便使自己的产品"鸠占鹊巢"，这类报道十有八九有问题，一些假新闻就是这样出笼的。不能不关注，有的假新闻，是新闻同行揭露的，同城报纸或同类报纸对这类假新闻的揭露与批判，下手特别重，这其中也有着商业竞争的成份。近年多次发生宣传领导机构或公安部门的领导亲自陪同厂家到传媒单位兴师问罪的事，背后也透视出商家的操控，透视出官商勾结和商业利益同执法机构的"合作"。这种商家操控或官商勾结背景下生产出来的"新闻"，造假是很难避免的。被《新闻记者》打假的其中有这样一条假新闻，撰写这条"新闻"使用的稿纸和联系电话号码都是一家旅游开发公司的，这条"新闻"报道该地建成一座纪念烈士的公园，实际上是该公司新开发的一项旅游产品。

三是进入市场经济后，新闻传播体制没有同步改革，致使新闻生产缺少章法，人员管理混乱，让假新闻乘虚而入。最典型的案例是"纸箱馅包子"。北京电视台一名记者以为民工购买早点的名义，要求几个外地来京打工者为他做一批包子，制作包子所用的面粉和肉馅由这个记者提供。这些外地打工者制作包子时，这个记者要求他们将他捡来的纸箱用水浸泡剁碎掺入肉馅，还让人对这些打工者介绍"肉和纸的比例关系"，介绍"使用火碱"的技术，而这个记者则用偷偷携带的摄像机将这些情景一一拍摄下来。可是北京电视台在向观众道歉时却强调这个记者是台里的"临时工作人员"，言外之意，此人不是北京电视台正式职工，因此和电视台没有直接关系。类似的假新闻差不多都是这样解释。出了假新闻，传媒机构不是说造假者是"外聘人员""临时工"，就是说造假者不是本单位的，不是台里或社里正式聘用的人员。这里，除了推诿之词必须受到指责外，不健全的管理体制也令人担忧。

　　四是除了党风不正、商风劲吹、体制混乱等有关大环境方面的因素之外，近几年传媒自身管理乏力、有章不循也是导致假新闻屡禁不绝的不可忽视的原因。

　　假新闻《女记者与"狼"共穴61天》之所以得以出笼，同刊载传媒不守新闻规则直接相关。文说山西省城一家党报的记者吴丽因曝光一家造纸厂污染环境，被该厂老板雇人打压并一再转卖。该文的真实性其实很容易核实，只消往省城这家报社打个电话就行了。但不，他们反反复复找作者本人核实，让作者确认其人其事。试想，哪个作者会说自己写的报道不是真的？由此可见，核实制度的缺乏和核实方法的错误，也是假新闻得以出台的一个原因。另一个恶劣的例子:2003年一篇报道说，美国有线电视网CNN消息称，微软总裁比尔·盖茨出席洛杉矶的一个慈善活动时遭到暗杀并身亡，国内各大网站相继转发这条消息，结果是以讹传讹。如果有明确的核实规定并严格执行这一规定，这样的错误完全可以杜绝。

　　五是网络技术普及以后，为新闻生产增添了翅膀，但也使假新闻炮制者获得了方便条件。

　　2007年4月16日，美国《芝加哥太阳时报》专栏记者得知警方正在调查弗吉尼亚理工大学杀害32人的凶手是否是上年持学生签证来到美国的中国公民，随即发出消息报道。这个专栏记者并没有明确说行凶者就是中国留学生。可是我国中新网援引此报道向国内发出消息,毫无根据地直接加上"'初步认定'是中国留学生"。于是，中国留学生杀了32个美国人的"消息"通过网络不胫而走，传遍全国。当时不少看到这条消息的国人都为此感到羞愧，并表示十分愤慨。不料时过一天,4月17日晚上9时许，美国CNN直播美国警方宣布的消息，经过仔细调查，凶手的身份水落石出——23岁韩国学生赵承辉。

　　据《新闻记者》统计分析，2008年出现的假新闻，来源于网络的比例远高于往年。如《上海方言"嗲（dia）"字收入〈牛津英语词典〉》《北京房地产商协会会长赞成炸掉故宫盖住宅》《郭晶晶怀上霍启刚骨肉欲离队》《孙中山是韩国人》等均为网络假新闻。《新闻记者》的编辑指出，"媒体的新闻采访重点，逐渐从现实生活转向虚拟的网络世界"。这种现象，应该引起我们的高度重视。新闻打假，从防范网络传播的新闻造假开始，应该是一个新的重点。

　　过去有一条经验，引用资料或转载新闻要注意着重取材于权威报刊。这条经验，现在也要打个问号。2003年2月15日《人民日报》报道《广东非典型肺炎已得到有效控制，大部分病人痊愈出院》，可是实际情况却是：2月6日，非典型肺炎进入发病高峰，全省发现病例218例，当天增加45例，大大超过此前单日新增病例；2月12日上午，省政府新闻办宣布至2003年2月9日，全省报告病例305例，死亡5例；2月28日，全省累计发生病例789例。新华社2003年4月4日报道，截至3月31日，全国共报告非典型肺炎1190例，其中北京12例。事实真相是，截至4月18日，全国累计报告非典型肺炎病例1807例，其中，广东1304例，北京339例。尽管《人民日报》和新华社都是依据政府新闻源发布的新闻，但作为新闻生产者，它们仍应对编发的假新闻负有一定的责任。2003年非典时期发生的这些假新闻，因为出于非典的特殊情况，还有可以谅解的"理由"；而有的假新闻，出于非"非典"条件下，我们记者更应该认真反思和反省。2009年上海的钓鱼执法事件发生后，浦东新区有关权威部门信誓旦旦声称是"依法执行任务"，并向传媒发布所谓的权威消息，而几天后这个"权威消息"即被证实完全是一派胡言。这类造假的新闻，不能完全把责任算在传媒头上。但有些传媒明明知道确确实实是"钓鱼"，也不去揭露，不搞真实报道，还是应该负一定责任的。2009年这一年类似教训很多。所以《新闻记者》提醒新闻传媒，不能过于相信权威信息源，应该尽力独立采访，查明真相。笔者觉得还应加上一句，对任何信息源，包括权威信息源，必须保持质疑精神，要坚持独立调查，独立采访，尽可能有两个以上互为佐证的信息源。这一点，应该成为确保新闻完全真实的一种规定，一项举措。

　　本文将要用更多的篇幅，分析新闻生产第一线员工——编辑记者本身的不足，如何造成新闻失实、新闻造假。之所以这样做，因为：一、记者编辑是新闻生产的主要完成者；二、当前记者编辑素质与修养的不足，直接导致假新闻的出笼；三、甚至有一些完全没有资格担当记者编辑——人类灵魂工程师——的人，充斥着传媒采编重要岗位。

　　让我们从《新闻记者》十年揭露的假新闻作者中，对肇事的记者编辑以及通讯员、自由撰稿人作一些分类与分析。

　　有一些记者编辑对新闻报道工作视同儿戏，极其不负责任。有家报纸以"布什要把夏威夷卖给日本？"为题发表"新闻"，并以"布什要卖掉夏威夷"几个字作头版导读。报道说，在获知布什准备出售岛屿的计划后，98%的夏威夷居民感到"极度愤怒"。后据揭露，发现这条所谓的新闻在美国或世界其他权威媒体上都未见引用，唯一刊登过该消息的是美国的一家称为《世界新闻周刊》的娱乐搞怪杂志，而中国这家报纸几乎一字不差地翻译转载了这家搞怪杂志的全文。有人指出，《世界新闻周刊》素以刊登荒诞不经的假新闻著称，它虽然貌似新闻媒体，但实质颇近似娱乐趣闻和政治笑话杂志。从西方搞笑小报上去寻找所谓的"新闻"，刊登在我们自己的严肃报纸上，而且连美国总统的玩笑都敢开，这些报纸和它们的工作人员哪里还有一点起码的专业素质和职业精神？

还有一家国内著名大报的网站发表了一条题为"杨振宁证实夫人翁帆怀孕3个月"的"新闻"。为了证明这篇报道的可靠，记者还说自己"经多方打听"。这家网站还自鸣得意，认为这条新闻"引起的震动不亚于我国爆炸了第一颗原子弹，具备了划时代的意义"。实际上，子虚乌有，是个天大的笑话。这家国字号大报的网站及其相关工作者，哪里还有一点点社会责任感？

有一些记者仅凭道听途说写新闻，结果一条又一条假新闻源源不断地流向社会，毒害民众。一家报纸刊出《王小丫陈章良携手入围城？》。这条"新闻"说，记者从央视内部获知了一个惊人的消息，以往对外宣称自己感情生活空白的央视"名嘴"王小丫终于在临近不惑之年之际将自己悄悄嫁掉了！夫君就是国内青年才俊、中国农业大学校长陈章良。王小丫表示，这完全是条假新闻，她与作者并不相识，作者也未采访过她。刊登假新闻的这家报纸交代：因采访、刊发该消息时听信误传，未及与文中所涉及的两位当事人求证，造成文中报道的情况与事实有出入。其实，何止"有出入"，而是基本事实根本不存在，新闻的基本要素都不成立。中国农业大学新闻发言人指出：把道听途说的小道消息作为新闻报道是极其不负责任的，是对当事人名誉的侵害，也是有违新闻工作者职业道德的。

还有几家报纸同时刊出一条假新闻《中国作协作家入住总统套房》，造成极其恶劣的影响，给中国作协的作家们抹了黑。事实是，中国作协召开主席团和全委会，与歌星张信哲恰巧同一天到达重庆，又住同一家酒店，于是成为记者们追踪的对象，他们从"接待人员处获悉"种种信息，不找作协核实，便有了上面的假新闻。对于新闻记者来说，道听途说真是害死人。

还有的记者，连道听途说都不必，自己关起门来凭空杜撰，就搞出了"新闻"。"新闻"说，在郑州市政局和旅游局交汇路口，有一家"李记烧烤店"生意火爆，老板曾经是河南省新郑市的副市长。新郑市人民政府新闻办公室就此文发表声明指出《河南新郑市原副市长李兆才出狱后卖烧烤》一文纯属作者王发坤杜撰，新郑市根本没有李兆才担任副市长一事。事后有人揭露，早在两年前，这篇假新闻已在别的几家报刊上发表过。炮制该文的王发坤不仅不思悔过，还说：现在社会上副教授挂职当副市长的事不是常有嘛，出狱后重新做人的事也是常有的嘛，这些都是有现实基础的，况且我杜撰的目的本来就是感化人的灵魂。

还有一条假新闻更令人憎恶。2006年有人突发奇想，在网上提出，既然有专家说南京长江大桥阻碍长江开发建设，那就把它炸掉，何不把故宫也炸掉，改为建房用地。但此人声明，这篇所谓的新闻是个人炮制的文学作品，并非事实。不料两年之后，有家报纸居然把它当作新闻，加上"北京房地产商协会会长赞成炸掉故宫盖住宅"的标题，公开发表。发表之后，虽然令人吃惊，报纸获得了"轰动效应"，却使我们民族蒙羞，给首都抹黑。

正是为了片面地追求所谓的"轰动效应"，有的记者和编辑对事实真相不去揭示，对事实细节不详加考察，使假新闻一条接一条问世，贻害社会和民众，也极大地伤害了传媒的公信力。有家报社记者听说垃圾场惊现儿童残肢，迅速赶到现场，看到一个白色塑料袋边放着两条小孩胳膊，塑料袋里装有碎肉、骨头。办案人员认为这是一起杀人碎尸案。记者根据这些所见所闻，写出报道，公开发表。后来警方经多方调查确认，两截人体上臂及碎肉组织，系一家中医学院基础学实验室标本制作室制作标本时所切除的碎片，属于正常教学尸体标本。有关人员将其装入塑料袋中，准备次日入库，不料学校清洁工清扫时，误将其当作生活垃圾送到了垃圾堆场。这篇假新闻问世，是记者不深入采访和想当然造成的，而且编辑询问细节时，记者还故意隐瞒了一些自己加上去的如生姜、朝天椒及手臂被煮熟等不存在的细节，容易让人产生联想。

正因为一些记者采访不深入，又轻信他人介绍和提供的资料，个别别有用心的人还会故意出这些记者的洋相。一个"超级孕妇"自称怀了五胞胎，还让记者量了她的腰围和后腰到腹部顶端的距离。正当这个记者为获得这条千载难逢的"大新闻"（怀五胞胎概率为六千万分之一）乐不可支的时候，这个"超级孕妇"却当着另一家传媒记者和医院院长的面，自述怀有五胞胎是假的，她把塞在外衣里的东西——掏出来，竟是棉被、毛衣等物品，用手拎一下，足足有七八公斤。这个玩笑开得有点过火，但也切切实实给我们那些不深入采访、爱听信他人的记者上了一课。

还有的传媒把明显的恶搞作品视作"新闻"，公开发表与传播。2010 年假新闻中最恶劣的是《一女生世博排队被强奸怀孕》，隐姓埋名者（冒名署为"《新民晚报》两记者"）虚构的极其拙劣、漏洞百出的假新闻，居然被众多媒体争相传播，足以说明这些媒体及其工作者素质之差。其实，这条所谓的新闻中提到派出所、世博会场馆、《新民晚报》，想发表这条"新闻"的传媒只需举手之劳——打一个电话，问一下场馆，就可以证伪，却让"轰动效应"弄"瞎"了眼睛，麻木了神经。这条"新闻"给上海世博会，给中国，带来了极大的负面影响，也给发表它的传媒以及全中国的传媒的公信力以巨大的伤害。笔者建议将这个典型案例写入新闻史，将它钉上历史耻辱柱。

还有些假新闻反映出一些传媒及其工作者缺乏最基本的知识甚至生活常识。没有基本的知识准备而从事新闻工作，出现假新闻是难免的。一家大网站推出一则报道《美传媒称千年女木乃伊出土后怀孕》，说一埃及考古小组在开罗挖掘出一具已逝世超过 3000 年的经防腐处理的女木乃伊，最近被人发现并证实，这具木乃伊竟在出土后怀孕，至今其腹中胎儿看来已有 8 个月，经超声波检查胎儿发育正常。报道还说，看守人已承认自己是胎儿父亲，他难以抗拒女木乃伊的美色，不禁对她表达爱意。有专家对该报道发表意见，评价是 12 个字：惊天之作，违背常理，不可思议。他说，木乃伊已经过防腐处理，其大脑和内脏均已拿掉，人体活的细胞已不复存在，而且木乃伊只有在干燥的特定自然环境中才能存在，怎么可能受孕？因为缺乏基本的知识，这家大网站的编辑真假不辨，将其作为"新闻"推出，给人们提供了一个笑柄。有人批评说，希望我们的记者"聪明些"。

过去十年《新闻记者》评出的 100 篇假新闻中，属于知识不足被骗上当而出台的假新闻在 10 篇以上。一家晚报刊出一条新闻：高速列车 3 秒钟可跨越长江大桥。有人计算，1 小时有 3600 秒，3 秒钟过大桥，长兴洲长江大桥全长 4657 米，就是说这列火车能在 1 小时内过大桥 1200 次。据计算，$4.657 \times 1200 = 5588.4$，也就是说，这列火车的时速是 5588.4 公里。上海的磁悬浮列车时速是 400 多公里，世界上最快的列车时速是 550 公里，而超音速飞机的时速也不过 1065 公里，这列火车将成为空前绝后的"超超音速火车"，闹了一个大笑话。类似的还有《北京人可喝上贝加尔湖纯净水？》《地球生命只剩 50 年》等，都是天方夜谭式的假新闻。

最后，有一些传媒人信口开河，胡编滥造，完全不具备当记者的资格。对付这类人，最简单的办法，是请他们离开新闻记者的队伍。一家省城的生活报，发表《富平发生一起特大家庭惨案，老母猪吃掉一岁半男童，刘老汉毙猪杀妻服毒自杀》，撰稿人为记者和通讯员。后经调查，根本没有这回事。这样不负责任的记者加上同样不负责任的通讯员实在是一颗埋在报社里的"炸弹"，太危险了。还有一个记者蓄意编造的《180 万买辆宝马车砸着玩》(同时发表在好几家报纸上)、署名杨滨的《炒蒜高手掷千万买走百斤金条》也都是信手编造的假货。前者是一家早报记者所为，后者是一家黄金营销公司工作人员撰写。这些记者及通讯员完全把新闻报道视作儿戏，将他们称作"记者"和"通讯员"简直是对新闻工作者称谓的玷污，应该尽早将他们清除出新闻工作队伍。

从理论上说，新闻记者和编辑的素质是指新闻传播者在从事新闻实践的过程中，为了完成或实现自身的目标和使命，所应该掌握和具有的某些特点、特长和能力。在社会主义国家，这种新闻素质包括政治素质和业务素质两个方面。政治素质是新闻传播者的基本素质，核心是要求新闻传播者在大量错综复杂的客观事物面前所具有的坚定政治立场和鲜明的政治倾向性，当前突出表现为党性意识、大局意识、责任意识。业务素质是新闻传播者能够胜任本职工作的重要素质，当前突出强调要牢牢树立坚持新闻的真实性、客观性、公开性等理念并将它们变为自觉行为的能力，其中特别要高度重视真实是新闻的生命的理念，并自觉地同种种新闻造假的言行作不调和的斗争。

新闻传播是一种新闻传播者与新闻接受者出于共同需求的互动性社会行为。新闻接受者的需求与爱好，是新闻传播活动的永恒动力，因而这种需求和爱好，同样也是新闻造假者的一种推动力。由于我们尚处于社会主义初级阶段，部分受众的道德修养同全社会蓬勃向上的总趋势有着一定距离，其文化消费心理存在着一些不健康倾向，对猎奇、变态、低级、庸俗等内容表示欣赏与喝彩，使得假新闻在他们中间存有一定的市场。有家网站对假新闻《女黑老大包养16个年轻男子供自己玩乐》发表评论说：从这篇假新闻中可以读出，无良媒体职业操守的缺失，社会公众消费心理的畸误，以及职能部门的懒政与不作为。谢才萍包养情人的假新闻如此，其他形形色色的假新闻，又何尝不是如此呢？

但是，在新闻传播活动中，新闻传播者往往处于主导地位。马克思指出过，生产者不仅生产着物质客体，同时也生产着使用这些物质客体的主体。[11]新闻受众的某些心态、习惯和需求，同假新闻对他们的长期潜移默化的影响是分不开的。所以，我们剖析假新闻产生的缘由，批评的刀锋始终对着新闻生产者——记者编辑的素质与行为。

如果我们能够正确而有效地对待不利于坚持真实报道的大环境大气候中的各种因素，能够正确而有效地推进坚持新闻真实性的新闻体制与机制改革，能够正确而有效地提升新闻传播者的政治素质与业务素质，我们必将能够有效地防范与克服新闻造假现象，将真实报道新闻坚持到底。

三、构建杜绝虚假报道、提升传媒公信力的长效治理机制

我们在前面已有详细的分析，导致虚假报道的原因多种多样，有主观故意造假，有无意失职致假，也有被动无奈协从作假，还有社会方面的因素。但不论出于何种原因、基于何种目的，虚假报道的社会影响都是负面的。新闻传媒的公信力是新闻传媒能够获得受众信任的能力，反映了新闻传媒以新闻报道为主体的信息产品被受众认可、信任乃至赞美的程度。[12]真实、诚信是新闻传媒公信力的核心要素，其一旦受损，将会影响受众对传媒内在品格和专业素质的评判，影响一个国家、一个社会普遍性的心理倾向，导致社会不良风气蔓延。而不良社会风气，又会进一步推动虚假报道大行其道，产生锁定效应，导致新闻业的恶性循环。正因为如此，对虚假报道"零容忍"，应当成为整个新闻业的集体共识，并在此基础上积极探求彻底杜绝虚假报道、提升传媒公信力的方法与路径。

（一）从加强执政党的执政能力、提高政府公信力的高度，认识和对待新闻"打假"

我国现行的传媒体制对党报、党刊、电台、电视台等重要的新闻传媒单位实行国家所有、企业化经营，新闻传媒一方面要完成导向、宣传等意识形态任务，另一方面又要通过自身经营谋求再生产。[13]作为一项基本的政治原则，党管媒体的体制不能动摇，新闻传媒公信力就应成为政府公信力的有机组成部分，打击虚假报道、提升新闻传媒的公信力，也应成为提升执政党执政能力的题中应有之义。

从《新闻记者》十年新闻"打假"的历程来看，虚假报道从社会、文化、教育领域，逐渐向时政领域渗透。以没有上榜但大量存在的注水的政绩新闻来说，用新闻的品质来考核，可以毫无悬念地将其断定为虚假报道。国家统计局前任局长李德水就曾披露，某年各省区市上报的全年 GDP 汇总数据，比国家统计局公布的 GDP 增速高出 3.9 个百分点，总量差距高达 26582 亿元。国家统计局局长马建堂提供的数据则显示，从近年来全国统计执法检查的情况看，虚报、瞒报、伪造、篡改统计资料的违法行为约占全部统计违法行为的 60%。[14]虚假的政绩报道导致党风、社会风气不正，个别领导干部好大喜功，对虚假报道麻木、漠视，把对新闻传媒的监督管理，变成可以自主裁量的个人权力，导致其治下的新闻传媒常常只讲成绩不讲问题，变相推动虚假报道的产生，导致新闻传媒公信力下降。

早在 2006 年 10 月，《中共中央关于构建社会主义和谐社会若干重大问题的决定》就曾经提出，要塑造自尊自信、理性平和、积极向上的社会心态。2011 年，将"弘扬科学精神，加强人文关怀，注重心理辅导，培育奋发进取、理性平和、开放包容的社会心态"写入"十二五"规划纲要。对健康的社会心态的强调，是由于经济发展带来的城乡差异的现实存在、利益分配格局的渐次调整、生活方式及价值观念的深刻变异等原因，使得当代中国进入"风险社会"，各种社会矛盾凸显，处理不好就有可能导致极端事件的出现。从贵州瓮安群体性事件开始，几乎每一个群体性事件的背后，都有谣言的存在，而谣言能够制造并传播成功，说明一旦在受众心中形成主流新闻报道不真实、不可信的刻板印象，官方舆论就有可能在与民间舆论的博弈中失败。以手机、互联网为主的新兴媒体部分解构和消解了官方权威,使得谣言和虚假报道的传播影响呈几何级数攀升,造成更多的误会和偏见,导致社会矛盾加剧。

新闻传媒担负着维护国家利益、促进经济社会发展、传播先进文化、弘扬时代精神的使命和责任,党员干部和各级政府应该时刻铭记立党为公、执政为民的思想,真正做到遵循新闻传播规律,"善待媒体、善用媒体、善管媒体"。特别是要加强党风、政风建设,推行决策的科学化、民主化,加强社会管理和公共服务,保证新闻宣传的真实性,并有相当的针对性、时效性。新闻传媒也必须尊重和珍视国家和人民赋予的权利,全心全意为公共利益服务,为党和国家工作的大局服务,真实报道新闻,正确引导舆论。

(二)以专业规范为抓手,培养新闻从业者的伦理自主性,建构诚信传播体系

从新闻失实的程度来看,《新闻记者》十年评选的 100 条假新闻大部分属于完全失实或严重失实,是彻头彻尾的假新闻。广义而言,虚假新闻还应该包括以金钱进行非法交易的有偿新闻、盲目追求"卖点"的炒作新闻,以及文不对题的标题新闻等等。这些变质的新闻产品,造成新闻报道被异化,新闻价值观被扭曲,直接影响到社会公众的实际利益和正常判断,导致媒体失信于民,社会风气被污染。新闻真实性原则是新闻从业者必须坚守的原则底线,一旦碰触这一底线,就失去了作为记者的职业操守和道德水准。针对上述严重违背新闻传播职业操守的现象,应参照全社会现阶段的道德准则,为新闻从业者提供具有普遍认同性的道德律令,建构诚信传播体系。

国内目前已经有了一定的具体措施,来保证新闻从业者队伍的专业性。国家新闻出版总署规定持有"新闻记者证"的新闻从业者,必须具备大学专科以上学历;在新闻机构编制内从事新闻采编工作,或经新闻机构正式聘用从事新闻采编工作,且连续聘用时间已达一年以上;建立了"全国新闻记者证管理及核验系统",实现对全国记者证的科学管理;向社会公众提供记者身份查验的便捷方式,便于社会监督;等等。[15]然而,从总体上看,大部分新闻从业者的专业意识还比较薄弱,表现在专业资格的获取比较被动、文化积累和专业技能训练的动力不足、考核评判的道德强调不够等等。

对于专业性职业,普遍存在道德与条例的双重规范,以保证从业者对公共利益的坚持。相比道德性规范，条例性规范只有通过"个体社会化"，将外在条件内化为认知尺度和自律准则，才有可能实现"自我评判、自我监控、自我激励、自我惩罚"的良好效果。新闻工作使命重大，为金钱报道，还是为责任报道？对权力负责，还是对人民负责？在现实生活中，新闻从业者会经常性地面临着角色冲突、利益冲突的困惑，面临着现实与理想的艰难选择，因此新闻从业者在新闻采编过程中要时刻保持伦理自主性，坚守新闻专业精神。作为一名记者，深入调查研究，了解实际情况，真实、全面、客观、准确地报道新闻，就是具备了最基础也是最重要的新闻专业精神。针对新闻传播伦理的自主性培养，传媒单位可以建立主题培训制度，定期组织学习相关法律法规，开展广泛的内部讨论，引导从业人员树立正确的新闻价值观和新闻职业理想。

新闻从业者制造虚假新闻、破坏新闻传媒公信力，既是道德问题，也是业务问题，诚信传播体系的建构应以专业规范为抓手，切实提升新闻从业者的业务素质，避免新闻从业者因知识结构缺陷和业务能力不足导致假新闻出炉。新闻传媒有责任、有义务对本单位新闻采编人员的业务能力定期组织学习，保证从业者具有精深的知识储备、突出的业务能力和强烈的社会责任感，以适应新闻传播的新环境、新特点。相关管理部门必须转变重短期轻长远的观念，灵活使用业务绩效考核机制，运用进修充电、规章制度等多种手段，有计划、有目的、有组织地保证从业者业务水平的不断提高。

（三）改革用人制度，规范新闻生产流程，完善传媒机构内部管理

新闻传媒应转变用人理念和改革用人制度，建设一支素质过硬的专业队伍。在制度资源有限而外部竞争压力超大的情况下，我国多数媒体用人有体制内外之别，体制外的聘用人员在工资、奖金分配、社会保障等方面与体制内的在编人员存在很大差异，甚至有"新闻民工"的抱怨出现。新闻事业需要具有理想主义和奉献精神的从业者，但传媒机构如果不能将效率与公平原则兼顾，维护从业者的合法权益，出现问题又以"临时聘用人员"为藉口推卸责任，根本无法长久保证从业者的职业热情，遑论彰显新闻传媒的公信力。新闻传媒的用人理念应该吸收现代企业制度的优长之处，着力吸引高水平的专业人才，应从编制、财务、分配、社保、业务进修等几个方面进行用人制度整体配套改革，使之统一服从于新闻媒体的社会功能。

新闻传媒应严格审核刊发机制，当好把关人。从新闻生产过程看，在新闻信息的来源、采集、写作、编辑和报道的整个过程中，某一个环节处理不好，都有可能出现不可预知的问题。在信息来源方面，针对目前情况，新闻单位对社会自然来稿、线人报料及互联网信息的使用应有足够的警惕和相关管理规定，记者编辑应认真采访核实，慎重报道，防止和杜绝虚假新闻传播。记者编辑在采集、制作和传播新闻信息时，必须对新闻事实进行调查和核实，严禁夸大其词、耸人听闻，对报道角度、分寸和时机等严格把关，确保将新闻真实性贯穿到采编工作各个环节。新闻机构现已普遍实行稿件审签制度，对稿件进行编辑责任制和总编（主编）终审制的分级审核，同时还应当进一步建立问责机制，切实做到有错必改、有责必究，进一步提升新闻生产的科学高效、规范有序，坚持将新闻真实性作为立报、立台、立网的根本，维护新闻传媒的声誉。

新闻传媒可以考虑建立新闻公评人制度，加强媒体机构的自律。新闻公评人制度是欧美国家新闻机构自我检视的常见做法，多由传媒机构聘请准专业人士专门负责接受和调查公众关于新闻报道准确、公正、平衡以及品位方面的投诉，并向有关部门或人员提供改进建议，其角色定位相当于受众在媒体中的代表，其职能目标是希望藉由媒体自我监督，加强与受众的联系，增进他们的信任。[16]我国传媒机构现在多数已经公开各种举报方式，派专人负责受理举报，接受社会各界监督，如果能更加重视来自受众的意见和建议，加强传媒与受众的互动，会取得更好的传播效果。

（四）加强新闻传媒与社会互动，加大行业自律和社会监督力度

1991 年，中华全国新闻工作者协会（简称中国记协）通过了《中国新闻工作者职业道德准则》，要求新闻工作者"全心全意为人民服务"、"维护新闻的真实性"、"保持清正廉洁的作风"，这是我国新闻工作行业自律的开端，近年又几度对《准则》作了新的修订。中国记协作为全国性社会团体，广泛联络全国性新闻媒体，各地方记协、新闻教育单位、研究机构，以及广大新闻从业人员，强调行业自律，提倡自我约束，积极在全社会范围内建构、维护、拓展新闻传媒的公信力。2005 年，中国报业协会曾针对报刊发行乱相，向报刊界发出倡议，要求各会员单位报社向社会公开作出承诺，维护报刊发行秩序，自觉接受社会各界监督。传媒公信力的提高需要建立行业自律机制，特别是在相关法律法规还不健全的情况下，积极培育各种行业组织，扶植行业自律，发展完善社会监督机制，将有利于新闻传媒的整体发展。

除了记者（编辑）协会、专业协会，新闻评议会也属于新闻界行业自律的一种机制。以香港报业评议会（Hong Kong Press Council）为例[17]，该会于2000年7月成立，是一家非营利组织，其宗旨在提升报界的专业素养及道德操守、维护新闻自由、维持报界的自律性，以及以中立角色处理公众对报章的意见与投诉。报评会的委员构成，主要区分为业界人士和非业界人士：业界人士指的是会员报章和新闻专业团体的代表；非业界人士则指非任职于报业的社会人士，包括新闻学者及教育界、法律界和其他专业人士。香港报业评议会有诸多不足，如其本身作为非政府组织，不具有任何强制力，接受投诉的范围有限；会员报纸总销量目前仅占市场份额的20%，发挥的作用还有待提升；又由于香港销量最高而且最多争议的《苹果日报》《太阳报》《东方日报》等都不是报评会成员，大量监督只能作为一种道德谴责；报评会本身也不受法律保障，随时可能面临报纸的投诉。虽然如此，报评会在监督传媒、提升受众对传媒的认知方面还是起到了很好的促进作用。

新闻传媒是社会公器，公开、公平、公正地调整不同利益主体间的相互关系，是新闻传播具有公信力的重要表现，而这一功能在社会生活中的实现，有赖于规范、有序、安全、诚信的传媒环境。2010年11月，蒙牛、伊利两大乳业集团相互指责对方诽谤诋毁事件逐步升级，事件的幕后推手网络公关公司也浮出水面，北京网络新闻信息评议会及时发出倡议，希望网络公关行业健康有序发展，维护网络文明。大陆妇女传媒监测网络隶属于首都女新闻工作者协会，是大陆惟一以关注妇女与传媒的关系为宗旨的非政府组织，该组织致力于纠正传媒在妇女报道中的种种误区，推动男女平等地享有媒介资源，建立一个有利于妇女争取"平等、进步、发展"的媒介环境。[18]新闻传播相关社会组织的存在，一方面代表了新闻从业者及其行业的利益，另一方面也对行业成员具有一定的约束和管理的功能。积极地培育和扶植这些社会组织的发展和完善，既可以形成对新闻媒体工作的有效监督，也可以通过这些组织，加强社会公众对新闻工作的理解、化解矛盾、澄清误会，从而建立起良好的互动关系，树立良好的传媒形象。

（五）强化法律、法规约束机制，适应传媒生态新变化

追溯对重大虚假新闻的惩处，在过去十年中，受到刑事判决的只有北京电视台报道"纸箱馅包子"事件的记者。经法院审理认定，该记者故意捏造事实，编制虚假新闻，造成恶劣影响。其捏造并散布虚假事实的行为，损害了特定食品行业商品的声誉，情节严重，已构成损害商品声誉罪，判处该记者有期徒刑1年，并处罚金1000元。[19]判决结果虽然对作风浮躁的新闻界有一定的震慑作用，但在法律层面引起了一定的争议。被告辩护人认为，该记者报道针对的不是整个包子行业，一些网民道听途说后进行夸张、散布流言，不应作为定罪依据。有新闻法研究者认为，这个案件主要有三点争议：首先，运用刑法这样的标准，应该是自诉案件，所谓制造假包子的人并没有就这个报道进行起诉，这变成了一个公诉行为。其次，罪名是损害商品声誉，但商品在哪里？报道中的"包子"并不是明确的有标牌有厂家的正常流通的商品，特别是有一定知名度的商品。第三，法律程序不应该在短期内快速完成，在国外，这样的官司可能要几年，像国内这样速判速决的很少。[20]争议的产生，主要根源在于缺少现实的法律法规依据。

对于信任与法律的关系，有学者认为，信任与法律是分离且独立运行的两大系统。但信任和法律仍然相互作用。一方面信任要感谢法律对风险的限定，而信任相当程度上依赖于奖惩。另一方面，法律也要仰仗信任。[21]在高度复杂的现代社会中，信任的维护更需要法律的帮助，法律也应当加强对合理信任的保护。[22]就目前媒介化社会的发展速度而言，新闻传播生态的多样化、新闻传媒的平民化、传播技术的简便化而导致的各种社会问题，催促着新闻法的早日生成，以使新闻传播有法可依。

法治规范的形成需要支付相应的代价或成本，即需要相应的惩罚系统。如果有行动者不服从规范，必须对其进行惩罚，只有这样，规范方能行之有效。[23]我国对新闻传媒的条例监督并不缺乏，但在制度功能上并不成熟，法治约束的目标是什么、以什么方式实现、如何发挥惩戒功能都没有制度性保障。如在确保公民知情权和政府信息公开方面，虽然《中华人民共和国信息公开条例》已经发布三年多，但相关专家普遍认为，对于政府和各有关部门来说，信息公开的主动权仍然掌握在自己手中，对"公开什么，公开多少，公开到什么程度，什么时候公开，对什么人公开"缺乏明确和强制性规范。

法律法规体系的建构是一项长期的复杂系统工程，其目的不是为了限制新闻传媒发展，而是要让行为人认可并接受与其相关的规范并遵照执行，维护新闻传播正常秩序，保障国家、社会和个人的合法权益，这是杜绝虚假报道、确保媒体长久公信力的外在力量。以我国互联网发展为例，截至目前，颁行的网络法规已达数十部，但鉴于网络社会的复杂性，相关法规的出台往往滞后于网络舆情的实际发展。因此，需要根据现实发展的需要，结合网络技术的开发创新，不断修订、完善既有法规；新的法规条令的讨论、制定和出台，也要尽力考量网络发展带来的新问题。[24]新闻传播法律法规的产生和完善是一个长期渐进的过程，决策、制定的影响因素难以尽数，但只有不断完善健全相关法律制度，形成一整套严密的规范体系，才能从根本上杜绝虚假报道、防范传媒公信力流失。

在纷繁复杂的社会网络之中，不能单纯地依靠一两个简单的方法或举措，一劳永逸地解决问题。杜绝虚假新闻、提升传媒公信力，必须积极稳妥地推进党风和政风建设，切实提高执政党的执政能力和政府行政水平。以此为基础，增强新闻从业者的责任感和使命感，树立高尚的职业理想、新闻价值观，确保新闻队伍的专业性；改革和完善新闻单位的内部管理机制，实现新闻传播的科学化、人本化；优化行业自律和社会监督机制，树立新闻传媒良好的社会形象和社会信誉；加强法治法规建设，改革和完善责任追究制，为杜绝虚假新闻、提升传媒公信力奠定坚实的法律基础，形成有力的长效治理机制。只要信心坚定，措施得当，虚假新闻必将成为无源之水、无本之木，真实新闻的尊严就一定会得到维护。

注释:

　　① 童兵:《新闻的客观性和传者的主体性》,《新闻与写作》1989年第1期

　　② 贾亦凡、陈斌:《2007年十大假新闻·编者按》,《新闻记者》2008年第1期

　　③ 盖伊·塔奇曼:《做新闻》第93页,华夏出版社2008年

　　④ 这一观点来自于陈力丹教授在2011年1月23日"维护新闻真实性 提高媒体公信力"高峰论坛暨《新闻记者》"十大假新闻"评选十周年研讨会上的主题发言

　　⑤ 杨保军:《假新闻、失实新闻内涵辨析》, http://media.people.com.cn/GB/22114/52789/118557/7001043.html

　　⑥ 杨保军:《假新闻、失实新闻内涵辨析》, http://media.people.com.cn/GB/22114/52789/118557/7001043.html

　　⑦ 李希光:《畸变的媒体》第19页,复旦大学出版社2003年版

　　⑧ 贾亦凡、陈斌:《2008年十大假新闻·编者按》,《新闻记者》2009年第1期

　　⑨ 参见邓小平:《在全国科学大会开幕式上的讲话》,《邓小平文选》第二卷第100页,人民出版社1994年第2版

　　⑩ 参见胡军、谭抒茗:《"自杀式曝光"未伤筋动骨》,《新闻实践》2011年第2期

　　⑪ 马克思的原话是:"生产不仅为主体生产对象,而且也为对象生产主体。"《马克思恩格斯全集》第46卷(上)第29页,人民出版社1980年版

　　⑫ 郑保卫、唐远清:《试论新闻传媒的公信力》,《新闻爱好者》2004年第3期第9页

　　⑬ 胡正荣、李继东:《我国媒介规制变迁的制度困境及其意识形态根源》, http://wenku.baidu.com/view/ffcd91170b4e767f5acfce87.html, 浏览日期2011-03-05

　　⑭ 王石川:《破除"数字出官"才能遏制"官出数字"》,《每日经

济新闻》2010-06-26

⑮ 百度知道，http://zhidao.baidu.com/question/153158065.html?si=1，浏览日期2011-12-15

⑯ 刘学义：《大众媒介的自我检视——美、加等国新闻公评人制度探微》，《西南民族大学学报》(人文社科版)2010年第3期

⑰ 有关香港报业评议会资料，来源于香港报业评议会副主席张圭阳博士。参见宋双峰：《心有余而力不足——香港报业评议会的运行机制和困境》，《新闻记者》2008年第2期

⑱ 宋双峰：《媒介与媒介批评的良性互动》，《今传媒》2006年第8期（下月刊），参见中国儿童网－妇女传媒监测网络

⑲ 王秋实：《"纸馅包子"案记者被判一年》，《京华时报》2007-08-13，A03版

⑳ 展江：《从"纸包子事件"看中国的媒体现状》，http://www.nbweekly.com/Print/Article/3409_1.shtml，浏览日期2011-01-13

㉑ 郑也夫：《信任论》第106页，中国广播电视出版社2001年版

㉒ 叶金强：《公信力的法律构造》第42页，北京大学出版社2004年版

㉓ [美]詹姆斯·S.科尔曼：《社会理论的基础》（上）第314页，社会科学文献出版社1999年版

㉔ 孙晓晖：《网络群体性事件中执政公信力的流失及其防范——基于社会动员的分析视角》第25页，《理论与改革》2010年第4期

第二编

2001~2010 年度"十大假新闻"&不完全备忘录

2

作者：贾亦凡（文汇新民联合报业集团高级编辑）

陈　斌（东方网主任编辑）

吕怡然（文汇新民联合报业集团高级编辑）

配图：阿　仁（资深媒体人、漫画家）

2001年 十大假新闻

编者按：2001 年，可谓是中国假新闻的"丰收年"，从年头到年尾，传媒源源不断地生产出五花八门、令人瞠目结舌的假新闻。为了全面"检阅"2001年假新闻的"重大成果"，以提请新闻界同仁自重，本刊特评选出 2001 年十大假新闻，并授予相应的"荣誉称号"。今后，本刊拟每年评选当年的十大假新闻。不过，但愿我们的"阳谋"会落空：这次评选是第一次也是最后一次。

1. 最富想象力的假新闻——上海将建 300 层、容 10 万人的摩天大楼

【复制粘贴】

上海将建造一座可容纳 10 万人、高达 1121 米、300 层的摩天大厦。这将是全球最高的摩天大厦，比现时全球最高、位于马来西亚首都吉隆坡 452 米的双子塔大厦还高出一倍有多。

这座被命名为"比欧尼克塔"的钢筋混凝土建筑，是西班牙建筑师皮奥斯的杰作。该摩天大厦估计造价高达 150 亿美元（约 1170 多亿人民币），完成全部工程要 15 年。大厦底层呈车轮状，内设酒店、写字楼、公园、戏院、医院、大型购物商场及停车场。整幢大厦共有 368 部电梯，从最底层到最高层，不用 2 分钟即可到达。至于大厦内的用水和能源，则会利用 92 条垂直的管道输送。大厦地基上会有一个人工湖，以吸收任何底层震动所引起的摇摆。大楼设计者曾经同上海市市长徐匡迪及城市规划官员会晤，并讨论有关构思，他们除了表

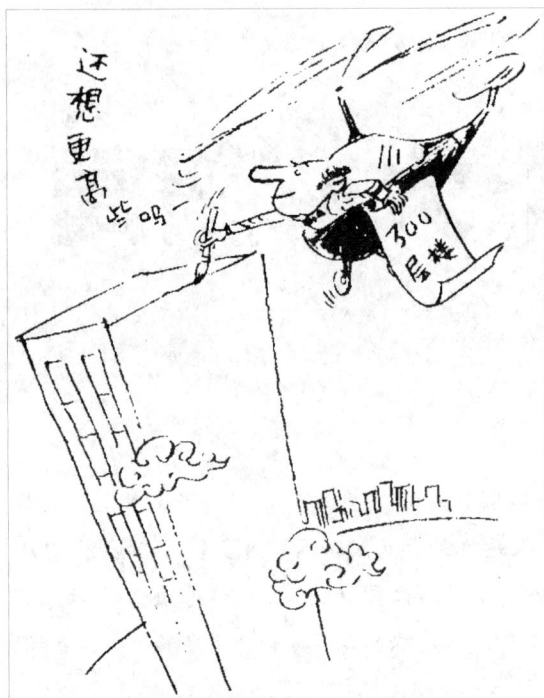

示感兴趣外，还成立了研究小组评估可能兴建位置，以及如何从公众和政府方面筹措资金。

【搜索引擎】

最早披露这条消息的是英国《星期日泰晤士报》。2月25日（星期日），该报发表约翰·佛赖恩（John Follain）的文章，题为《上海计划建造可容纳十万人的摩天大楼》。而中文传媒最早报道此事的是香港《文汇报》，该报2月26日头版刊发报道《沪拟建三百层巨厦》。而上海最早报道的是《新闻晨报》（2月27日）。国内网站最先报道的是大洋网（2月26日）。几天之内，此消息出现在全国几乎所有的网站上。从报道内容可以看出，几乎所有报道的来源，不是直接译自《星期日泰晤士报》，就是转载自香港《文汇报》。

2月28日《文汇报》在第4版头条位置刊登记者洪崇恩、王蔚的文章《上海建300层"摩天楼"纯属子虚乌有》。3月5日下午，在全国"两会"上，上海市市长徐匡迪公开澄清事实："上海没有建造300层大楼的计划，我也没有像一些网上说的那样接见什么英国专家代表团，一些网站散布的不实之辞已经到了混淆视听的程度。"其实，据知情者披露，这只是欧美建筑商的设想而已。"欧美多批建筑商屡次向上海有关方面推销了各种方案，但都还没有得到中方的认可。国内报纸引用时没有完整表达，以讹传讹造成了误解。"（《扬子晚报》2001年3月1日）

【原创眉批】

可以肯定，如果没有互联网，这则21世纪的"天方夜谭"，岂能在两天之内，越过英吉利海峡，在中国抢滩，并且铺天盖地、四处开花？当互联网将世界缩小为"地球村"时，判断网络信息的真伪也就成为新闻从业人员必须掌握的基本功。虽然这则消息看似有板有眼，而且细节丰富、数据"真实"，并辅之以彩色效果图，但只要细心分析，凭常识就能判断其真伪。不少网友当即指出，这是一则"愚人节新闻"，而传媒却奉为至宝，岂不汗颜？

2. 最匪夷所思的假新闻——错位夫君夜换娇妻 30 年

【复制粘贴】

湖南省洞口县青龙乡的刘光国、唐红花、周开林、尹珍芳来自同一个村，且早有婚约。唐红花的父亲早在其小学时就将她许配给周开林，刘光国和尹珍芳还在腹中时两人的父亲就指腹为婚，但 4 个年轻人却各自爱上了对方的未婚夫、未婚妻。

1969 年 7 月，4 个家庭的父母宣布同意孩子们自己的选择，并为他们举行婚礼。但两个新娘在揭开红盖头后，惊愕地发现被父母出卖了。两对新人当晚便共谋对策，并于次日到公社办理离婚手续，却被一名革委会负责人拒绝，并恐吓当心批斗、游街。

无奈，4 人终于想出方法，日间按父母的安排做假夫妻，夜里各自与心爱的人同床。就这样经过了近 30 年，直至去年才被发现。刘家和周家的儿女们商量后，马上结束了父母们 30 年来偷偷摸摸的爱情生活，让两对有情人成为公开的合法夫妻。

【搜索引擎】

2000 年 3 月 14 日，《羊城晚报》国内新闻版上刊登了一篇题为"错位夫君夜换娇妻 30 年"的文章，署名钟方。一时，全国众多媒体你转我抄，资源共享。4 月 7 日，《北京青年报》刊登记者在洞口县的调查报告，揭开了"夜换夫妻三十年"假新闻的来龙去脉。原来，这篇假新闻的最早出处是一篇题为"两对恋人苦苦等了三十年"的文章，由洞口县人谢立军凭空编造而成，发表在 1999 年 7 月 4 日《邵阳日报》晚报版上。《两对恋人苦苦等了三十年》中提到的青龙乡早就不存在了，当地更没有这么四个人，因此引起公愤。谢立军害怕

了，主动认了错。几天以后，《邵阳日报》公开发表了致歉文章。谁曾料到，这则假新闻又借尸还魂，愚弄了更多善良的读者。

【原创眉批】

据介绍，像谢立军这样的自由撰稿人，在洞口县还有好几位，而且收入不菲。他们深谙读者和编辑的胃口，怎么离奇就怎么写，故而情节曲折，文笔流畅，跌宕起伏，极富人情。

虽然稿件的内容十之八九是假的，但却屡屡得手，他们每年都有一万多元的稿费收入。采用他们稿件的编辑们究竟是不知其中有诈还是放任自流、蒙骗读者？那就只有当事人自己心知肚明了。只是苦了读者，一掬热泪，既养肥了别人又伤了自己的身体。

3. 最伤中国人自尊心的假新闻——世界 10 大污染城市中国竟占 8 个

【复制粘贴】

在第四届中国北京高新技术产业国际周暨中国北京国际科技博览会上，亚洲开发银行中国代表处环境和可持续发展部主任魏红指出：世界 10 大污染城市，中国竟然占了 8 个，我国城市生态环境建设和可持续发展问题已经迫在眉睫。世界 10 大污染城市分别为：贵阳、重庆、太原、兰州、米兰、淄博、北京、广州、墨西哥城、济南。

【搜索引擎】

2001 年 5 月，各大报刊、网站纷纷发布一条题为"世界 10 大污染城市中国竟然占了 8 个"的消息。随后，济南、广州等城市的环保部门分别召开新闻发布会称，此消息公布的结果实乃造谣。为此，《南方都市报》就"转载《市场报》的《广州列为十大污染城市》一文，由于把关不严未经核实，造成了失实报道"，公开表示"向广州市政府、广州市民及广大读者真诚郑重道歉"。据查,《市场报》的确是始作俑者,不过标题并非"广州列为十大污染城市"。5月12日,《市场报》发表了第四届北京国际高新技术产业国际周的论坛发言精华,内容共分10个专题、38段发言摘要,其中有一个题

为"世界十大污染城市,中国有八个"的表格。该报解释说,这则信息源自《第四届中国北京高新技术产业国际周暨中国北京国际科技博览会论坛报告集》中亚洲开发银行魏红先生的报告,这一报告集由对外贸易经济合作部下属的《国际技术贸易市场信息》杂志社编辑出版。而在魏红的报告中,没有注明"十大污染城市"有关数据的统计年代及资料来源。

　　亚洲开发银行驻中国代表处有关负责人在接受中新社记者采访时说,魏引用的是1995年世界某组织(亚行不愿意透露该组织的名字)对世界十大污染城市的排名。魏引用此资料的目的,是为了说明:1995年中国环境问题非常严重,而在以后的5年中,中国在环保方面加大了整治力度,并得到了亚行在环保方面所给予的大力支持,从而使中国在环保方面取得一定成效。这位负责人指出,有关媒体有断章取义之嫌,他们对此表示非常遗憾。

【原创眉批】

　　《市场报》觉得自己有点冤,因为魏红的报告中没有注明有关数据的统计年代及资料来源。《南方都市报》更觉得自己有点冤,转载堂堂《市场报》的文章居然会出错。其实,说到底一点也不冤。《市场报》虽然摘录的是魏红引用的资料,但在这则信息中,新闻五要素(何时、何地、何人、何事、何因)不全,编辑却浑然不觉,信手拈来,焉能不错?而《南方都市报》也不问究竟,把这则信息拿来当作新闻发表,放大了《市场报》的失误,自然难辞其咎。

4. 最耸人听闻的假新闻——家庭连环悲剧猪吃娃

【复制粘贴】

陕西省富平县留古镇合家村南腰组刘兆合老汉的儿子、儿媳常年在外打工，刘老汉和老伴在家照看一岁半的孙子。7月5日下午，刘老汉下地劳动，老伴则带着孙子到对门村民家打麻将。一不留神，小孙子离开奶奶自己回到家里，结果被家里后院一头因为发了情而挣脱绳索的老母猪"咬食"，只剩下一双小腿。刘老汉回来后看到血腥的场面，抢起木棒将母猪打死。因为觉得无法向儿子儿媳交代，气急败坏地找回正在打麻将的老伴，将老伴用木棒打死。然后，老汉喝了老鼠药自尽。此消息最后还发表议论，说"除了刘老汉的老伴因为贪玩没有管好孩子以外，知识与修养对一个人情绪与命运的控制也在这里突现了出来"。

【搜索引擎】

最先披露这出悲剧的是西安《百姓生活报》。在2001年7月9日一版上赫然印着：富平发生一起特大家庭惨案（肩题），老母猪吃掉一岁半男童（主题），刘老汉毙猪杀妻服毒自杀（副题）。"新闻"的作者是通讯员冉学东和该报记者张琦。

文章见报当天，人们纷纷表示怀疑。《华商报》记者于当日赶赴富平县留古镇派出所进行调查核实。三位值班民警很明确地回答"绝无此事"，因为事关三条人命，他们不可能不知道。另外，文中"合家村南腰组"地名也有误，当地只有"大众村何家组"。记者又来到何家组，小组会计何方亮告诉记者，根本没有"刘兆合老汉"这个人。为进一步核实，记者又找到撰写该报道的农民通讯员冉学东。他说消息来源于街头巷尾的传言，后来一个"卖菜的"向他提供了当事人具体的地址和姓名，他没有核实就将报道发给了《百姓生活报》。于是，7月11日《华商报》发表报道《"家庭连环悲剧猪吃娃"是假新闻》，称此事纯属子虚乌有。

《中华新闻报》7月21日也发表文章《不该如此愚弄百姓》："7月10日，记者又拨通了陕西省富平县留古镇党委书记阎华锋的电话。阎书记说，这纯系谣传,留古镇根本没有这个村,也没有这个组。他还坚定地说,他用自己的党性担保绝没有此事。"

【原创眉批】

其实,这种所谓的家庭连环悲剧,民间早有流传,且版本甚多,所不同的无非是猪变成了狗,狗变成了狼而已。比如 2001 年 6 月,陕西另有一报道说周至县哑柏镇庄家村一户人家的狼狗咬死了 2 岁的男童,遭受丧子之痛的丈夫迁怒于外出"搓麻"的妻子,将其活活打死后自己也寻了短见。男童的奶奶因不堪承受巨大打击,撞墙而亡……后来证实也是假新闻。如此荒诞不经的民间传说,甚至都入不了末流小说之列,但为何却屡受新闻编辑们的青睐?难道这些编辑当年学新闻学概论时,教授没有把新闻和小说的区别讲清楚?抑或压根儿就没学过新闻学概论?

5. 最具科幻色彩的假新闻——美国医生操刀换人头

【复制粘贴】

48 岁的罗伯特·怀特教授打算于下周赴乌克兰进行人类历史上首次人头移植手术。怀特透露说,经过近 30 年的实验,换猴头手术已经达到了绝对娴熟的程度。在最后一次移植猴头手术中,两只互换了头的猴子在手术结束后 6 个小时内就苏醒了过来。"自打去年我给猴子换头手术成功之后,我就坚信我给人类的换头移植手术一定会获成功。不过,当时我面临经费和法律问题的挑战。500 万美元继续研究的经费在一些私人基金会的支持下很快就解决了。第二个问题是,在美国,由于法律方面的局限,根本无法进行人头移植实验,所以我当时考虑去俄罗斯或乌克兰,因为这两个国家的医学界在这个领域的研究是走

在最前面的。"

怀特教授对即将在乌克兰进行的换头手术的成功充满了信心。"随着技术的日益成熟和手术后护理水平的提高，我坚信人类换头术已经到了真正成熟的时候了。"

【搜索引擎】

《北京青年报》2001年7月22日报道，美国医生怀特将赴乌克兰操刀换人头。7月25日，留美生物学博士方舟子将这则新闻收入新语丝网站伪科学新闻专栏"立此存照"中，并批注："智力稍正常者都不会相信。"此后他强调，有关怀特医生"换头术"的最早报道出自1979年6月5日的美国超市小报《全国探究者》，而不同意东方网独家报道《"美医生将操刀换人头"假新闻出台始末》中所持"美国广播公司应是始作俑者"的观点。方舟子之所以有这样的看法，因为他立足于怀疑怀特是否真有其人，是否换过猴头。而《江淮晨报》7月30日刊登新闻调查证实，怀特实有其人，也的确换过猴头，只不过《北京青年报》把他的年龄写错了。

东方网7月27日发表的《"美医生将操刀换人头"假新闻出台始末》则认为，此假新闻源自ABC NEWS（美国广播公司新闻网站）发表于2000年5月18日的一篇文章《换头》。经查实，怀特的确于1999年9月在《科学美国人》月刊上发表了一篇论述人类头颅移植可能性的文章。对此，当时中外媒体曾进行了大量报道。但这些报道都提到，即使换头成功，颈部以下也是全身瘫痪。而ABC NEWS的这篇文章有意隐瞒了这一点，给人以换头技术又上一层楼的错误印象，故称其为始作俑者并不为过。当然，《北京青年报》假新闻的资料来源不仅仅是ABC NEWS的这篇文章。

【原创眉批】

1999 年 9 月 15 日《经济参考报》刊登的有关报道还表明，猴子换头并不那么成功。如果怀特的换头术近两年来突飞猛进的话，必然会在国际权威科学杂志上有所反映。然而，诸如美国《科学》、英国《自然》等著名刊物均查不到怀特的名字。可见编辑不了解国际科技的惯例，才闹出这样的笑话。当然，作为科幻小说来发表，那又是另一回事了。

6. 最能满足国人虚荣心的假新闻——中国少女改写牛津大学 800 年校史

【复制粘贴】

近日，英国牛津大学颁发校长令，把博士学位和最高奖学金的荣誉授予来自中国齐齐哈尔第一中学的留学生吴杨，以表彰她在数学和电子计算机学科中获得的优异成绩。这是牛津大学建校 800 年来，第一次把这样高的学位和奖学金授予刚刚读大学二年级的中国女孩。1997 年 6 月，在齐齐哈尔一中读高二的吴杨来到英国。在莱斯顿预科班学习一年后，于 1998 年 10 月以优异的成绩被牛津、剑桥大学同时录取，吴杨最后选择了牛津大学。在今年 6 月进行的大学一年级期末考试中，吴杨在数学、计算机等 11 门功课中全部考得第一，这是牛津大学建校史上从未有过的。牛津大学破格授予吴杨博士学位，颁发给她 6 万英镑的最高额奖学金。导师戴里克教授说，吴杨是他当 15 年博士生导师中教过的最好的学生。

【搜索引擎】

不查不知道，一查吓一跳。原来，这则消息早已不是什么新闻，而在 2000 年底就已"生产出品"：《黑龙江日报》社所属的《生活报》2000 年 12 月 19 日就以"这在牛津大学建校史上是第一次"为题，报道了这一消息。2001 年 1 月 23 日《扬子晚报》也以"20 岁鹤城姑娘穿上牛津博士服"为题予以报道。这两条消息都比较简单，字数不超过 500 字。但《中华新闻报》2001 年 2 月 2 日的人物通讯《中国女孩改写牛津校史》却将此事放大，全文长达 1900 字。《家庭》杂志更是大手笔，2001 年 4 月上半月号刊发长篇通讯《与母亲拔河，她赢得牛津大学第 73 号校长令——平凡母亲眼中的聪明少女成长实录》。

当然，这时还只是小打小闹，并未轰动全国。而当7月12日新华网发表通讯《中国天才少女打破800年校史记录》后，急速升温。也正是在这篇通讯中，第一次明确报道说吴杨获得6万英镑的最高奖学金。《人民日报·海外版》也不甘人后，10月12日以"'我是中国人'"为题予以报道，同日，人民网迅速转载。11月18日中新网也予以报道，并称消息来源是英国的《太阳报》。至此，经过国家级传媒不断确认和放大，使之成为轰动全国的特大新闻。

令传媒难堪的是，《中国青年报》2001年11月23日发表故事主人公吴杨的声明：一、我没有获得博士学位；二、我所学的学科——数学和计算科学不是百分制；三、所有关于我的新闻报道，记者均未亲自采访过我本人，成稿后也从没有经我核对或同意；四、敬请各新闻媒体、杂志、网站不要再转载关于我的这类文章。

《北京青年报》2001年11月23日发表牛津大学官方声明：关于吴杨参加了11门功课考试的说法是不确实的，她在所有功课中都取得满分的说法更是不可能的。为了表彰吴杨在第一学年取得的优异成绩，学院授予她每年60英镑的奖学金。而且，在牛津大学，任何人在没有修完第一学位并且进行一段时间的研究工作以及提交相当水平的博士论文之前，都不可能获得博士学位。另外，伦敦的《太阳报》也从来没有发表过这样的报道。

【原创眉批】

在中国，国家级媒体的地位和权威是无可置疑的，但谁能料到三大权威媒体竟会联手发布假新闻？而正是由于这些权威媒体的推波助澜，才使得这则地

42

方性的假新闻冲出中国，走向世界，在国际上造成恶劣影响。就连很多从未受过系统新闻学教育的普通读者都纷纷质疑，而我们媒体的把关人却笃信不疑，端的是匪夷所思！在互联网上，我们还查到了华西网 2001 年 1 月 17 日发给《吴杨，改写牛津 800 年校史的中国女孩》作者的退稿信。我们更不明白，连一个地方性小网站的编辑都弃之不用的假新闻，为什么国家级权威媒体的编辑们却如获至宝，难道他们果真高人一筹、慧眼独具？

7. 最令人作呕的假新闻——女大学生状告爸爸的吻

【复制粘贴】

2001 年 9 月 1 日，湖北某知名大学 99 级女生艳艳将一纸诉状递交到湖北秭归县人民法院，状告爸爸的吻。

从小到大，艳艳的爸爸一直亲吻艳艳。随着艳艳长大成人，日益厌恶爸爸的吻。今年 8 月 25 日，刚刚入睡的艳艳再次遭到爸爸偷吻，异常愤怒的她从家里逃到学校，在师生的帮助下写好了上诉书，状告爸爸多次强行吻她，导致其心理发生变异，严重侵犯了她的人身权。有关专家称，此类案件在国内尚属首例。武汉大学法学教授陈正明表示，艳艳的父亲对艳艳的行为属于侵犯了女儿的人身权，并造成了较为严重的后果，理应受到法律的制裁。湖北大学心理学教授、湖北省高校心理卫生协会副会长严梅福认为，艳艳状告爸爸一案是一起典型的心理伤害事件。在我国，父女关系长期被掩饰，但其背后却是复杂而微妙的。艳艳的父亲对女儿的爱，既有亲情血缘关系之下的抚爱，同时渗透着对青春逝去的留恋，还夹杂着他希望从女儿身上寻找欢心的欲望。他不健康的心理伤害了正在成长中的女儿，导致艳艳的心理病变。

【搜索引擎】

始作俑者是 2001 年 9 月 7 日的《羊城晚报》，作者为武汉某高校硕士研究生吴锋。9 月 15 日以后，众多网站转发此消息，全国为之轰动。9 月 21 日《长江日报》发表报道《女大学生状告爸爸的吻，假的》。该报记者董晓勖觉得此文有些离奇，便分别与文中提到的湖北秭归县人民法院、湖北大学心理学教授严梅福先生打电话询问此事，不料对方都十分肯定地说：我们不知此事，也

没有接受任何人就此事的采访。然后，记者又直接找到该文作者。据作者讲，这篇稿子的线索是一个与他关系很要好的女同学提供的。他感到这是一个很不错的新闻线索。经过几天的思考、写作，他将初稿交给女同学看后，连女同学自己都说：这太离奇了。他自己也这样想：只要认真看几遍就会觉得这是一个假新闻，肯定发不出来。但令他始料未及的是，在他发给《羊城晚报》不到1个小时，就收到对方回信说要发表。但没过多久，对方又说要等法院判决后再发。可不知什么原因，这家报社过了几天后就发出来了。吴锋说：这篇稿子中，除了这位女同学说她爸爸爱亲吻她之外，其他都是编造出来的。至于为什么选中湖北秭归县，是因为那儿很偏僻，看到报道的人可能会少些。同一天，《楚天都市报》记者经过实地采访，也发表报道证实此为假新闻。

【原创眉批】

"宁信其无，不信其有"，这是中外新闻界的至理名言。但是，现在有不少媒体却反其道而行之。连造假者本人都认为一眼就能看穿的假新闻，却被一路放行。其实，拆穿西洋镜并非难事，只消一个电话打给湖北秭归县人民法院，便可知真伪。但不知为什么，那些上当受骗的媒体没有一个这样去做。是舍不得出电话费呢还是"周瑜打黄盖"？

8. 最荒诞不经的假新闻——一男子游悉尼因好色两肾被偷

【复制粘贴】

新加坡男子艾里克·李，今年28岁。抵达悉尼后的第三天晚上，他独自来到位于悉尼市南部著名的"金丝雀"酒吧，一名衣着性感的白人女性主动接近他。两人来到一宾馆内，那女子为艾里克端上一杯含有高浓度安眠药和麻醉剂的饮料，艾里克毫不犹豫地喝干了。约1小时30分钟之后，艾里克慢慢清醒，发现自己全身赤裸，躺在房间附设的浴缸中，浴缸里全是冰块，把他全身都冰紫了。他拨打000（000是悉尼市的急救热线）后得知，自己的肾脏已经被人偷走。几分钟之后，艾里克被送往悉尼市高山私人医院。他在接下来的几周内都要靠管道维持泌尿系统的正常工作。他在等待有人能捐出一个健康的肾脏或尽早轮候到义务捐出的肾脏，但希望很渺茫。

悉尼警方表示，近日已接报数起类似的器官被盗案件，怀疑这些事件是同一团伙所为，并有可能与当地黑社会有关，因为每个案件的设计都惊人地相似。

【搜索引擎】

2001年10月2日，《南方都市报》刊登了题为"男子一时好色两肾被偷 悉尼频发器官盗窃案"的文章。正当这篇文章在网上风行时，当即有网民在北大未名站公告版上指出，这是假新闻，因为他的朋友两年前就告诉过他类似的故事。

其实，这个故事最早流传于美国新奥尔良，至今已有10年之久。有个名叫Jan Harold Brunvand的人专门做过研究。当时，传说中的主人公往往是给朋友打电话求助，而不是打报警电话。到了1995～1996年，传说又加进了打911报警电话的细节。以后，传说又不断发生变化，所谓偷肾的地点也转向一个个特定城市——休斯顿、奥斯汀、悉尼……

据美国器官资源共享中心（UNOS）官方网站的一篇文章透露，偷肾新闻和吸血鬼传说及"猫王"再现传闻一样，经久而不衰。1991年4月，美国《华盛顿邮报》首次刊登一篇关于偷肾流言的调查报告，作者顺藤摸瓜，追根求源，终于啼笑皆非地发现，偷肾故事原来出自一部被退

稿的电影脚本！

1997 年 4 月 4 日，美国肾脏基金会在官方网页上（http://www.kidney.org/general/news/28.cfm）对盗肾事件郑重辟谣，对肆意传播虚假信息的行为予以公开谴责。美国肾脏基金会主席温迪·布朗博士指出，盗肾故事毫无根据，纯属捏造，无聊的江湖传奇已经变味，带有血腥气味。对于盗肾故事的科学性，温迪博士更是嗤之以鼻。她指出，肾脏移植是一个非常复杂的过程，仅器官匹配性一项就需要诸多检查，而这一切都必须在取肾之前进行。因此，即便犯罪团伙私下盗取了器官，肾移植手术的成功率也是微乎其微的。

【原创眉批】

凭借着互联网，假新闻加快了传播速度。但是，凭借互联网，我们也完全可以识破假新闻。只要我们在搜索引擎中输入"kidney（肾脏）、theft（盗窃）和 bathtub（浴缸）"，就会出现近 1000 项查询结果，不但能发现盗肾的故事是一条彻头彻尾的假新闻，而且还可以知道这个弥天大谎在西方至少已经流行了 10 年之久！更具有讽刺意味的是，有识之士早已在互联网上设立了许多揭露这种"小道消息"的网站和网页，反复提醒善良的人们不要上当受骗！但我们的编辑却依然上当！不知这些上当的编辑们是否知道"搜索引擎"的这一强大功能？看来，评新闻技术职称时要加试电脑，实属必要。

9. 最令人扼腕的假新闻——广西高考状元沦为劫匪

【复制粘贴】

广西某大学学生蒋传炳因为家穷，去年到顺德打工攒学费，但打工时被机械压断右手五指。今年 7 月份高考时，成为广西理科状元，报考清华大学。体检时，由于右手五指残缺，被退了下来，后被广西民族学院录取。因家贫如洗，只好辍学到广东省茂名市"淘金"，干起劫车抢钱的勾当，近日落入法网。

【搜索引擎】

有关消息是人民网于 2001 年 11 月 20 日 18：22 首先刊发的，标题是"身残家贫辍学'淘金' 广西一理科状元沦为劫匪"，电头为"人民网茂名 11 月 20 日电"，作者是陈又新、杨振文。不料，《南国早报》2001 年 11 月 22 日刊发报道《广西"高考理科状元辍学沦为劫匪"子虚乌有》：昨天上午 11 时许，记者拨通广西民族学院学生工作处的电话。梁老师十分明确地答复：今年广西民院录取的新生中，绝无广西高考理科状元，也没有叫蒋传炳的。下午，记者又从广西招生考试院

获悉，2001 年广西高考理科最高分者，是并列第一的吕姓女孩和黄姓男同学。下午 5 时左右，记者与广东省茂名市公安局茂南分局电话取得联系。该分局办公室史主任告诉记者，消息是他的一名同事与当地某报社一记者所采写，该同事已出差，具体情况他不太了解，依稀记得那名自称"蒋传炳"的犯罪嫌疑人说在广西民院读过两年书。记者把这一说法反馈回广西民院。昨晚将近 11 时，记者再次从广西民院获得消息：经查，该院化学系有一个高年级学生叫蒋传炳，但该生为人老实，表现良好，身体健全并无残疾，入学至今一直端坐在广西民院课堂，既非当年高考状元，亦从无辍学之举，劫车抢钱更属无稽之谈。

11 月 23 日，《南国早报》再次报道《"高考状元沦为劫匪"真相：劫匪冒用兄长名字》：原来，在茂名劫车抢钱的，根本不是所谓"广西高考理科状元"，而是全州人氏蒋×灯。昨日下午 5 时许，在获知记者从南宁挂电话到茂名查证此事后，杨同志会同有关办案人员再次提审蒋×灯。此时，蒋×灯才道出自己的真名，并坦白使用了其兄长——在广西××学院读书的蒋×炳的身份证，说自己高考考了第一名乃是吹嘘出来的。杨同志承认，仅凭犯罪嫌疑人口供而未及时向广西方面查证实情就草率成文，自己的确负有责任，并对可能给广西造成的一些影响表示歉意。

【原创眉批】

因为读不起书，所以不得不辍学；因为辍学和受到某种歧视，所以备感金

钱的重要；因为梦想着有钱和改变自己生存状态的渴望，最后铤而走险。这样一套完全合乎逻辑的故事模式，正中编辑下怀，难怪类似的假新闻源源不断。这不得不让人感慨万分：不是编辑太无能，而是造假者太狡猾。

10. 最敢开国际玩笑的假新闻——汤加出现反华风潮

【复制粘贴】

据《新西兰先驱报》报道：到目前为止，已有大约 100 宗汤加人袭击中国人的案件发生，其中有些案例是焚烧中国人开的商店。汤加移民部门主管苏珊娜·弗图说，600 多名华裔店主及其家人将在一年期内离开汤加。据报道，造成反华情绪一是因为该国民众普遍担心这些中国店主日益增多，会支配这个国家的经济；二是因为汤加失业率增加了一倍。报道称该国每年 2000 名毕业生中，只有四分之一无需前往新西兰或其他国家就能够找到工作。

【搜索引擎】

2001 年 11 月 22 日，中新网转载当天《新西兰先驱报》报道，称"汤加出现一股反华风潮，汤加当局限令六百多名华人离境"。随即，各大新闻网站纷纷跟进，这条消息在网上迅速传播。中国驻汤加王国大使馆的一名官员当天在电话中向香港《文汇报》记者表示，这是不实报道，目前汤加境内的华人居民与当地居民"相处得很好"，并表示"华人在当地的经商活动很正常，也很安全"。23 日下午，《北京青年报》记者分别打电话到中国驻汤加大使馆和外交部美大司核实这条消息的真实性，均得到了"此报道不实"的回答。

中国驻汤加使馆的樊先生告诉《北京青年报》记者，此条消息出自英国《每日电讯报》驻汤加记者之手。事情真相是：汤加的移民法早就规定当地的批发、零售等行业为本地人保留，但是由于执行中的一些问题，包括中国人在内的一些外国人也逐步进入这一市场。基于这样的情况，当局已经修改了移民法中有关外国人取得汤加移民签证的条款，其中包括：只有掌握特殊技能的外国公民才能取得汤加工作签证；重申外国人不得进入批发、零售等领域；并执行更加严格的工作签证延期制度等。这些新条款实际上已经开始逐步实施，但是要等到 2002 年议会通过后才能对外宣布。一些外国记者可能是听到这些消息，才发出了不准确的夸张报道。

【原创眉批】

众所周知，外交无小事。对中国的新闻媒体来说，《新西兰先驱报》的报道充其量只能算是新闻线索。不管这条线索是真是假，都必须深入采访，予以核实。这是新闻学的最基本常识。如果这条线索是真的，中国读者更想了解我外交部门将采取何种措施保护汤加华人的利益；而如果是假的，读者当然想知道假新闻出自何方。可惜的是，中国的新闻媒体仅仅满足于做"二道贩子"，一转了之，而不想去掌握第一手资料，这显然大失其职。特别是涉及外交大事，如此转载，更是草率。尤其须引起警惕的是，假新闻竟从国内新闻蔓延到国际新闻，居然开起国际玩笑来！可见假新闻不除，民无宁日，国无宁日！

（附注：十大假新闻未按"假性"大小排名，而以讹传时间先后为序）

2002 年不完全备忘录

● 2002 年第二期《新闻记者》刊载中国社会科学院新闻研究所研究员、博导陈力丹的文章《假新闻何以泛滥成灾？》，文章写道：

读到今年第 1 期《新闻记者》发表的"2001 年十大假新闻"，我不知该笑还是该哭。笑的是这些假新闻之荒谬绝伦，已到了无以复加的地步；哭的是这些假新闻大多出自专业新闻工作者之手，并且被一再转载。我们的新闻媒体居然制造了这么多的假新闻，这是新闻职业道德的悲哀！

文章的要点是：《北京青年报》曾接连三次发表"换头术"的假新闻；记者编辑为什么会采写、编发假新闻；为什么多数受众会相信假新闻；越是精彩的新闻越要多一些理性思考。

紧接着，陈力丹又撰文《用理性和知识考察新闻源——再谈识别假新闻》，发表于第三期《新闻记者》。

● 2002 年第四期《新闻记者》刊载浙江电视台记者孔明顺的文章《假新闻为什么会产生——浅谈新闻材料与事实的关系》。文章说：

《新闻记者》第一期评出的"2001 年十大假新闻"，大多是经国内知名新闻机构报道才产生恶劣影响的，而这些新闻单位应该有较为严格和完善的审稿制度，主观上也不愿刊播假新闻，那么假新闻为什么会屡屡出现呢？笔者认为是对新闻材料和事实之间的关系没有辩证的认识而造成的。

● 2002 年第五期《新闻记者》"读者茶座"专栏刊载江苏省《常熟日报》社李德明的来信《新闻打假力度要大》，认为新闻造假、媒体传假，近几年渐成蔓延之势。《新闻记者》杂志今年第一期披露了 2001 年全国十大假新闻，令人瞠目结舌、拍案惊奇。假新闻频频亮相媒体的深层原因是什么？作者认为，这和对媒体假新闻现象舆论监督的滞后不无关系。

● 2002 年第七期《新闻记者》刊登《真真假假　扑朔迷离　奇文共赏疑义相析》一文，揭露"媒体世界杯"假新闻。这些发表在足球世界杯期间的虚假新闻篇目有：

1.《阎世铎连夜平息"内讧"？》

（《华西都市报》5 月 28 日　特派记者王浩）

2.《虞惠贤的嘴巴＝100 万？》

（《球报》5 月 30 日　特约记者魏章）

3.《国际足联照会中国队：不服规定不准参赛》

（《21 世纪体育报》6 月 1 日　记者袁崴）

4.《哥斯达黎加前锋万乔普被怀疑服用了兴奋剂》

（《搜狐体育》6 月 4 日）

5.《"沈，我走后你接班"》

（《体坛周报》6 月 9 日　特派记者组）

6.《我服从但我不理解》

（《体坛周报》6 月 10 日　记者张卫）

7.《某国脚涉嫌赌球》

（《体坛周报》6 月 14 日　特约记者梁小周）

8.《范志毅夜会美女？》

（《21 世纪体育报》6 月 16 日　特约记者老枪）

● 2002 年第八期《新闻记者》刊载兰州大学新闻与传播学系硕士研究生《视野》兼职副主编孙藜的文章《媒介运作常规对把关人的影响——误发假新闻的反思》，称在《新闻记者》推出的"2001 年十大假新闻"中，"笔者不幸也坠入假新闻'传播者'之列（笔者主持兰州大学主办的文摘性杂志《视野》的编务工作，2001 年 7 月号上也刊登了被评为'最能满足国人虚荣心的假新闻'——《中国少女改写牛津大学 800 年校史》）"。在认真反思对假新闻把关失败的同时，文章作者考察了媒介运作常规（Routines）对把关人的影响。其中包括：客观性原则是把关基础，警惕"媒介间的议程设定"，反思"受众本位"意识。

● 2002 年第十二期《新闻记者》刊载《羊城晚报》报业集团社委、《羊城晚报》要闻部主任张克眉《羊城晚报》要闻部副主任罗卫的文章《编辑如何"证实真实"？》。文章写道：

新闻必须真实，这如同日出日落一般，实属常识，每一个新闻从业人员都知道这个"起码的要求"。然而，为什么假新闻仍不断出现呢？撇去记者因各种目的制造假新闻这种明知故犯的情况不论，在新闻实践中，编辑如何"证实真实"，却并非易事。对于外来投稿，编辑往往只能"信人不信事"。每条来稿所说的事情是不是真的，什么地方失实，编辑没法一一核实，也没必要一一核实（否则，等于编辑自己去重写了）。以《女大学生状告爸爸的吻》为例，编辑首先确认作者是湖北大学新闻专业在读研究生，并向他核实过，才将这篇假新闻"漏"出去的。在回顾和分析这则假新闻的编辑过程及其思考后，作者提出"编辑要敢为'真实性'担风险"的观点。并认为：我们不能为了"精彩"，就对新闻真实性看得很轻；我们也不能强调外因而掩饰本身的不足。我们希望通过实事求是地探讨问题，寻求更好更现实的方法"证实真实"。

2002年 十大假新闻

编者按: 去年本刊评选出"2001 年十大假新闻",迅即为国内外无数媒体所转载。但作为新闻从业人员,我们毫无兴奋可言,却感到自责和愧疚,因为在我们的理念中,新闻和造假本是水火不容。原打算"十大假新闻"的评选是第一次,也是最后一次,但是,2002 年的传媒依然生产了为数不少的假新闻,使我们不得不改变初衷,再作冯妇。

比较而言,2002 年的假新闻有几大特点:一是数量多,几乎涉及新闻报道的各个领域。因此,我们的"评假"活动与时俱进,有所创新,即在每个新闻类别中评选出一条最具代表性的"产品"。二是完全造假的少,更多的是真中有假,假中有真,让人莫辨真假。三是假新闻的背景复杂,有些假新闻甚至是由一些利益集团直接参与编造的。就在本刊付印之际传来消息,一些媒体炒得火热的所谓"三亚有望成为公开品尝虎肉的城市",纯属无稽之谈,有关主管部门认为,这可能只是一条"经过策划的假新闻",可见新闻打假之难,更可见对新闻打假决不能有丝毫懈怠。四是上当受骗的多,如转载国外"造假专业户"制造的假新闻。当然,让我们感到欣喜的是,传媒能正视自己的错误,公开向读者致歉。如《家庭》《北京晚报》《扬子晚报》《华商报》等。同时,对造假者开始动真格,如《家庭》杂志解聘编辑,《华商报》开除记者……为了让新闻造假者遗臭万年,本刊特设立了"客里空最假新闻奖",颁给从每年的十大假新闻中评选出的年度"最假新闻"。经专家学者投票,"千年木乃伊出土后怀孕"当选为 2002 年度"最假新闻",并授予"客里空最假新闻奖",颁发奖杯一尊。

有两点需要说明:一、我们所掌握的 2002 年假新闻有上百篇,但因名额有限,这里所评出的只是同类假新闻中的典型代表,相关的假新闻在点评中有所涉及;二、"十大假新闻"排名系按造假时间先后为序。

社会新闻类 女记者与"狼"共穴 61 天

【回放】

2002 年 1 月下半月的《家庭》杂志推出特别报道《斗智斗勇:女记者与"狼"共穴 61 天》,报道了山西省城某党报女记者吴丽,因写批评报道而被劫持、拐卖到陕北吴堡县朱家坪 61 天,最后获救的"离奇"经历。文中说,太原某造纸厂老板马文清因忌恨吴丽曝光该厂污染环境,于是花 1 万元雇佣在太原打工的陕北人米二强等两人,于 2001 年 5 月 5 日将吴拐卖到陕北。本来马文清要米杀掉吴,但米看吴长得漂亮,想娶吴做老婆,未果,就转手将吴卖给外村 50 岁的鳏夫老梁。而老梁见吴太年轻,便想把吴丽让给他才上高中的儿子做媳妇。不料善良、懂法的儿子通知了太原那边,2001 年 7 月 16 日吴丽获救。

此文刊出后,被国内 10 余家传媒转载,但《太原晚报》等传媒相继对此文的真实性提出质疑。《山西日报》《太原日报》两家党报经过调查后确认,山西党报记者被绑架事件纯属子虚乌有。于是,山西省新闻工作者协会、《山西日报》社、《太原日报》社负责人联名对这则假新闻予以谴责。1 月 29 日,该文作者季永峰承认纯属杜撰,并在第二天以传真的方式向《家庭》杂志发去致歉信。《家庭》杂志社随即向山西省新闻工作者协会公开道歉,并从各地收回 10 多万本 1 月下半月的《家庭》杂志,并将责任编

——看什么表,咱们还有60天要混呢!

辑艾静解聘。

【点评】

从《家庭》杂志发稿的过程来看，其领导、编辑不可谓不认真，但假新闻最终还是出了笼。究其原因，就是因为他们总认为，来稿所说的事情是不是真实，什么地方失实，编辑无法一一核实，而且也没必要一一核实。因此，他们着重"细究"作者本人是否可信，反反复复找作者核实。然而，仅"细究"作者是否可信，无异于问道于盲。难道你能指望造假高手良心发现，和你说真话？其实，只要给太原方面打个电话，问问当地党报中有没有吴丽此人，倒可能事半功倍。

可见，虚假的社会新闻之所以屡禁不止，主要还是与传媒的领导、编辑的认识有关。然而，赞同《家庭》领导、编辑观点的不乏其人。最近就有同仁撰文，认为编辑"证实真实"难于记者，所以往往只能"信人不信事"。但今年的这则假新闻再次告诉善良的编辑，"信人"往往是靠不住的。

附带说一下，2002 年 2 月 6 日《华商报》载文称："《家庭》的这篇报道纯属没有事实依据的假新闻，被国内一家刊物评选为 2001 年国内十大假新闻之一。"所谓"国内一家刊物"，即《新闻记者》杂志也。但在本刊评选出的"2001年十大假新闻"中，并没有《家庭》的这篇报道。纵使《新闻记者》神通广大，也无法在 2001 年 12 月底评选"十大假新闻"时先知先觉，预测到 2002 年 1 月《家庭》杂志会刊出这样的假新闻。《华商报》为什么会出错？原来，2002 年 2 月 5 日《北京青年报》在揭露《家庭》杂志的这篇假新闻时，列举了《新闻记者》杂志评选的"2001 年十大假新闻"，因为其中有一条假新闻是《北京青年报》所为，因此将其"遗漏"，这样一来，"十大假新闻"就成了"九大假新闻"。大概是《华商报》凑不齐"十大假新闻"，权将 2002 年的假新闻充数。人们从中也许能再次悟到，假新闻是如何产生的。

文化新闻类　诗人汪国真卖字求生

【回放】

2002 年 3 月 19 日，四川日报报业集团所属《天府早报》刊发记者杨翘楚的报道《昔日倜傥诗人 今日卖字求生》称，据一位自称是汪国真好友的知名杂志编辑披露，曾红极一时的诗人汪国真近来生活窘困，遭遇连串不幸，不仅2001年复出以后的新作无人喝彩，现在竟连生计也成了问题，原因是投资火锅店失败。该报道还言之凿凿：汪国真由于目前每月收入不稳定，为了改善经济状况，本有书法基础的汪国真开始大练书法，并为京城一些店铺

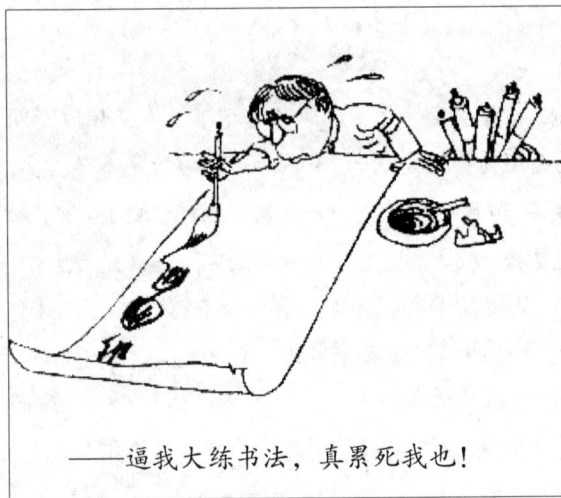

——逼我大练书法，真累死我也！

书写招牌，以换取收入。无独有偶，这篇报道也出现在同一天的《江南时报》上，只是稍作修饰，题目改为"昔日辉煌成过眼云烟　大诗人汪国真为钱所困"。

4月26日，汪国真将两份诉状送至北京西城法院，分别起诉作者杨翘楚和四川日报报业集团、江南时报社。他在起诉书中称，作为一名公民，原告有自己的正当职业、稳定收入和安定生活，这篇报道完全违背了新闻的客观性和真实性，捕风捉影，甚至编造谎言，贬低、损毁原告名誉，给他的良好社会声誉和精神造成巨大损害。

【点评】

从《天府早报》此后有关汪国真的后续报道来看，先前的那篇假新闻只是鱼饵，目的是钓汪国真接受该报专访以辟谣。于是，神圣的新闻报道便异化为一场游戏。假如新闻报道果真能为游戏，那么，黄毛小儿也可当高级记者。其实，即使是游戏，也有游戏规则。这等不遵守游戏规则之辈，倒是应该去卖字求生，岂能厕身于记者行列？

无论过去、现在和将来，文化人都不容亵渎。而作为报道文化新闻的记者，更是令人油然而生敬意，因为优秀的文化新闻是人类的精神食粮。而一旦文化新闻堕落到与虚假为伍，那么则无异于精神鸦片，戕害的是人类的灵魂。值得注意的是，2002年有不少文化新闻都在与虚假共舞，且都是重量级的——譬如"金兀术墓葬惊现房山""千岛湖底惊现千年古城"……

作为一个文化记者,必须时时扪心自问,我的所作所为,是否对得起"文化"二字?我生产的究竟是精神食粮还是精神鸦片?同时,也请新闻界的有识之士共同探讨,如何才能有效地遏止日益猖獗的"八卦文化新闻"?

政治新闻类　南京大屠杀纪念馆拟改名

【回放】

2002 年 3 月 22 日,《金陵晚报》发表记者刘泱的报道《政协委员建议:"南京大屠杀遇难同胞纪念馆"可更名》称,李洪远、吴野等多位南京市政协委员在前一天建议,侵华日军南京大屠杀遇难同胞纪念馆可改名为"中国南京国际和平中心",因为纪念馆在许多场合都被简称为"大屠杀纪念馆",而值得纪念的并不是"大屠杀"本身。随后,该报就此问题展开了讨论。3 月 24 日,《华商报》等传媒发表刘泱的文章《大屠杀纪念馆改名引争议》称,政协委员建议纪念馆更名一事"经当地媒体报道后,在市民中引起强烈反响,80%的市民坚决反对纪念馆改名"。

3 月 25 日,南京市有关部门表示,侵华日军南京大屠杀遇难同胞纪念馆不会改名,也没有让该馆更名的动议。与此同时,南京市有关市政协委员认为报道曲解了其发言的原意,他们从未建议纪念馆改名。3 月 27 日,《人民日报·华东新闻》发表《侵华日军南京大屠杀遇难同胞纪念馆改名?不!》一文,披露了事情的经过:"3 月 21 日,南京市政协组织部分政协委员,就保护和利用 4 处文物遗留

——把"屠杀"改为"和平",有新意嘛!

（不含侵华日军南京大屠杀遇难同胞纪念馆）的问题进行视察。在随后举行的座谈会上，有委员说，遇难同胞纪念馆占地太小，建议在保留现馆、现名的前提下，征地100亩建一个公园，名称可考虑叫'世界和平中心公园'。"

【点评】

按照正常人的逻辑思维，新建一个"世界和平中心公园"与"侵华日军南京大屠杀遇难同胞纪念馆更名"，是无论如何也不会搞混的，因为这是风马牛不相干的事。但是，偏偏就是这样一个风马牛不相干的事，居然就相干起来。经过传媒的炒作，从政协委员提出要建"世界和平中心公园"，变为政协委员建议南京大屠杀遇难同胞纪念馆更名，再变为大屠杀纪念馆改名引起争议，原本子虚乌有的事炒得就像真的一样。只是害苦了善良的读者，竟然当起真来，居然引起"强烈的反响"。

从小我们就知道"狼来了"的故事，原以为这只是童话寓言，因为稍有常识的人决不会犯这个傻。但是，在现实生活中犯这样傻的人却时常可见。对于媒体而言，最宝贵的不是固定资产，也不是发行量，更不是广告收入，而是赖以安身立命的公信力。当"狼来了"的故事反复上演之日，也就是公信力寿终正寝之时。

当然，我们更愿意相信是《金陵晚报》记者听错了，或是理解错了，而决不是有意造假。

卫生新闻类　微波炉是恐怖杀手

【回放】

2002年4月23日，《生活时报》发表短文《莫忽视微波炉的危害》称："微波炉的微波在人身体上沿神经纤维造成乙酰胆碱（一种激素物质）的积累，即使微波炉的微波发射极其微弱，也会引起许多疾病。……微波炉的电磁外溢（由于采取了安全措施，这种外溢量很小）能造成永远不能愈合的烧伤。……微波炉对食物的破坏十分可怕，'煮'过的或仅仅回了一回锅的、解冻过的食物，就不再有任何活性维生素了，只剩下一些热量在胃里'滥竽充数'。"该文先后被全国近600家媒体转载，使许多消费者认为微波炉不再是厨房帮手而是恐怖杀手, 因此不愿购买。这使得微波炉生产行业陷入困境, 五六月份全国微波炉销售同比下滑 40%。

7月8日, 微波炉龙头企业格兰仕紧急进京, 就该文进行辟谣, 并将矛头直指美国某跨国公司, 称其为谣言散布者。全国家电标准委员会副主任王世和这天在接受记者采访时说: "微波炉工作所产生的辐射比手机还要小。" 他还说:

——在老记笔下, 我成为恐怖杀手了!

"在欧美、日本等发达国家, 家家都使用微波炉, 但从来也没有听说过他们出现缺营养的现象。"

【点评】

从严格意义上说,《莫忽视微波炉的危害》并不是真正的新闻, 充其量只能算是 "卫生知识普及" 文章。但是, 该文却给人以新闻的错觉, 因为字里行间似乎表明, 根据最新研究成果, 微波炉有害健康。而且, 在以后的扩散传播中, 就是作为一条惊人的新闻来传播的。因此, 将其评为假新闻并不为过。

其实, 像 "微波炉有害健康" 之类的伪科学, 在中国早已不是第一次出现, 如 "饮隔夜茶容易得癌症" "用铝制品盛食物会得老年痴呆症" 等等。2002年还有 "甜菊糖有害论" 风行一时。可以断言, 随着中国进入小康社会, 人们对健康越来越关注, 虚假的卫生新闻和伪科学普及文章也会越来越多。作为记者, 除了自己必须具备一定的科学知识外, 还要不耻下问, 虚心向专家学者请教。当然, 还必须防范某些利益集团为了挤垮竞争对手而不惜编造虚假的卫生新闻和伪科学普及文章。对此, 传媒一定要多长个心眼, 以免被人当枪使。

经济新闻类　央视全面封杀米卢广告

【回放】

2002年5月25日,《南方体育》刊登文章《米卢广告泡沫即将破灭》称: "5月22日,一位米卢的广告主打电话给记者,说刚刚接到中央电视台广告部口头通知,要求广告主作好准备,撤换正在播映的所有米卢广告片。记者随即向中央电视台广告部证实,一位广告部的先生告诉记者,确有其事,米卢的广告片必须停播,广告主必须重新开发新广告片。这位广告部的先生还告诉记者,通知并未要求立即撤换广告。由于事发突然,考虑到广告主更换广告片需要一段缓冲时间,央视决定在6月世界杯赛事后,全面禁止以米卢形象拍摄的广告片。"5月27日,同样的报道略经修改,又在《21世纪经济报道》《天府早报》《华商报》等报纸上发表。于是,一场有关"米卢广告"是否应该禁播的大讨论就此轰轰烈烈地拉开序幕。

6月4日,"米卢广告被禁"的说法被中央电视台广告部主任郭振玺明确否认。他对《中国青年报》记者说:"外国人给中国产品做广告怎么能说是坏事呢?加入世贸组织的中国,要的是依法办事。法律不禁止的,当然可以做。"与此同时,国家广电总局也明确表示,此事纯属谣传,该局从未下达过这样的通知。国家工商总局广告司有关负责人则回答说: "从来没有听过这样的消息,更不会是我们发出

——米卢,委屈你一下了!

的通知。"

【点评】

或许是为了表达对米卢大做广告捞钱的不满，或许是为了迎合一些人的喜好，或许是出于某种不可告人的目的，"米卢广告被禁"这样的假新闻便应运而生。如今，新闻造假者已跨过了低级阶段而向高级阶段迈进，越来越懂得受众心理。受众喜欢什么，他们就编什么，而且编得合情合理、天衣无缝，让人无法不信。即使被揭穿，也不至于遭到受众痛斥，因为他们表达了受众的某种潜意识。

当然，作为一条虚假的经济新闻，"米卢广告被禁"所造成的损害最多不过是断了米卢的财路，好像还不至于损害国家利益。然而，另一些虚假经济新闻的危害则要大得多：如"证监会和上交所将推荐六只蓝筹股""新股发行全流通"等假新闻扰乱了证券市场，"全国 96% 项目招投标失灵""三峡大坝出现大裂缝"等假新闻则可能使人民对中国的经济建设丧失信心。可见经济报道绝非无关宏旨，而是关系到国计民生之大事。对此，不可不慎。

体育新闻类　意韩赛主裁判惨死于乱枪

【回放】

2002 年 6 月 27 日，《新快报》刊发报道《意韩赛主裁惨死于乱枪？》称："据中央电视台网站体育频道'网友评论'栏消息，厄瓜多尔国家电视台当地时间 6 月 23 日晚 8 时报道：在本届世界杯赛中执法意大利与韩国一战的厄瓜多尔籍主裁判莫雷诺，于当地时间 23 日晚 6 时左右在厄瓜多尔首都基多被人连开数枪后当场死亡，终年 33 岁。"报道还附有莫雷诺惨死车中的照片。一时间，此报道引起中国球迷的广泛关注。

人民网编辑立即进行多方核实，结果发现厄瓜多尔当地各大传媒都没有报道此事，世界各大新闻网站也没有相关报道。当天，人民网发表《"厄籍主裁被杀"一事纯系无中生有的谣言》一文，肯定此报道是无聊之人编造的假新闻，而照片也是从别的新闻报道中移花接木而来。7 月 5 日，中国新闻网报道："莫雷诺在接受《海峡时报》的长途电话采访时说，他正在和家人于美国度假，根本没有受到任何生命的威胁。"

——你不死于乱枪，世界球迷不开心！

【点评】

【点评】

　　经多方查证，这条消息最早出现在6月26日中央电视台网站体育频道的电子公告板上。《新快报》编辑如获至宝，仅在正文中加了句"该消息至今尚未得到官方证实"，就被隆重推上报纸版面。让人百思不得其解的是，作为一个新闻编辑，理应知道必须对所报道的内容负责，新闻事实必须核实无误后方能报道，因为这是最基本的新闻常识。既然未经任何核实与证实，又为何要将其推上版面？

　　近年来，虚假的体育新闻层出不穷。2002年世界杯足球赛期间，许多记者干脆就成了"故事大王"，今天只要和哪个国际球星点了下头，明天就能洋洋洒洒地写出一篇专访；实在没有消息，干脆就自编自导自演。2002年第7期《新闻记者》杂志曾盘点过世界杯足球赛期间较为轰动的假新闻，可惜因截稿日期早于世界杯闭幕之日，故而未能将其一网打尽。但恐怕谁也不会想到，在世界杯足球赛即将结束之际，竟然冒出了这条更具爆炸性的假新闻。

科技新闻类　地球生命只剩50年

【回放】

　　2002年7月8日，《江南时报》刊登《世界野生动物基金会的一份报告称：地球生命只剩50年！》，《江淮晨报》也刊登《WWF观点耸人听闻 地球2050年灭亡？》。两篇文章的作者署名同为"子非"，内容大同小异，都声称："人口的急剧增长以及对资源的掠夺性使用使得地球的生命可能只剩下50年，除非从现在开始就找到办法，在2050年之前将地球人大量移民到其他星球去。上述观点是于7月9日公布的世界野生动物基金会（WWF）的一份研究报告提出的核心观点。"消息甫出，国内传媒你载我转，又是发消息又是配评论，忙得不亦乐乎。

7月9日,《北京晨报》发表《地球只剩50年?世界自然基金会称消息不实》,该报道将WWF的译名纠正为世界自然基金会,并报道"昨天记者就此事向被宣称是发布此信息的某国外机构求证。得到的答复是,他们没有这样

——中国媒体劝我们早点儿开路……

预测。……记者从该组织驻中国办事处核实时,有关人士表示,……中文消息与他们将发布的新闻稿有较大出入。……中文消息的许多内容,如'森林的消失和鱼类的绝迹'在英文稿中并不存在。"

【点评】

出于职业习惯,新闻编辑必须对所有的消息都持怀疑态度,只有经过广泛的求证,排除疑点之后,才能予以发表,否则宁可放弃。常言道,两害相权取其轻。当发不发,固然是失误;但不该发而乱发,则是更大的失误。其实,像这类报道,只要核对一下原始报告,就不难发现差错。原始资料可以让作者提供,编辑也可以自己上网、到图书馆查找。工作难度并不大,但却无人去做,硬生生地让假新闻蛊惑人心,实在发人深思。

发布科技新闻,必须遵循新闻规律和科技自身发展的规律。编辑不但要了解科技新闻的原始资料,而且还要了解原始资料的来源。按国际通行规则,严肃的新闻媒体都不采用非权威来源的科技新闻。国外严肃的媒体对于基础科研成果的报道,大多来源于英国《自然》、美国《科学》等权威科学杂志。相比之下,国内一些媒体就显得不够慎重,如2002年有报道说科学家宣布将用5年时间完成复制人体的206个组织器官,就不是出自权威的消息来源,遂引起广泛的质疑。

娱乐新闻类　宋祖英要揭央视"老底"

【回放】

2002 年 7 月 22 日,《华商报》刊登记者肖东的报道《宋祖英要揭央视"老底"》称:"经央视领导和大赛组委会研究决定:宋祖英、成方圆、腾格尔、李双江、邹友开、金铁霖、阎肃等人近日已被取消全国青年歌手大奖赛专业组评委资格……本来被定为评委的歌手宋祖英,现在也是满腹委屈,她对央视的这一举措极为不满。"报道引起强烈反响,宋祖英的演出经理及律师亲赴《华商报》社,说明报道内容纯系捏造,要求查清消息来源,澄清事实真相。

7 月 23 日,《华商报》刊登声明,承认这篇报道的内容与事实不符,向中央电视台及宋祖英致歉。7 月 25 日,《华商报》刊登《"宋祖英要揭央视'老底'"纯属子虚乌有——本报向中央电视台及宋祖英郑重致歉》道出其中原委:"7 月 21 日,《华商报》文化新闻部记者肖东收到一封寄自北京的来稿,标题为"成方圆、腾格尔、李海鹰遭质疑 被取消全国青歌大奖赛专业组评委资格"。其中涉及到许多所谓青年歌手大赛内幕及对宋祖英个人的中伤之词,并打印有作者和稿件提供人的姓名。记者在未与中央电视台及宋祖英本人核实、且未与发稿人和作者核实的情况下,将稿件加上"宋祖英要揭央视'老底'"的标题配以宋祖英的大幅照片,予以发表。后经核实,来稿中记载的作者和发稿人均否认其曾发过这封信。"《华商报》并宣布:"对于发表该报道的记者肖东予以除名处理,对报社其他有关责任人予以严肃的行政处分。"

【点评】

不知从何时起,从事娱乐新闻报道的记者被称为"娱记",而"娱记"又逐渐成为假新闻制造者的代名词。在中国新闻界,"娱记"现象已逐

——只要有料,管它是真是假!

渐成为一道独特的风景线,"娱记"们在新闻炒作方面颇有心得,屡有创新。先前曾听说,某地有甲乙两报,互为对手,然而两报的"娱记"私下串通,今天你刊发某明星的绯闻轶事,我明天刊登该明星的严正声明,后天你再予以反驳……如此这般,笔仗不打上两周半月,是断断不会完的。报纸的销量大幅上扬,记者的发稿指标也超额完成。这么多编造假新闻的"娱记"都平安无事,唯独肖东被开除,是不是有点冤?其实,说冤也不冤。你编辑别人的稿件,既未与报道对象核实,又未与发稿人和作者联系,却署上了自己的大名发出去。结果贪功不成,反遭除名,也是咎由自取。只是在中国新闻界,像《华商报》这样敢于清理门户、杀一儆百者不是太多,而是太少了。据我们所知,有些老总认为,娱乐新闻追追星,造造假,搞搞笑,无伤大雅,何必当真?因此,"2001 年十大假新闻"的炮制者"江东子弟今犹在",也就不足为怪了。

法制新闻类　刘晓庆在狱中有空调有淋浴

【回放】

2002 年 7 月 28 日,《重庆商报》发表报道《记者乔装探秘刘晓庆捕后生活》称:"门卫向记者透露,刘晓庆的待遇要比一般的罪犯高,因为考虑到她是一个名人等种种角度,看守所给她安排了一个人的单独房间,而且房间里可以洗澡,还有空调,一天三顿饭,生活上应该不错。"同一天,《新快报》发表文章《刘晓庆有钱补税交罚款吗?》进一步描述:"据值班人员透露,刘晓庆现在单独住一个房间,由专人负责 24 小时看护。房间内有空调、卫生间、淋浴房,刘晓庆的三餐也很正常,只是看守所没条件专门为她做正宗的川菜。"国内新闻传媒纷纷转载,并冠以类似"刘晓庆关押地点实地探访:有空调有淋浴情绪稳定"的标题。

7 月 30 日,北京市公安局就有关传媒报道刘晓庆羁押失实之事举行记者会。新闻发言人刘蔚在记者会上表示,近日不断有媒介称,刘晓庆现在单独住一个房间,房间内有空调、卫生间、淋浴房等,受到了特殊的待遇。这些报道严重失实,纯属炒作。发言人证实,刘晓庆目前和几名其他案件的犯罪嫌疑人共同

——咱老记给您刘富姐送空调来了!

羁押在一个监室内，接受同样的管理，没有任何的特殊待遇。

【点评】

依据《中华人民共和国看守所条例》等法律法规，看守所依法履行职责，保护所有羁押犯罪嫌疑人的合法权益；但同时任何犯罪嫌疑人都要遵守监管规定，所有的犯罪嫌疑人均享受同等的生活待遇。

耳闻刘晓庆受到特殊待遇，不加核实，就从正面宣传这种涉嫌违法的事件，这样的新闻工作者不但缺乏新闻常识，而且缺乏法律常识。

如今，违反法律常识的法制新闻确实不少。当然，这些新闻不全是假新闻，但其中真真假假、虚虚实实，让人笃信不疑，其危害程度更甚于凭空捏造的假新闻。如6月11日《西安晚报》发表的《死刑4分钟前中止》一文,便是如此。《西安晚报》的竞争对手《三秦都市报》记者对此深入调查，发表长篇文章《"枪下留人"调查全记录》，证实"枪下留人"确有其事，但《死刑4分钟前中止》中的许多细节纯属编造。这也是今年许多假新闻的一个共同特点。

国际新闻类　千年木乃伊出土后怀孕

【回放】

2002年11月7日，新浪网推出一则报道《美传媒称千年女木乃伊出土后怀孕》："据美国《世界新闻周刊》报道，一埃及考古小组今年3月在开罗发掘出一具已逝世超过3000年的经防腐处理女木乃伊。但该学院负责人塞尔德最近获得一个惊人发现，证实这具木乃伊竟在出土后怀孕，至今其腹中胎儿看来已有8个月，经超声波检查后得知胎儿正常成长。该学院看守人西塔尔被指是胎儿的父亲，而他也承认自己难以抗拒女木乃伊的美色，不禁对她表达爱意。"虽然内容荒诞，但是仍有一些传媒转载了这则报道。

11 月 8 日，南京博物院院长徐胡平研究员

——让我们生个孩子吧！

接受《扬子晚报》记者采访时说，他看了这则报道，评价是 12 个字：惊天之作，违背常理，不可思议。他说，木乃伊已经过古代人为防腐处理，其大脑、内脏均已拿掉，人体活的细胞已不复存在，而且木乃伊只有在干燥的特定自然环境中才能存在，怎么可能受孕？南京妇幼保健医院生殖不孕中心李红霞主任医师指出，"怀孕"必须具备几个最基本的条件，女性卵巢功能正常、体温正常，以及有维持胚胎生命的液体、激素等，而木乃伊只是一个"标本"，已经没有生命了，根本不能提供怀孕的基本条件，又怎么怀孕呢？

不过，公允地说，这绝非新浪网编辑故意造假，而是上当受骗。因为美国《世界新闻周刊》是一份专门编造荒诞故事博读者一笑的"超级市场小报"。但把国外荒诞小报刊登的东西当宝货贩卖到国内来，却实在有损新浪之声誉。

【点评】

这则报道一推出，立即遭到众多新浪网友的揶揄。有人在"斗牛士"IT 写作社区中写道："新浪编辑已经将这条新闻从'科技新闻'变成了'社会新闻'，再变成了'搞笑新闻'。这三变非常之搞笑。看来新浪编辑的神经顶不住咱老百姓的幽默啊。哈哈！"令人瞠目结舌的是，事发之后，新浪编辑居然大言不惭地在这则报道后面加上了一行字"声明:搞笑新闻，不必认真"，以遮人耳目。殊不料这一遮，更是暴露出更大的无知。作为国内外著名的门户网站，从事新闻登载业务，竟然"不必认真"地刊登"搞笑新闻"，叫人大跌眼镜。

随着国际新闻交流的增多，国内传媒编译的国际新闻也越来越多。如果传媒不了解新闻来源的背景，就难免闹出"木乃伊出土后怀孕"这样的世界级笑话。2002 年 6 月 3 日，北京市发行量最大的报纸《北京晚报》报道：美国国会

威胁说，如果不能重建一座崭新的、豪华的国会大厦，国会将搬出华盛顿。说来令人哭笑不得，这则假新闻是直接从美国《洋葱》杂志抄来的。而《洋葱》是纽约出版的一份讽刺性"新闻"周刊，专门编造时事新闻逗美国读者一笑。《洋葱》还配发了一幅设想中的未来国会大厦的设计图，《北京晚报》也全盘照搬，甚至没有说明这张图画的是什么。 2002 年 6 月 11 日，《北京晚报》就此向读者致歉。《洋葱》的总编罗伯特·西吉尔（Robert Siegel）对《北京晚报》如此容易受骗上当感到惊讶："如果我是北京的一名记者，发现了类似这样的故事……我也许要进行一番追踪，查核其来源。读者从来就容易受骗上当，但是我以为记者会聪明些，也许我太天真了。"

2003 年不完全备忘录

● 2003 年第四期《新闻记者》刊发武汉大学新闻与传播学院吴献举的文章《传播虚假新闻的法律责任》。文章说：

《新闻记者》接连两年（2001、2002）发表了全年十大假新闻的分析文章，读来令新闻界有识之士为之扼腕。假新闻何以泛滥？笔者认为，除了作者动机不纯、故意造假和媒体把关不严等主观因素外，关键是对造假者的惩处力度不够。我国没有专门的《新闻法》，但惩处造假者并非无法可依。其实，我国的一些法律法规及规章中已规定了传播假新闻的法律责任。根据假新闻的具体内容和危害程度的不同，假新闻传播者应承担行政、民事和刑事等不同的责任。

●西祠胡同论坛发表《金陵晚报关于"南京大屠杀遇难同胞纪念馆拟改名"的情况说明》。

市委宣传部：

3 月 22 日本报在二版刊发《名称太长不易读，随意简称又不妥 政协委员建议——"南京大屠杀遇难同胞纪念馆"可更名》一稿，23 日、24 日又刊发了连续报道。现将有关情况汇报如下。

1. 报道的意图

南京大屠杀遇难同胞纪念馆是一个重要的爱国主义教育基地，因为名称较长，不少人在许多场合都简称为"大屠杀纪念馆"，包括央视记者有时都这样报道。在 21 日的政协委员座谈会上，李××和吴×两位委员认为，随意简称为"大屠杀纪念馆"很不妥当，因为需要纪念的是大屠杀遇难同胞，而不是大屠杀；而且，纪念馆是进行爱国主义教育和宣传世界和平的重要基地，可以改名为"中国南京国际和平中心"。

本报记者刘泱旁听座谈会回来，及时向值班编辑汇报了座谈会的情况。编辑认为，李××、吴×两位政协委员认为纪念馆名称太长不易读、随意简称又不妥的意见，有一定的道理，因而考虑做报道，一是引起市民对纪念馆名称不宜随意简称的注意，二是让大家一起探讨假如改名的话，什么样的名称合适。

本报报道最初的设想，只是进行一个学术问题的探讨，而且文章也强调改名只是个别政协委员的建议，但是搜狐、新浪等网站转载文章后，却变成似乎改名已有明确的意向，而且压根不提考虑改名只是因为"名称太长不易读，随意简称又不妥"。应该说，这与本报的报道宗旨有较大的距离，因而引起一些网友较为冲动的言论。

2. 报道的根据

在3月21日的政协委员座谈会上，李××、吴×两位政协委员确实在发言中建议，南京大屠杀遇难同胞纪念馆可改名为"中国南京国际和平中心"。李××在当天的座谈会是倒数第二个发言，吴×在座谈会三次发言，最后一次发言赞同纪念馆改名的建议。

21日的座谈会，南京地区的媒体记者大多中途离去，本报记者刘泱和《扬子晚报》记者肖蔚自始至终旁听了座谈。刘泱还特地与负责记录的政协工作人员核实了李××、吴×的发言内容。《扬子晚报》记者肖×证实本报关于李××和吴×两位委员的发言属实。

3月22日报道见报后，刘泱与市政协文史办刘××主任联系过，刘××主任未对报道提出异议，刘泱提出继续报道需要采访有关学者，刘××主任还提供了南大历史系教授张××的住宅电话和办公电话。

3. 处理情况及经验教训

（1）考虑到报道引起的负面效果，特别是新浪、搜狐网站的报道引起的负面效果，为了维护政协委员的形象，本报按照市政协办公厅的要求，在3月26日一版刊发稿件，稿件特别说明"有关市政协委员未建议纪念馆改名"，并将此内容做到标题中。

（2）认真吸取教训。25日接到市委宣传部领导的指示后，本报当晚就召开了总编和新闻部主任参加的紧急会议，总结此次报道的教训，再次强调要增强政治意识、大局意识，进一步提高政治把关能力，坚持"要帮忙、不添乱"的原则，确保报道导向不出问题。

（3）当天政协未发通稿（给记者发了一份视察人员名单、视察路线图、视察点的背景材料和河西新城区开发建设指挥部副指挥长的汇报材料），政协也未向记者强调有关大屠杀遇难同胞纪念馆的相关讨论不得见报，因而记者和值班主任主观认为，可以做报道。这样推断很不恰当，今后对于重要事件的报道，尤其是政治性较强的报道，要严格执行新闻纪律，及时请示市委宣传部和相关部门的领导，把握不准的稿件及时送审。

（4）26 日接到市委 × 书记的有关批示后，本报又在中层干部会议上传达了领导的批示精神，同时组织大家认真吸取教训，层层落实把关责任制，采取切实措施杜绝此类问题的发生，并强调今后政协的报道一律送审（通稿除外）。

（5）对于此次报道，口子记者、值班主任、值班总编负有不可推卸的责任，总编办公会责成值班主任和值班总编在 26 日的中层干部会上作检讨，并决定当事记者刘泱调离政协口子，值班主任和值班总编扣发奖金。

金陵晚报

2002.3.26.

（载 www.xici.net 2003–01–14 23:13:04）

●第二届新闻专业期刊大赛评选揭晓。

2003 年 7 月初，中国记协新闻学术委员会全国新闻专业期刊协作会主办的第二届全国新闻专业期刊优秀论文、优秀栏目大赛揭晓，《新闻记者》获 1 金、2 银、1 铜。"媒介批评"栏目获得金奖，"2001 年十大假新闻"获银奖。

2003年 十大假新闻

编者按: 两年前,一个寒冷的深夜,一次心血来潮的突发奇想,催生出"2001年十大假新闻"。原本只是游戏之作,偶尔为之,谁知却从此一发不可收。此后,本刊又相继评出"世界杯八大假新闻""2002年十大假新闻",简直成了打假专业户。原以为假新闻从此销声匿迹,然而不曾料到,如同打开了"潘多拉魔盒",假新闻如雨后春笋,越打越多。于是,心灰意冷,退意萌生。

转眼,又近年底,新闻界的不少朋友希望我们继续评选"2003年十大假新闻",认为这项工作虽然艰苦,却很有意义。既然社会需要,同行欢迎,读者爱看,我们也就义无反顾,只有将新闻打假进行到底了。

经过紧张的评选,"2003年十大假新闻"现已评出("获奖名单"附后),其中,《比尔·盖茨遇刺》得票最高,因此无可争议地荣获"2003年度客里空最假新闻奖",奖给"长鼻子两面人"奖杯一尊,奖状一个,以及"客里空银行"的"支票"一张。

综观2003年的假新闻,和前两年相比,总体水平明显提高,并呈现出一些新的特点,现归纳如下:

1.数量多。前两年评选,候选篇目大约在二三十篇左右,真正"杰出"者凤毛麟角。而2003年的候选篇目多达130余篇,且总体水平提高,故而挑选余地大大增加,从而确保了评选质量。

2.寿命短。2003年假新闻数量虽多,但寿命普遍较短,往往两三天内就被揭穿。如《〈背影〉落选鄂版新教材》,刊出的次日就被揭穿。正所谓"群众的眼睛是雪亮的"。

3.技巧高。过去的假新闻,往往凭空捏造的多,因此只要稍加留意,就不难发现破绽。而现在的假新闻,则是真中有假,假中有真,故而欺骗性很强,因此屡屡出现这种极富喜剧色彩的情形：刊出假新闻的媒体已经公开道歉，然而依据该假新闻有感而发的时评还在源源不断地刊出。可见假新闻的造假水平越来越高，居然能蒙骗职业高手。

4. 权威媒体也造假。前几年，假新闻大多是小报小刊所为，权威媒体和主流媒体很少涉案。但2003年不少影响恶劣的假新闻，却出自权威媒体，实在是有失名门风范。

5. 竞争对手揭短。如今，新闻媒体的竞争日趋激烈，而在同一个城市、地区，竞争尤甚。因此，假新闻往往是被同城（地区）的竞争对手揭穿。这也是竞争带来的好处。

6. 公开道歉认错。以往出现假新闻，刊出媒体要么保持沉默，要么挖空心思找出种种理由为自己辩护。而2003年，不少媒体刊发假新闻后，勇于公开认错并向公众道歉，如《中国经营报》、《武汉晨报》、新浪、搜狐等。这可以说是一大进步。

另外，需要特别说明的是，2003年非典肆虐期间，由于众所周知的原因，不少权威传媒刊出严重失实的报道，如《人民日报》2月15日的报道《广东非典型肺炎已得到有效控制，大部分病人痊愈出院》。而实际情况却是"2月6日，非典型肺炎进入发病高峰，全省发现病例218例，当天增加45例，大大超过此前单日新增病例；2月12日上午，省政府新闻办宣布至2003年2月9日，全省报告病例305例，死亡5例；2月28日，全省累计发生病例789例……"（《羊城晚报》2003年5月4日）。再如新华社2003年4月4日报道：卫生部部长张文康4月3日在国务院新闻发布会上表示，我国局部地区发生的非典型肺炎已得到有效控制。中国大陆自2003年初发现非典型肺炎以来，截止到3月31日，共报告非典型肺炎1190例，其中北京12例。而事实真相是：截至4月18日，全国累计报告非典型肺炎病例1807例，其中，广东1304例，北京339例……这些新闻和事实相差甚远，毫无疑问应列入假新闻范畴，甚至还有望被评为"2003年度客里空最假新闻奖"。但由于《人民日报》、新华社都是依据权威新闻源而发稿，从某种意义上来说是真实地记录了历史，因此，把造假的板子打在媒体和记者身上，似乎不公。有鉴于此，参加评选的专家们建议，报请有关部门授予"2003年度假新闻特别荣誉奖"。

1. 借尸还魂奖　比尔·盖茨遇刺

【编　　剧】佚　名
【出　　品】中国日报网站
【首映时间】2003 年 3 月 29 日
【剧情梗概】

美国有线新闻网 CNN 3 月 28 日消息称，微软总裁比尔·盖茨在出席洛杉矶的一个慈善活动时遭到暗杀并死亡。很快，新浪、搜狐等国内各大网站相继转发这条消息，并发布关于"比尔·盖茨遇刺"的手机短信。

【事实真相】

没过多久，中国日报网站刊登原始文章的截图，同时追加报道："此消息在 CNN 网站上出现大约半个小时后，不知何故 CNN 网站又将此新闻稿撤除。到目前为止，美国其他媒体和通讯社均无此消息的报道。"然后，中国日报网站更正："微软公司致电中国日报网站，称该消息是 2002 年愚人节的恶作剧内容，不知何故 3 月 28 日又出现在 CNN 网站上。"新浪、搜狐均证实比尔·盖茨被刺身亡消息为假新闻，正式表示道歉。

当天，红网等网站证实，该篇假新闻的原始出处不是 CNN 网站，而是

伪造的 CNN 网页，与 CNN 毫不相干。中国日报网站的编辑在搜索 CNN 网站时，不知怎么竟会把伪造的 CNN 网页当真了。

【获奖理由】

按照新闻的重要性定律，名人之死，肯定是重大新闻；如果一个名人死上两

回，那无疑就是特大新闻了；而能让去年就已被证实的愚人节新闻再次成为轰动性新闻，除了自叹弗如外，无话可说。况且，这条假新闻还为中国红火的短信业又添一把火。据不完全统计，以此消息为内容的短信，仅中国国内的发送量就超过 1000 万条，若以一角钱一条计算，便使 SP（短信等信息内容提供商）进账百万元。故而荣获此奖，名至实归。建议 SP 合伙给予相关人员以重奖。

2. 扑朔迷离奖　卡梅隆决定执导《9·11 生死婚礼》

【编　　剧】刘净植
【出　　品】《北京青年报》
【首映时间】2003 年 1 月 26 日
【剧情梗概】

一个中国不知名的作者的不知名作品，被好莱坞名导演詹姆斯·卡梅隆看中，这听来有点不可思议的事却是现实——由现代 SNP 创作中心策划、现代出版社出版的上海旅加女作家贝拉的《9·11 生死婚礼——我的情爱自传》，已被 20 世纪福克斯电影公司花 102 万美元买断了影视改编权，并确定由曾导演《泰坦尼克号》的卡梅隆执导。随后，《经济观察报》进一步报道："卡梅隆，一直在积极而审慎地选择作品，他阅读了《9·11 生死婚礼》部分章节的英文稿后，认为这便是他一直要找的东西。而 20 世纪福克斯电影公司的董事会也一致决定，购买该作品并投拍电影。"

【事实真相】

从 10 月 12 日开始，自由撰稿人曹长青在海外发表《贝拉的百万美金骗局》等系列文章。作者称他向 20 世纪福克斯公司和卡梅隆的公司了解，对方都说从未听说过贝拉的小说和拍摄电影这件事。作者断定，所谓好莱坞高价买断版权之类的说法完全是谎言。12 月 5 日，《文汇读书周报》报道，《9·11 生死婚礼》的策划人安波舜接受该报记者采访时承认，他们是与一家美国投资公司签订了版权协议并通过它向十多家公司投递了《9·11 生死婚礼》的英译本草稿，而 20 世纪福克斯公司和卡梅隆只是其中之一。他说，选择拍

摄方、导演方，是投资方的事，投资方承诺：该片初定为20世纪福克斯公司拍摄，由詹姆斯·卡梅隆导演。因此，并不排除其他公司和导演拍摄的可能。也就是说，詹姆斯·卡梅隆执导《9·11生死婚礼》，只不过是一厢情愿而已。

【获奖理由】

凭空捏造假新闻，属于造假的初级阶段，不仅造假成本太高，还容易被揭穿。但真真假假、假中有真、真中有假，便已进入造假的中级阶段。该新闻妙在似与不似、假与非假之间。新闻中的绝大多数要素都是真实的，但构成新闻眼的关键要素却是虚假的，此类造假手法，已接近造假的最高境界，故而更具欺骗性。此非初学者所能为也。

3. 添油加醋奖 "小"百万富翁抱得美人归

【编　　剧】厉　莉

【出　　品】《华西都市报·重庆版》

【首映时间】2003年5月12日

【剧情梗概】

5月11日，身高1.18米的小伙牟小彬，带着身高1.60米的少女覃艳，出现在重庆卫视的"龙门阵"录播现场。2001年，牟小彬跳槽出来，又向朋友借钱办了一间酒吧。他想方设法搞些"花样"来吸引顾客，第一个月就赚了1万多元。生意越来越红火，牟小彬狠狠心，把酒吧抵押给银行贷款，又办了一家托运公司，专门搞货物托运。接着，他又和人合伙在重庆沙坪坝开了一个图像工程室，一连为公司揽到了包括万州"心连心"广场效果图制作在内的多个大单。去年春节，覃艳给家里打电话，试探问了问家里对一个身高 1.18 米的人做女婿的看法。没想到家里人称："只要两人在一起顺顺当当过日子就好。"18 日，重庆电视台"龙门阵"又播出了有关牟小彬与覃艳的节目。一时间，各大媒体纷纷报道牟、覃两人的恋情。包括《华西都市报》在内，各大媒体都强调牟"已拥有资产上百万"。

记者说我是百万富翁

【事实真相】

5 月 23 日，《南方都市报》报道，牟表示："我从来没说自己有多少钱，也从没号称过自己是'百万富翁'。"6 月 4 日，《成都商报》报道："最让记者意想不到的是：不光乡邻不信牟小彬是老板，就连牟小彬的父母牟天明、段开菊也不信自己的儿子是老板，更不认为他是什么'百万富翁'。"

【获奖理由】

作者深谙读者猎奇心理，知道仅靠一个矮男人和一个高女人的爱情故事，不足以吸引眼球，更有落俗套之嫌，故而再让其自强不息，经过几番奋斗，小不点终成"百万富翁"，抱得美人归。不仅符合"郎才女貌"之传统婚配观，更体现出"崭新的时代精神"，也为人们树立起自立自强的学习榜样。

4.胆大妄为奖　警察鸣枪八次镇住百人群殴

【编　　剧】朱顺忠

【出　　品】《东方家庭报》

【首映时间】2003 年 5 月 22 日

【剧情梗概】

　　5 月 20 日凌晨，郑州市桐柏北路某家属院内，发生一起持械群殴案。双方先后纠集了三批共百余人，手持钢管、棍棒参加了这场疯狂的、血腥的打斗。参与殴斗的众人面对警方的喝斥不予理睬，现场的数十名民警只得拔出手枪数次鸣枪示警。直到鸣枪八次，双方才最终停了下来。该文刊出后，又经河南报业网发布，先后被人民网、新华网、搜狐网等国内 30 余家网站以"郑州百余男女持械群殴　警察鸣枪示警八次才制止"为题进行了转载。

【事实真相】

　　该文引起中共河南省委、郑州市委主要领导的高度关注，要求公安机关对此事予以严肃查处。郑州市公安局迅速组成专案组，对此事件进行专案调查。

经查明，5 月 19 日晚 10 时左右，文化宫路和互助路（并非桐柏北路）发生了一起七八人参与的小规模打架斗殴事件（并非百余人械斗），夜巡民警赶到现场并予以制止后，移交林山寨派出所处理，整个过程未鸣一枪。朱顺忠当晚在家中用借来的一部电台接通警方专用频率，偷听 110 接处警信息，从中寻觅新闻线索。他从电台中听到了 110 指派中原夜巡民警赶赴西郊处理一起打架事件的信息后，便用电台进行跟踪收听。由于现场人声嘈杂，他便主观臆断现场发生了大规模的聚众械斗。在未去现场采访核实、未听到一声枪响的情况下，就写下了"百人群殴，警察鸣枪"的报道。由于他的行为触犯了《治安管理处罚条例》第十九条第五款之规定，5 月 24 日，公安机关依法对他予以行政拘留 15 天的处罚。

【获奖理由】

俗话说："饿死胆小的，撑死胆大的。"

这个小报记者不仅敢偷听警方的专用频率，还以其"特异功能"，从现场声音中"听见"有百人在斗殴，且断定斗殴者使用了钢管、棍棒，斗胆予以"报道"，更有甚者还敢捏造警方鸣枪八次……奇怪的是，报纸的"把关人"竟对此毫无察觉，任其一路绿灯，出笼作祟。假新闻做到这个地步，其胆子之大，恐无人能出其右。

5. 胡编乱造奖　施拉格是不折不扣的中国姑爷

【编　　剧】阎爱庆
【出　　品】《球报》
【首映时间】2003 年 5 月 26 日
【剧情梗概】

在施拉格夺得世乒赛男单冠军时，记者突然发现，施拉格身边一位亚裔血统的女人似曾相识，上前仔细一问，方知这位女孩是中国人，与记者曾在沈阳一球馆见过面，那时的记者还只是一位乒乓爱好者，在赛场上多次见过该女孩的英姿。她是一名专业乒乓球运动员，在留洋奥地利时与施拉格相识，现两人已经登记结婚……记者再一次向施拉格表示祝贺，他拉过这位女孩对记者说："我取得金牌其中有她的一半功劳，没有她就没有我的现在。"事后记者向中国乒乓球业内人士询问，方知这位女孩姓田，家住辽宁省沈阳市。其他媒体不甘落后，《施拉格爱妻浮出水面　辽宁教练透露沈阳女子姓名》《施拉格妻子曾服役中青队　男单败在"海外兵团"手下》《施拉格夺金有媳妇支招　男乒新霸主是"沈阳姑爷"》等报道纷纷出笼。

这是给您的新称号……

CHINA 姑爷

【事实真相】

5月28日，《华商晨报》登出消息《施拉格并非沈阳姑爷，当事人要用法律严惩造谣者》。文章称："'我怎么竟然成了施拉格的夫人？简直是天大的笑话！'昨天，媒体报道中世乒赛男单新科状元施拉格的'夫人'田元在克罗地亚接受本报记者电话采访时说。"世乒赛

期间，田元一直在克罗地亚，担任球员兼教练，工作很忙，没有跑到巴黎看比赛，更没有在施拉格身边。

【获奖理由】

新闻虽然是假的，但记者的阿Q精神却是真的：别看老外夺得乒乓球世界冠军，那又如何？还不是他那中国媳妇手把手教的？哼，只要咱们中国人稍加点拨，无名鼠辈也能成为世界冠军。由此可见，不管怎样，总而言之，真正的老大还是咱们中国人！就冲着这种"纯真"精神，岂能不奖？

6. 子虚乌有奖　百万美金义还失主

【编　　剧】袁晓岚

【出　　品】《江南时报》

【首映时间】2003年6月1日

【剧情梗概】

一位连公交车都坐不起的单身母亲庄凤梅，在意外捡到一只装有价值上百万美金的公文提包后，经过激烈的思想斗争，竟做出了坐等失主的惊人之举。前日上午7时许，这位在无锡新区泰山路与女儿苦等了两天两夜的贫家女终于等到失主——一位欲在无锡新区投资的外国官员后，拒绝了任何酬谢又开始了

她平凡而辛苦的促销工作。

【事实真相】

6 月 5 日，南京《现代快报》刊发特别报道《百万美金义还失主疑似惊天丑闻》，对此事提出质疑。6 月 6 日，《现代快报》刊发独家报道《庄凤梅让我做伪证》。6 月 7 日，《现代快报》发表《外国失主子虚乌有》一文。无锡有关部门经调查，认定此事纯属子虚乌有。

【获奖理由】

若论造假之手段，该记者远未入流。美元毕竟不是意大利里拉，外国官员也非毒品贩子，哪有怀揣上百万美金、不远万里到中国来投资的？不过念在塑造了一个富贵不能淫、贫贱不能移的中国母亲形象，其情可悯，姑且授予此奖，下不为例。

7. 信口雌黄奖　中央督察组上海明察暗访　84%项目有违规之嫌

【编　　剧】范利祥

【出　　品】《中国经营报》

【首映时间】2003 年 8 月 25 日

【剧情梗概】

上海房屋土地管理局资料显示，自 2001 年 7 月 1 日起，上海所有经营性土地纳入招标拍卖，到今年 3 月，上海共出让土地 479 幅。但中央督察组检查上海市土地招标拍卖出让公告却发现，自 2001 年至 2003 年 5 月 30 日，只有 57 幅土地进行了公告招投标。也就是说，上海市有 84%的房地产项目，其用地是违规交易，可能有些用地是经过了多次暗中转包交易才到房地产商手里。

【事实真相】

8月27日，上海市政府新闻发言人焦扬在例行的新闻发布会上表示："这篇报道的内容和观点与事实严重不符。8月8日至17日，国务院五部委联合督查组到上海进行专项督查。在沪期间，督查组对上海土地市场秩序治理整顿工作总体评价是充分肯定的，同时提出了需要解决和注意的问题。督查组也注意到了上述报道，认为该报道是失实的。参加督查组工作的同志在沪期间及返京之后，均未接受过新闻媒体的采访，也没有表达过上述的意见和观点。"

9月22日，《中国经营报》发表《致歉声明》承认："该文有明显失误。第一，记者没有采访到督察组人员，但在文章中多次提及督察组的情况，在行文时没有经过合理的安排，主观色彩较浓，给读者造成'督察组已查实上海房地产项目有违规之嫌'的误导。第二，文章所引用数字均不是中央督察组所提供，但在引用时未能注明出处也对读者产生误导，造成不良影响。"

【获奖理由】

新闻五要素俱全，加之数据翔实，更有权威的消息源，可谓言之凿凿，简直是无懈可击。然可贵之处还在于事后仍不满足于现状，精益求精，能检讨不足："在行文时没有经过合理的安排，主观色彩较浓。"如能合理安排，增加客观色彩，莫非就能变假成真？念其"钻研业务"之精神如今已不多见，故授此奖。

8. 无中生有奖 《背影》落选新教材

【编 剧】程 亚 周艳和 王位庆
【出 品】《武汉晨报》
【首映时间】2003 年 9 月 11 日
【剧情梗概】

鄂教版语文教材专家本来选定朱自清先生的名篇《背影》入选，但在调查过程中，有七成多学生表示反对。代表性的理由是"父亲不遵守交通规则，随意翻越铁路线"和"父亲形象不够潇洒"，后经过讨论，该名篇终被刷下。9月12日，《武汉晨报》后续报道称："《背影》落选鄂版新教材披露后（11日晨报8版），晨报百余读者来电对此表示关注，其中90%以上读者反对《背影》落选。很多读者都是家长，一致认为，《背影》不单是文质兼美的散文，且有着非常丰富的文化内涵，不能让它落选。"

【事实真相】

9月13日，《武汉晨报》以编辑部的名义刊登《致歉启事》，全文如下："由于记者采写失误，对主要事实未经核正，导致该稿失实，特向广大读者、鄂教版语文教材编写组、湖北教育出版社致歉。"同时，该报还刊登了鄂教版语文教材编写组和湖北教育出版社的相关来函，该函表示：一、《背影》并没有从鄂教版语文教材中落选，该文被安排在教材八年级

上册。二、鄂教版教材编写组并未就《背影》是否入选教材进行过问卷调查。教材编写组特别强调教材选文的经典性和主流文化的导向性,认为朱自清的《背影》是学生学习语文不可多得的范文。三、鄂教版教材的选文并不是由"学生说了算"。教材选文是经全国两百多名专家、教授及作家的推荐,教材编写组精心挑选确定的。

【获奖理由】

这篇假新闻把众多自以为是、无所不知的时评高手们"涮"了一把。一时间,从南到北,从大报到小报,"《背影》不能走"的呼吁声此起彼伏,慷慨激昂的讨伐檄文层出不穷。殊不知此新闻乃无中生有,而时评遂成为无皮之毛。见多识广的"观察家""评论家"尚且被骗,平头百姓岂不当真?可见造假之功力,已臻化境。

9. 捕风捉影奖　曾参与"神五"设计的中科院院士周鼎新海口遇害

【编　　剧】佚　名
【出　　品】香港《文汇报》
【首映时间】2003 年 10 月 25 日
【剧情梗概】

10 月 16 日,专家周鼎新与妻子在海口市人民公园游玩时遭五劫匪打劫后,因伤势过重,次日因抢救无效死亡。周鼎新为中科院院士,年已七旬,是中国著名的航空航天学专家,曾参与"神舟五号"的设计工作,为中国的"两弹一星"(核弹、导弹和人造卫星)工作作出过很大的贡献。一时间,周鼎新被海内外媒体冠以中科院院士、"神舟五号"设计者之一的头衔。

【事实真相】

10 月 27 日,海口市人民政府新闻办公室、海口市公安局召开新闻通气会,就周鼎新海口遇害案澄清事实真相。海口警方通报的有关此案事实中，最引人注目的是：遇害者周鼎新既不是中科院院士（他已于1995年退休），也并未参与"神五"飞船的设计。

【获奖理由】

有无新闻敏感，是判断一个记者是否成熟的重要标志；而能否发散性思维，则是判断一个记者能否成才的重要依据。但新闻事实是不能有任何"发散"的。能从一宗普通的刑事犯罪案件中发掘出重大的"新闻"价值，能将一个曾从事过科研工作、获得一定成绩的老专家硬和举世瞩目的"神舟五号"联系起来，实在"发散"得太邪乎了。捕风捉影水平如此之高，获此大奖，非此君莫属。

10. 杞人忧天奖　"中国印"设计专利被抢注

【编　　剧】张　浩　李掮君　严　珑
【出　　品】《南方都市报》
【首映时间】2003 年 11 月 29 日
【剧情梗概】

北京 2008 奥林匹克会徽等奥运标志面世近半年以来，正面临着有关知识产权保护的最大危机和挑战。国家知识产权局专利局官员在接受记者采访时承认，该标志的设计专利已经被提前"抢注"，北京奥组委正在为其只注重商标保护而未申请专利产权的"短视行为"而缴付学费。据了解，此次奥运标志危机的爆发原因并非是外界普遍关注的商业侵权行为，而是由于奥组委对"奥运标志"专利知识产权维护的意识薄弱所致。

文章不断被转载，许多人就此发表评论。12 月 2 日，《南方都市报》发表"本

观点不代表本报立场"的评论《"中国印"被"抢注"的根源是官营意识》："在市场经济中，政府也好，企业也好，都应在法律的框架内办事。官营意识过浓，法制观念不强，就不能适应现代经济的需要。今天，'中国印'标志被抢注，由于涉及法律问题，解决难度会比较大。……其实，对奥组委来说，整顿内部成员的工作作风，消除他们的官营意识，以平和的心态走向市场，可能更为迫切。否则，即使避免了这次危机，也会遇到类似问题需要交纳更为巨额的学费。"这篇评论又被广泛转载。

【事实真相】

12月9日，北京奥组委为此召开记者见面会辟谣。北京奥组委法律部副部长刘岩在会上强调，该报道严重失实，到目前为止没有任何有关"中国印"的外观设计专利被授权，北京奥运会会徽外观设计专利权不会旁落他人。

【获奖理由】

作者忧国忧民，其情可嘉。且懂得搬出国家知识产权专利局官员唬人，让政府官员和权威人士为之说话，可信性陡增。并能将其上升到"专利知识产权维护意识薄弱"之高度，可见其理论素养之高深，绝非那些泛泛而论之辈所能为。造假之高妙，直逼"蓦然回首，那人却在灯火阑珊处"之最高境界。

十大参评规则

在前两届评选的基础上，本刊今年的评选活动力求做到公开、公平、公正，从而确保不埋没那些真正"杰出"的假新闻，并使之脱颖而出、榜上有名。为此，本刊制定出十大参评规则：

1.鉴于假新闻越来越多，故而只能假中选假。凡在全国范围内甚至全世界造成恶劣影响的假新闻，方有资格入选。而那些只是在个别地区造成轰动效应的假新闻，只能割爱。

2.只有最终被确认为假新闻的新闻作品，才有资格入选，而那些公说公有理、婆说婆有理或至今未有定论的疑似假新闻，则不在本次评选的范围之内。

3.为了全面展现2003年的造假成果，充分展示当代造假水平，凡造假手法过于拙劣、破绽百出者，恕不接受。

4.评选方式：个人报名，群众推荐，单位保送，专家无记名投票。

5. 为确保公平公正，评选时不考虑媒体行政级别的高低、资产规模的大小、传播方式的异同、造假者技术职称的高下、新闻从业时间的长短，以充分体现出新闻打假面前人人平等。但刊出假新闻的媒体，必须是经国家有关部门批准设立的，报刊须持有公开刊号。

6. 为体现对原创作品的高度重视，凡抄袭剽窃、改头换面者，不得参与评选。一经查出，将收回获奖证书和奖金，三年内不得参与评奖。

7. 所有获奖作品均公布专家的评审意见，如有不同看法，可向上级有关部门反映。举报电话：（000）00000000（话费自理）。

8. 不收取参评费，也不接受任何形式的资助，以保持评选的独立性和公正性。

9. 奖金标准为：2003 年度"客里空最假新闻奖"5000 万元（客里空元），其余均为 1000 万元（客里空元）。

10. 获奖名单公布后的 30 天内，凭个人身份证、记者证、单位证明、作品原件，到本刊编辑部领取奖杯、证书、奖金，过时不候。

解释权归《新闻记者》编辑部

2004 年不完全备忘录

● 2004 年第一期《新闻记者》刊发署名"陨石"的文章《新闻真实和教育诚实》指出：

近年来，新闻的真实性再次成为传播界以及广大民众关注的热点问题。《新闻记者》杂志连续几年评出了当年十大假新闻，引起了强烈的反响。

事实表明：新闻失实已成为我国新闻界的一大顽症。它的存在牵涉到方方面面的因素。窃以为新闻教育实在也是重要因素之一。这样说也许会使一些教育者感到委屈。我们不是反反复复地教育学生要实事求是、把真实性视为新闻的生命的吗？不错，有不少教师是这样做的，特别是在课堂上。但是，某些新闻专业教师治学不严、学风不正，也在无形中损害了学生的诚实品格。有的新闻院系为谋求获得硕士点所作的种种"策划"，也给未来的新闻人留下难忘的印象。当今社会人心浮躁，虚假成风。如果学校教师也随波逐流，甚至推波助澜，那末这种恶习就会代代相传，危及我们国家和民族的将来。但愿为人师表者善自珍重，言传身教，义无反顾地把诚实正直的旗帜高高举起。

● 2004 年第二期《新闻记者》综合消息《"2003 十大假新闻评选"反响热烈》。

2004 年第一期《新闻记者》杂志刊出"2003 年十大假新闻"，在传媒界引起很大反响，《新民晚报》《新民周刊》以及各大网络媒体纷纷转载，业内专家、时评作者也就此发表自己的看法。同时，也已引起高层主管部门的重视。

1 月 6 日，《新闻出版报》发表该报副总编辑孙月沐（朽木）的文章《新年重敲"警钟"声》提出："假新闻，就是坑害读者，制造新闻假货的'主观故意'犯错，就好像市场上那些制造假药、假食品坑人害人的人一样，居心大有问题。细分起来，这里，有的是捕风捉影，不加调查而致；有的，是明知故犯，追求'轰动效应'和'卖点'所致；有的，则是不择手段抢'市场'、抢'眼球'的恶劣炒作——据说今天登出假新闻明天再去道歉也成了有的媒体'抓人'的撒手锏了。我说，这样的新闻观、新闻取向、新闻实践，实在危险得很，是与新闻纪律、新闻规律、社会对新闻的要求格格不入的，其结果，也必然会受到唾弃。"作者还建议，对那些编造假新闻的媒体、个人，一定要严肃处理，也上一上"黑名单"，只有管理规范化，惩戒制度化，假新闻才能越来越少，直至绝迹。

1月8日，湖南红网发表时评《真实是新闻的生命——将新闻"打假"进行到底》建议，评选假新闻的媒体，把造假者（记者）的个人资料作一简要介绍，让公众都认识这些"高手"的面目，让媒体都对他们避而远之。

另外，"2003年十大假新闻"评选结束后，仍有不少媒体踊跃"报名"要求参评，"珠海歌厅强奸案""白卷英雄成为千万富翁""杨澜破产离婚"等假新闻或"疑似假新闻"，在2003年年末轰动一时。但是由于杂志截稿时间的限制，它们未能进入候选名单，不免让读者产生遗"珠"之憾。这也提醒有关人员在今后的评选中要尽量避免"盲区"，以体现公开、公正、公平的评选方针。

● 2004年第五期《新闻记者》刊载梁隆之的文章《假的"真新闻"与真的"假新闻"》。文章写道：

近年来，各地媒体上的假新闻层出不穷，人们啧有烦言，虽经《新闻记者》编辑部连续三年精心评选出"十大假新闻"，各地媒体纷纷批评，却毫无收敛之迹象。新闻之真假，看似一个简单的事实认定问题，但实际却要比想象的复杂得多。"假新闻"有的是事出有因，有的是真假杂糅，有的仅是情节有些出入，当然也不乏凭空捏造的。新闻真假的评判依据究竟是什么？是客观的事实还是被访者的最终说法？我想当然应以"客观事实"为依据。我读这连续三年评出的"十大假新闻"，有些事实难以证实，也难以证伪，只得求证于源头新闻的提供者。他说"是"，新闻就是"真实的"；他说"不是"，则新闻就是"假新闻"。我想症结在于我们社会的信息仍不十分畅通。媒体不能真正独立行使采访报道的权利，公共信息常常受到不当的钳制。在这种情况下，如果有关部门出于某些目的隐瞒或不实披露重大社会事件的真相，实是轻而易举的事。如果媒体通过自己的信息渠道而揭露了有关公共利益的事实真相，而相关部门却不予承认，媒体就脱不了"报道假新闻"（这个"假新闻"往往包含着客观事实）的恶谥。无怪乎有人著文呼吁，不为信源的"权威性"所迷惑，警惕信源作假，将真实的情况告诉受众。

2004年十大假新闻

编者按： "十大假新闻"从候选的数十件篇目中票决产生，排名不分先后，按造假时间顺序排列。根据专家评选，"180 万买辆宝马砸着玩"荣膺"2004 年最假新闻奖"。

同时，我们还很遗憾地发现，年末岁尾，还不时有假新闻冒头，比如，《新京报》发表"'神州电视台'挑战央视"，广电总局立即对此予以否认。我们真诚地期盼着来年，在我们的传媒上假新闻无立锥之地，至少也能收敛一些，让我们在年终评选"十大假新闻"时犯难，以致每年这项痛苦的评选活动收摊打烊。

1. "国资委" 阻击中国足球

【刊播媒体】《足球》报

【发表时间】2004 年 1 月 7 日

【作　者】广　哲（特约记者）

【"新　闻"】

本报记者的深入调查显示，国务院国有资产监督管理委员会已将中国足球列为"不良资产"和"不良市场"，因而明确指示国有企业应将其完全剥离。国有资产退出足球将成大势所趋。

【真　相】

1 月 9 日，国资委声明：目前，国资委从来没有在任何正式文件、会议简报和其他正式场合中，提到过"中国足球是不良资产和不良市场"，也从来没

有提出过"要求国有企业应将其完全剥离"的规定和要求。1月9日下午6时，中国足协召开新闻发布会宣布：从即日起，中国足协取消《足球》报对中国足协主办、承办的所有赛事和活动的采访资格，并将保留进一步追究《足球》报对此事应承担相关责任的权利，从而引起争议。

【点　评】

1月12日，《足球》报刊登耶鲁大学学者薛涌的文章为之辩解："问题远没有这么简单。首先，国资委有没有要求自己属下企业从不良资产、不良市场中剥离的政策？现在看来是有的。那么，中国的职业足球运行已经10年了，是不是'不良资产'、'不良市场'？这话根本不用国资委讲，大家心里都清楚……不错，国资委没有正式这样讲，但是，国资委里面是否有人这么认为，并准备如《足球》报报道的那样主张属下企业从足球中剥离呢？恐怕不仅有，而且是大有人在。"毫无疑问，薛涌先生非常精通逻辑学。然而，新闻事实绝非逻辑推理的同义词，否则的话，新闻学也就没有存在的必要，因为只要精通逻辑学就能成为名记者。

2. 李连杰重返青海修佛法

【刊播媒体】《北京娱乐信报》

【发表时间】2004年3月10日

【作　　者】翟　佳

【"新　闻"】

皈依佛门已经6年的李连杰准备在下月26日，他41岁生日当天淡出电影圈不问世事，重返青海高原，潜心修行佛法。该消息是从北京李连杰家人及朋友处传出。虽然李连杰去年被评为内地收入第一位的演艺界人士，进账达 1.4 亿元人民币，但李连杰早在去年 9 月在青海高原做了 13 日"苦行僧"之后，已扬言 40 岁之后将退出电影圈从此修行佛法。据悉，此决定李连杰已经向太太利智请示，并获得太太全力支持。不过对于李连杰所作出的决定，其好友们也有些唏嘘地表示，41 岁就退出太可惜，这些朋友们均表示希望李连杰可以一边修行，一边继续在好莱坞发展，不要轻言退出。

【真　　相】

《青年报》3 月 19 日报道："昨天晚上，在上海大剧院的马克希姆西餐厅内，担任中国十佳劳伦斯冠军奖颁奖嘉宾的中国功夫明星李连杰，在传出'出家隐退'传闻后首次出现在记者镜头前，本报记者终于零距离采访了这位明星，对于以前的传闻他付之一笑，反问记者：'这样的消息，你相信吗？你都不相信你说我怎么会相信？'就此彻底粉碎了关于他出家的传闻。"

【点　　评】

有人调侃道：如今的娱乐新闻，无非是绯闻、丑闻加讣闻，否则难以吸引人。至于绯闻和丑闻，想必读者诸君早已领教，无须赘言。至于后者，近来也屡有尝试，让不少明星歌星"死去活来"好几回。比如风传著名影星李雪健病逝，其实人家不过是生了一场大病而已。如此看来，让李连杰出家一回，还算是笔下留情，给足了面子。

3. 金钱激出张国政奥运冠军

【刊播媒体】《成都商报》《东方新报》等

【发表时间】2004 年 8 月 19 日

【作　者】王　敏（奥运报道联合体记者）

【"新　闻"】

张国政的教练陈文斌告诉记者，赛前他专门准备了一张信用卡，可以透支 4000 欧元，相当于人民币 40000 元，也是一张不小的票子，在张国政上场的时候在他眼前晃晃，说这里面有 50 万现金，这把举起来就是你的了。这样的刺激对于张国政来说非常管用，他的稳定发挥就是最好的证明。

【真　相】

20 日上午，国家体育总局重竞技管理中心主任、中国举重队领队马文广在接受《新民晚报》记者独家采访时表示："当时我就在现场。自始至终我都和陈文斌他们几个教练在一起，给张国政研究战术、观察对手，绝对没见到陈文斌或者其他人向张国政挥过信用卡、钞票。"20 日下午，中国代表团副团长李富荣也在新闻发布会上对"张国政见到教练挥舞信用卡夺得金牌"的报道提出批评。

【点　评】

毋庸讳言，如今中国的体育新闻已成为假新闻的重灾区。在每年的假新闻评选中，总有为数众多的假新闻进入候选名单，只是由于名额实在有限，在定评时许多"精彩"的假新闻最终只能忍痛"割爱"。但像这样拙劣的假新闻，则毫无"精彩"可言。选其上榜，是因为其假得愚蠢，假得让人恶心，假得让所有新闻从业人员为之蒙羞！

4. 第二代身份证将由日本企业造

【刊播媒体】《中国青年报》

【发表时间】2004 年 8 月 24 日

【作　　者】史世民

【"新　闻"】

雅虎中国 8 月 20 日转载《国际先驱导报》驻东京记者的报道，中国 6 个试点城市的第二代身份证的印制业务将交由一家日本企业担任。第二代身份证采用彩色数码照相技术，而这个日本企业的打印机在所有的测试、比较和论证过程中表现优异，因而被选中。看了这篇报道，不由地想到——身份证载有公民的基本信息，交给外国企业印制，就不担心因此泄露有关中国公民的机密吗？

【真　　相】

新华社北京 8 月 25 日电：针对日前有报道称"我国第二代居民身份证由国外企业印制"的传言，记者日前走访了公安部有关部门负责人。据介绍，第二代居民身份证完全由我国自主研发和制作，公安机关确保公民相关信息的绝对安全。据某报文章称，我国 6 个试点城市的第二代身份证的印制业务交由一家日本企业担任。公安部有关部门负责人认为，这一报道严重失实，是极不负责的新闻炒作。事实是，为确保证件质量，经公开招标，选用包括富士施

网，就是我的新闻源！

乐、惠普在内的打印设备，用于第二代居民身份证表面照片和文字信息的打印，但所有的第二代居民身份证均由公安机关制证中心（所）印制，制证过程是在安全可控环境下进行的，不存在身份证由外国企业印制的问题。

【点　评】

史先生的失误，在于他只是看了雅虎转载的报道而没有查找原文，便信手写来。这是当前不少时评作者的通病。其实，《国际先驱导报》报道并没有说中国第二代身份证将由日本企业印制。让人百思不得其解的是，既然作者能利用互联网获取撰写时评的信息，为什么就不会利用互联网来核实信息的真伪？只要键入几个关键词，就很容易查到《国际先驱导报》的原文。但是，这还不是问题的全部。问题的关键在于，作者被狭隘的民族主义情绪所左右，从而丧失了理性的思维。正如《中国青年报》8月26日就此问题的表态：媒体的确应该负有这样的义务：以理性、建设性的声音，在社会上建立一道防止某些极端倾向或者思潮的"防火墙"。

5. 女排姑娘 20 年奥运冠军梦惜未能圆

【刊播媒体】新浪网

【发表时间】2004 年 8 月 29 日

【作　者】不　详

【"新　闻"】

8 月 29 日凌晨，奥运会女排决赛一波三折，在先失两局的情况下，中国女排绝地大反击。在第四局的最后关头，中国队仍以 21∶23 落后，新浪体育频道出现一条消息："女排姑娘奋战不敌俄罗斯，20 年奥运冠军梦惜未能圆。"

【真　相】

然而事实却是：中国女排以坚韧的精神最终拿下了阔别多年的奥运金牌！新浪网此时也将消息改回——"20 年后中国女排再登奥运之巅"。当天上午 10 时 17 分，新浪网向广大网友致歉："本场女排中俄大战紧张激烈，前两局中国队均以 2 分惜败，所有热爱中国排球的人都心感焦急。同时男子跳台跳水金牌争夺战也在紧张进行。在胡佳夺得跳水金牌后，为了瞬间呈现喜讯给广大网友，新浪体育频道值班编辑对页面进行了更新，由于紧张出现误操作，误将有关女排的模板预备代码一同发布，造成女排比赛尚未结束时即标题宣告中

国女排失利，但这个失误不是为了抢新闻而造成的。之后虽马上进行了修改，但这次失误已经在广大网民和媒体中产生了不好的影响。在此，新浪体育向广大网友和媒体同仁表示深深的歉意。"

【点　评】

新浪网的致歉声明说，这个失误不是为了抢新闻而造成的。这难免有此地无银三百两之嫌。如果不是为了抢新闻，为何在比赛尚未结束时就已预先做好模板预备代码？当然，抢新闻本身并没有错，因为抢新闻本是记者的天职。但是，如果把体育新闻简化到预先做成胜负两个不同的模板，届时只须根据比赛最终结果按一下键，那么，新闻工作这碗饭也太容易吃了，何须四年寒窗苦读？

6. 克林顿今秋"追"莱妹到蓉城签售自传

【刊播媒体】《成都商报》

【发表时间】2004 年 8 月 29 日

【作　者】彭　骥（实习记者）

【"新　闻"】

四年前"拉链门"事件的两大主角莱温斯基与克林顿即将"相会"于成都。记者昨日获悉，莱温斯基将在九、十月份飞至中国签售其自传《我的爱情》，大约在相同的时间，克林顿也将来华宣传其自传《我的生活》，成都是他俩共同的目的地之一。9月，《有望与克林顿在中国"巧遇"莱温斯基要来华吐露"我的爱情"》《克哥莱妹来中国相会？》等报道纷纷出炉。

莱温小姐在那儿等您老了……

【真　相】

《新闻晚报》9月9日报道:"出版方:师先生告诉记者,他本人只负责莱温斯基来华的联络工作,对克林顿的消息一无所知。而出版《我的生活》的译林社,则表示从未明确回答过有关克林顿来华的采访……记者观点:在没有任何合同制约的情况下,无论是莱温斯基本人还是她经纪人的口头承诺,其实都没有任何法律效力。莱温斯基来华与否,在见到她真人之前,还是未知数。"

【点　评】

　　都说诗人最富想象力,岂料如今记者的想象力一点也不比诗人差!只因当年"白宫绯闻"男女主角的自传将在中国翻译出版,便硬生生地把这对"野鸳鸯"拉扯到了成都。其实,无论是克林顿也好,莱温斯基也罢,未必知道中国有些人对他们如何热情。为了吸引眼球,竟如此浮想联翩,令人汗颜。当然,始作俑者并非记者。世界上还有那么多"含金量"高的经典自传,至今尚未翻译成中文出版,却偏偏有人热衷于炒作夹带绯闻的自传。在这样浮躁的氛围中,记者不造假也难!

7. 北京孔庙将竖历届高考状元碑

【刊播媒体】《京华时报》

【发表时间】2004年9月13日

【作　　者】赵　升(记者)

【"新　闻"】

　　1978年恢复高考以来历年省级状元的名字将被刻成碑,和国子监孔庙的进士碑立在一起。昨天,中国人民大学人文奥运研究中心和安定门街道签订共建协议,启动了国学文化社区建设项目,内容之一就是在孔庙内竖立历届高考状元碑。

【真　相】

《北京晨报》9月14日报道："市文物局昨驳斥此条不实消息，消息中提到的中国人民大学人文奥运研究中心和孔庙的相关人员昨天也都对记者表示：根本没有这回事。……安定

门街道的相关负责人告诉记者，他们在会上根本就没有谈过'建高考状元碑'的事情，只是在一份《安定门街道国学文化社区建设资料选编》中提到过此事，但也只是他们的一个初步想法。"并引述安定门街道的有关人员的话："这只是我们对于状元文化学术研究中的一个小设想，没有经专家论证过。我们当时想的是对'孔庙原有状元文化挖掘'，并设想'重新竖立状元碑'。但这种设想离实施差得非常远，根本不存在'将在孔庙建立高考状元碑'的说法。"

【点　评】

看来，问题就出在这本《安定门街道国学文化社区建设资料选编》上。会议当天，主办方将这份材料发给了与会的专家及前来采访的每位记者。而《京华时报》记者慧眼独具，偏偏从中抓出这条"特大新闻"进行独家报道，并由此引发一场不大不小的"风波"。一个公开的秘密是，如今跑会议新闻的记者不愿从头到尾听会，而是签个名报个到，拿了材料赶紧跑。结果常常闹出笑话：不是漏了重大新闻，就是误报新闻，甚至将原本准备与会却因故未能出席的领导名字写进新闻大标题中。

8. 新闻从业人员平均寿命 45.7 岁

【刊播媒体】《江南时报》

【发表时间】2004 年 9 月 26 日

【作　　者】黄苏娟（记者）

【"新　闻"】

新闻从业人员的平均寿命只有 45.7 岁，昨天在新华社江苏分社新闻信息中心主办、惠氏制药有限公司协办的一场新闻从业人员营养与健康专题研讨会上，医学专家公布了这一统计数据。通过对现场 30 多位新闻从业人员的健康状况调查发现，几乎没有一个记者认为自己是健康的。

【真　相】

《江南时报》10 月 9 日刊发《更正》说："本报 9 月 26 日刊登《新闻从业人员平均寿命只有 45.7 岁》，应为'前两年某些地区（上海）调查，在职死亡的新闻工作者的平均寿命只有 45.7 岁'。特此更正。"

【点　评】

追根溯源，这则假新闻竟衍生于《新闻记者》杂志 2000 年第六期发表的那篇《"无冕之王"安然无恙乎？——上海市新闻从业人员健康状况抽样调查报告》！在那次调查中，发现上海 10 家新闻单位已死亡的在职职工平均年龄仅为 45.7 岁，其中患癌致死者的比例高达 72.7%。同年年底，中国记协书记处书记肖东升在第四届全国新闻界网球邀请赛上公布了这则消息。此后，"已死亡记者的平均年龄仅为 45.7 岁"的统计数据不胫而走，多次出现在国内不同媒体上，越传越离谱。

其实，只要上网检索一下，就不难看到这篇调查报告的全文。而且，凭常识判断，也不至于得出"新闻从业人员的平均寿命只有 45.7 岁"这样荒谬的结论。否则的话，新闻记者的退休年龄应该是 40 岁而不是 60 岁。

9. 大批"毒面粉"流入黄石

【刊播媒体】《楚天都市报》等

【发表时间】2004 年 10 月 10 日

【作　　者】张　斌　石　勇（记者）

【"新　闻"】

　　一种增白剂严重超标的"毒面粉"流入黄石部分学校和企业食堂，一些面粉店也公开销售。昨日，黄石市工商部门首次清查就查获 3.5 吨。工商部门查获的"毒面粉"包装袋上有"豫花牌"字样，厂址注明为"河南省大程面粉实业有限公司"……黄石市疾控中心抽检化验，昨日作出检测报告表明，这种面粉过氧化苯甲酰（俗称增白剂）每公斤含 0.089 克，而国家标准含量每公斤不能超过 0.006 克，超标 14 倍……黄石市疾控中心副主任宋焰超介绍，过氧化苯甲酰是一种增白剂，过量食用对人体肝、肾等有损害，长期食用此种面粉，易患肝病。因此，"豫花"面粉成了"过街老鼠"，人人喊打。

【真　　相】

　　10 月 31 日，国家粮油质量监督检验中心判定"豫花"牌面粉"过氧化苯甲酰的含量完全符合国家标准"，为"豫花"面粉彻底洗清不白之冤。11 月 4 日，河南大程面粉（集团）实业有限公司所有的三条生产线已全面恢复运转，"豫花"风波终于告一段落。

【点　　评】

　　《中华工商时报》10 月 20 日刊文指出："此次发生在湖北的'豫花'面粉有毒事件至少有以下的问题：一是送检产品是个人购买的，这个人是谁？有什么样的目的？他买了以后有没有调包？有没有掺假？二是检测机构有没有此项职能、职权？即一个区里面的卫生系统的检测中心有没有检测粮油的资格？三是就算这个检测中心有这种资格，它也无权擅自公布检测结果。按程序，他们

应当向主管部门或政府的执法部门报告，要求执法部门按照执法程序处理问题。四是执法部门为什么不和被抽查单位核对检测结果，以致出现发布单位将检测标准搞错的错误？本来是0.06，他搞成了0.006，一下子把标准缩小了10倍。五是有关方面为什么没有和工厂核对就直接发布这一结果，给企业造成了被动？"如果所有的记者都能这样多问几个为什么，恐怕假新闻就会少很多。当然，故意造假者不在此列。

10. 180 万买辆宝马砸着玩

【刊播媒体】《重庆商报》《现代快报》等

【发表时间】2004 年 11 月 7 日

【作　者】艾汀汀（《天府早报》记者）

【"新　闻"】

　　11月6日下午，成都八宝街肯德基快餐店附近，几名男子正用各式工具用力砸着一辆白色宝马760的窗玻璃，直到其玻璃被砸得稀烂为止。原来，6日下午，徐老太带着孙儿宇宇在肯德基用餐，宇宇吃着吃着便跑出去玩了。过了10来分钟，宇宇突然哭着跑了进来，"奶奶，叔叔喊我找你赔钱，还打了我一耳光。"听完孙子的哭诉，徐老太马上怒气冲冲地跟孙子走到了店外的一辆宝马前。"这小孩用玩具划伤我的新宝马，这可是宝马760。"宝马车司机说。"你要赔钱是不是？那你等一下。"老太说着拨了一个电话。10余分钟后，徐老太的儿子带着自己公司的6辆奔驰600到了现场。"你这个宝马760买成160多万是不是？加完税180万是不是？那我180万把它买了！"徐老太的儿子向宝马司机说。"好，这个宝马是我的了。儿子，看叔叔们把这辆车砸烂了要哈。"说完，他便和另外几个奔驰司机将那辆宝马的车窗砸得稀烂。

【真　相】

11月8日，《法制晚报》发表杜冰的评论："这是一条假新闻！从新闻报道的各要素分析，它都是一条假新闻，如果你经常出入各大网站的BBS，估计会有和我一样的看法：这不过是一个放在'国内新闻'栏里报道的'一个古老的新故事'而已。从今年的八九月份开始，全国各大网站的BBS里就很'火'地流传过这样一个类似的故事，不妨和报纸的报道对比一下：就'what'和'why'而言，从事件的起因、发生、展开、高潮、结局，并无二致；就'where'来说，无非是把各'帖子'中'不具体的大城市'的'麦当劳门口'（也有说'肯德基门口'的）挪到了新闻中'确凿'的'四川成都八宝街肯德基快餐店'；对于'who'，各色'帖子'中的'姥姥'或'奶奶'转化为了新闻里的'徐老太'；最搞笑的是，可能是为了突出新闻的'时效性'吧，报纸把'when'放在了'11月6日下午'这样一个如此精确的时间段。"

【点　评】

其实，对于这样蓄意造假的记者，再谈什么真实性、客观性等新闻学ABC，无异于对牛弹琴。不评也罢！读者诸君若有兴趣，不妨点击http://bbs. gutx. com/post/1456_11360712_11360712.htm　http://forun. blogchina.com/forum/24141.html，就能无师自通，学会如何将网上流传的笑话、故事改编成五个W俱全的"新闻报道"。但长此以往，新闻也就不成其为新闻了，传媒的公信力也将丧失殆尽。

2005 年不完全备忘录

● 《楚天都市报》为"2004 年十大假新闻"事来函。

《新闻记者》杂志社：

贵刊 2005 年第一期刊发了"2004 年中国十大假新闻"，其中第 9 条为《大批"毒面粉"流入黄石》（载《楚天都市报》2004 年 10 月 10 日）。我们认为，此文对此事的认定不符合事实。现特向贵刊回复相关情况。

湖北黄石工商部门查处河南"豫花"增白剂超标一事公开报道后第三天，河南有关方面通过湖北省主管部门，要求媒体不再追踪此事，厂家代表也对媒体表示将回收此批次面粉（http://news.sina.com.cn/c/2004-10-12/06523898257s.shtml），同时要求媒体更正错误引用的标准。但是，《中华工商时报》《郑州晚报》等媒体在此后的报道中称"豫花蒙冤"。

2004 年 11 月 2 日～4 日，湖北省有关部门组成调查组对此事进行调查，并向中央有关方面报告了调查结果。现将该报告的主要内容摘录如下：

2004 年 8 月 30 日，经检测部门检验，我省首次在荆门市发现"豫花牌"高筋特精面粉过氧化苯甲酰（俗称"增白剂"）超标。10 月 3 日，黄石市工商局和市卫生监督所接到市民反映经销商易永桂出售的"豫花"特精粉有毒的举报。当天下午，西塞山工商分局对其进行了就地封存。据调查，举报人王珍洪和被举报人易永桂是"连襟"关系，曾合伙经营，后发生矛盾，两人分开经营。王珍洪是根据湖北电视台播出荆门查处河南"豫花"面粉的报道而进行举报的。10 月 4 日，黄石市疾控中心对黄石市卫生监督所送来的面粉进行了检测（该中心于 2004 年 6 月 14 日获得省质量技术监督局批准颁发的"计量认证合格证"，具有检验食品的检测权）。检测结果：过氧化苯甲酰含量 0.089 克／千克，不符合国家卫生标准。10 月 9 日，黄石市工商局西塞山分局向易永桂索要到检验结果后，通知了有关媒体及举报人王珍洪。现场采访时，《楚天都市报》记者石勇将国家标准 0.06 克 / 千克错报为 0.006 克 / 千克,错误得出了"增白"超标 14 倍的结论(应为超标 0.4 倍)。

武汉市工商局获悉河南豫花牌"毒面粉"的报道后,立即下发彻底清查"毒面粉"的紧急通知。10 月 12 日,武汉市粮油食品中心检验站对查扣的面粉进行了检测,抽样的面粉过氧化苯甲酰含量达 0.1 克 / 千克,不符合 GB2760-1996 卫生标准。

为慎重起见,10 月 14 日至 16 日,武汉市工商局再次组织市粮油食品中心检验站对生产日期为 9 月 18 日、19 日、20 日的精制粉进行现场抽样检查,"增白剂"含量分别为 0.16 克 / 千克、0.09 克 / 千克和 0.10 克 / 千克,均超过国家标准。根据抽检结果,武汉市工商局江岸分局将在查清事实的基础上,依法予以处理。此事已通报河南厂家,该公司来人表示愿意接受处罚。

综上所述,我们认为:

一、荆门出售的"豫花"高筋特精面粉、黄石出售的"豫花"特精粉、武汉出售的"豫花"精制粉确实超标,面粉的质量问题是客观存在的。

二、我省媒体报道面粉超标的指标,是国家质检部门认定的质检机构提供的数据,但《楚天都市报》对黄石"豫花"面粉事件的报道,将国家定的质量标准搞错,导致报道中出现了错误。

三、调查中尚未发现我省媒体和记者有被金钱收买和利用的现象,也没有发现是谁有意识组织、联络媒体进行炒作。

四、中华工商时报等没有派记者到现场采访;报道中说质检部门不具备资质是没有依据的;我省抽查的产品不是报道中提到的免检产品,其所提出的问题带有明显的倾向性。

以上事实说明,本报在报道时的确不严谨,弄错标准。根据湖北省有关领导的要求,本报 2004 年 11 月 17 日再次对报道工商部门执法情况时弄错标准、超标 0.4 倍错为 14 倍一事刊登更正,诚恳向厂方致歉。但被查批次的面粉不合格也是不争的事实。

需要说明的是,中国消协 2001 年曾发出消费警示,称面粉中添加的增白剂超标已成为食品安全的主要问题之一。2001 年 10 月,北京粮食集团公司、上海面粉有限公司等全国 65 家面粉企业曾联合发出《关于禁止滥用面粉增白剂的呼吁书》，呼吁书说：面粉增白剂是人工合成的非营养性化学物质，对人体只有害处，据专家研究，长期使用会对肝脏造成损害，因此，目前许多国家已禁止使用。呼吁书建议国家修改标准，明令禁止使用任何面粉增白剂（http://www.china.org.cn/chinese/kuaixun/67050.htm；http://www.dayoo.com/content/2003-09/05/content_1210864.htm）。

《楚天都市报》编辑部

2005 年 1 月 5 日

（原载于《新闻记者》2005 年第二期）

● 新闻战线"三项学习教育活动"领导办公室 2005 年 6 月下发《关于对上海〈新闻记者〉评出的 2004 年"十大假新闻"的情况通报》。

按语：真实是新闻的生命，维护新闻真实是新闻工作者的责任和义务。"三项学习教育活动"开展以来，新闻界加强对假新闻的整治力度，取得了一定成效。但由于有些媒体指导思想不端正，记者采访不深入，编辑把关不严格，以至于一些严重失实报道时有发生，并被多家媒体转载刊发，在社会上造成恶劣影响。上海《新闻记者》杂志 2005 年第一期刊发的"十大假新闻"是 2004 年新闻界发生的一些典型案例，涉及 3 家中央新闻单位、7 省市的 10 余家新闻单位和一家商业网站。

现予以通报批评：

一、《足球》报 2004 年 1 月 7 日刊发《"国资委"阻击中国足球》，称国资委已将中国足球列为"不良资产"和"不良市场"，指示国有企业应将其完全剥离。实际情况是该报记者未将国资委官员个人言论与正式出台的政策加以区分，导致见报后引起误解。

二、《北京娱乐信报》2004 年 3 月 10 日刊发《李连杰重返青海修佛法》，称李连杰将在他 41 岁生日当天重返青海高原修行佛法。该消息最初为香港《东方日报》报道，《北京娱乐信报》记者未加核实就做了摘编，以讹传讹。

三、2004 年 8 月 19 日，《海峡都市报》《东方新报》《成都商报》和《法制晚报》等分别以"陈文斌透露张国政夺金'秘密'""教练使诈国政夺金""举重教练陈文斌透露张国政夺金秘密：'贪财'贪出来的金牌"和"'空白'信用卡面前晃成绩往上长 张国政教练有奇招"为题，报道张国政的奥运金牌是教练在比赛现场用金钱"激"出来的。该报道是《海峡都市报》记者王敏把玩笑当事实，并捏造细节和对话，编造的假新闻。《成都商报》《东方新报》和《法制晚报》的编辑未经核实就采用，并在标题上做了夸大处理。

四、《中国青年报》2004 年 8 月 24 日刊登作者史世民的言论《为什么第二代身份证要日本企业造》，是作者对其他报刊所发消息理解有偏差而写的。《中国青年报》编辑未核查原消息内容，造成严重失实。

五、2004 年 8 月 29 日，新浪网体育频道由于版面编辑错误操作，在奥运会女排比赛尚在紧张进行之中即宣告中国女排失利，造成不良社会影响。

六、2004 年 8 月 29 日，《成都商报》刊发《克林顿今秋"追"莱妹到蓉城签名售自传》，消息源不权威，以未实施的计划为事实，草率报道，造成负面影响。

七、2004 年 9 月 13 日，《京华时报》刊发《北京孔庙将竖历届高考状元碑》，报道称，1978 年恢复高考以来历年省级状元的名字将被刻成碑，和国子监孔庙的进士碑立在一起。记者为抢新闻忽略了对事实的认真调查，导致假新闻产生。

八、2004 年 9 月 26 日，《江南时报》刊发《新闻从业人员平均寿命 45.7 岁》一文。该报记者对一次研讨会中发言者的信息未按规定深入求证，就草率刊发，酿成此条假新闻。

九、2004 年 10 月 10 日，《楚天都市报》刊发《大批"毒面粉"流入黄石》。由于当地工商局口头提供的国家标准有误（把面粉中"增白剂"含量 0.06 克/千克错报为 0.006 克/千克），而该报记者未进行核实，就根据这一错误标准把增白剂含量超标 0.4 倍的不合格面粉夸大为超标 14 倍的"毒面粉"。

十、2004 年 11 月 7 日，《重庆商报》刊发《180 万买辆宝马砸着玩》，此文由《天府早报》记者艾汀汀采写并提供，《重庆商报》编辑未经核实就采用，传播了虚假新闻。

刊发以上十起假新闻的媒体已对相关责任人做了批评、罚款、调离岗位、开除等处理。各新闻单位要引以为戒，汲取教训，对照检查，积极整改，进一步加强新闻队伍的自律，完善内部管理，制止虚假失实报道。

（载中国记协网 2007.01.04. 10:59:57）

● 2005 年 6 月 8 日至 9 日，中宣部、中国记协、新闻战线"三项学习教育活动"领导小组办公室在京召开了"坚决制止虚假新闻报道座谈会"。中宣部、国家广电总局、新闻出版总署、国家体育总局、中国记协有关负责同志及中央主要新闻单位、产业报协会负责人出席了座谈会；各省、自治区、直辖市、新疆生产建设兵团、副省级城市党委宣传部及部分大专院校新闻院（所）的有关负责人参加了座谈会。

2005 年第七期《新闻记者》刊登本刊特稿：《虚假新闻报道：重拳出击 合力围歼——"坚决制止虚假新闻报道座谈会"综述》，从五个部分传递了座谈会的主要精神和领导同志的讲话要点，这五部分的小标题分别是：

一、虚假新闻：新闻界的耻辱

二、对当前虚假新闻的表现和趋势要有清醒认识

三、虚假新闻何以屡禁不止？

四、为维护安身立命之本，必须坚决治理虚假新闻

五、制止虚假报道：共识与举措

● 2005 年第七期《新闻记者》"传媒观察家"发表专栏作者曹鹏的文章《根治假新闻应当从何着手？》。文章写道：

中央有关部门最近就反对假新闻召开了专门会议。在新闻真实性这一新闻工作基本原则上由官方出面进行宏观调控与指导，这在世界新闻业的历史上可能是绝无仅有的，可见重视程度。事实上，反对有偿新闻与反对假新闻一直是新闻行业的一项重要工作，有偿新闻与假新闻是新闻传播事业的两大致命伤，在西方传媒界，任何从业人员只要沾上二者之一，就等于断送了自己的职业生涯，所在媒体也必然元气大伤。

中国的受众可能是对假新闻最宽容的，即使如此，国内刊发假新闻的媒体，其形象仍会受到严重损害。从全局来看，假新闻泛滥成灾，已经使新闻事业整体的形象与威信大受影响。由于中国的新闻事业是从属于党与政府的，因此，假新闻这一顽症不仅危害新闻单位，还间接地损害了党与政府的形象，已经到了必须予以根治的地步。

《新闻记者》杂志连续四年推出"十大假新闻"年度专稿，对上一年曝光

的假新闻进行盘点与评议,在新闻专业报刊中是较早认识到假新闻的严重危害性并且予以大力揭露谴责的,在社会上与业内产生了相当大的影响。从 2001 年开始的"十大假新闻"评选,虽然只是一家专业刊物的独家策划,但是对于促进新闻行业建设却有着不亚于全国好新闻奖的意义,在我看来,这一系列专稿有必要结集出版,相信其销路也会比坊间的好新闻作品集要好得多。

作者提出要全面清算假新闻。假新闻在国内新闻界虽然被认为不光彩,但是并没有被当成太严重的罪错。太多的假新闻炮制者,会用"事实有争议"作为托辞。长期以来在制度上对假新闻的炮制者,除了批评与谴责,并没有实质性的惩处。这是假新闻屡禁不止的重要原因之一。

如果要真正根治假新闻,就有必要对在职新闻工作者全面清算是否炮制过假新闻。对曾经杜撰假新闻的从业人员,予以批评与处分,性质恶劣的还应清除出采编队伍,只有这样,才可正本清源。

以《新闻记者》逐年所公布的"十大假新闻"为例,不妨追踪一下,上榜的各家报刊是如何处理假新闻的作者们的?这些"客里空"后事如何?刊发假新闻的报刊,应当向受众公开承认错误,并把处理结果公布出来,以儆效尤,也是对业内同行的一个交代。

●自 2005 年第八期至第十二期,《新闻记者》开设"制止虚假新闻报道专题讲座",连载文汇报党委书记、副总编辑、高级编辑吴谷平撰写的系列文章。"讲座"的五个标题分别是:

一、真实是新闻的生命

二、治顽症,须常抓不懈——党的新闻事业史上两次反虚假新闻运动

三、警惕,虚假新闻愈演愈烈——析虚假新闻在当前的主要特点及成因

四、贵在认真、再认真——谈谈如何识别虚假新闻

五、防范虚假新闻 重在制度建设

●人民网传媒频道与《新闻记者》联手开设虚假新闻"网上举报箱"的启事。

新闻造假,是一大公害。社会各界包括新闻界,对虚假新闻报道深恶痛绝,

人人喊打。人民网传媒频道和《新闻记者》杂志决定联起手来,常年监督、揭露、批评虚假新闻。我们认为,这一做法是符合新闻界自身利益的,一定会得到大家的支持。我们希望和大家一起,依靠广大受众,尤其是网友参与,共同构筑新闻打假的"监视器"、"举报箱"、"打靶场"、"防火墙"。

为此,从即日起,人民网传媒频道将开两个专栏,一个是"曝光台",收录已经查实、证据确凿的虚假新闻报道的案例;一个是"网上举报箱",发布网友举报、未核实的虚假新闻。因为仅仅是被举报,所以栏目将及时刊发被举报者的答疑、申辩。被举报的虚假新闻一经查实,便"升格"至"曝光台",而排除嫌疑者,则予以删除。

举报者在举报虚假新闻时,必须提供新闻原文、刊载报刊、刊载时间和举报理由,证明其为虚假新闻的依据。以电子邮件形式举报的,请注明文章网页链接,信函举报的请附上样报。申辩者的申辩需说明新闻采访写作始末、申辩理由,证明其新闻报道并非虚假的事实依据、材料。

在此基础上,我们将不定期邀请有关专家分析、点评虚假新闻报道的个案、新闻造假现象的新特点,同时对建立新闻失实防范机制提出对策建议等。在年终开展"十大假新闻"网上投票活动,最后对确认的当年"十大假新闻"予以曝光。

欢迎网友们关注我们的"曝光台"和"举报箱",以你们的火眼金睛及时发现虚假新闻,并随时举报,共同把新闻打假进行到底。

举报信箱:chuanmei@peopledaily.com.cn, xwjz@wxjt.com.cn

电话:010-65368341　021-62791234

地址:北京朝阳区金台西路2号人民网传媒频道

上海延安中路839号《新闻记者》编辑部

人民网传媒频道

《新闻记者》编辑部

2005年8月29日

(载2005年第九期《新闻记者》和同时段人民网传媒频道)

2005年十大假新闻

编者按： 屈指算来，评选"十大假新闻"已历经五个年头。当初，无论如何都不曾想到能坚持这么长久。与前四年本刊孤军奋战有所不同，2005 年的评选，人民网、复旦大学新闻学院成为本刊坚强的盟友。同时，评选方法也有所创新，增加了网友投票评选这一环节，以确保评选工作更加公开、公平和公正。

纵览 2005 年的虚假新闻报道，呈现如下特点：

1. 掩耳盗铃

不少假新闻之"假"，一开始就有蛛丝马迹，而编辑明知其中有诈，但又舍不得割爱，于是在标题上加上问号，以便进可攻退可守，比如《北京市民可喝上贝加尔湖水？》《王小丫陈章良携手入围城？》《布什要把夏威夷卖给日本？》。虽然标题打上问号，但正文却言之凿凿，混淆视听。

2. 道听途说

与前几年的假新闻相比，2005 年的不少假新闻都源于道听途说，而记者又没有采访核实，于是便炮制出笼，如《王小丫陈章良携手入围城？》《中南财经政法大学一贫困生一年消费仅 8.35 元》《中国股市：1500 亿元热钱 4 月 30 日前惊心大撤退》等。其实，有时只要打一个电话，或在网上搜索一下，这类假新闻便可避免。

3. 偷梁换柱

这类假新闻，典型表现为题文不符或导语与正文不符。如流传甚广的《"新闻炒作学"长沙开课》，导语称："记者今日获悉，一度备受争议的'新闻炒作学'昨晚在湖南师大新闻与传播学院正式开讲，场面火爆。"但正文中却说明课程名称并不是媒体盛传的"新闻炒作学"。类似的情况并不鲜见。

4. 前多后少

从 2005 年假新闻发生的频率来看，明显地呈现一个特点，就是上半年多下半年少。这与年中中宣部、国家广电总局、新闻出版总署、新闻战线"三项学习教育"活动领导小组等有关部门采取一系列严厉措施，开展专项行动，重拳打击各类虚假新闻报道不无关系。中宣部等召开的"坚决制止虚假新闻报道座谈会"，对虚假新闻报道的表现形式和特点、屡禁不止的主客观原因以及严重后果进行了严肃认真的分析，并对制止、铲除虚假新闻现象提出具体意见。中央主管部门明确表示，所有单位和所有新闻从业人员，在坚持新闻真实性问题上，没有例外，没有特殊。无论党报党刊、电台电视台，无论日报、晚报、都市报和新闻网站，无论媒体正式员工还是临时人员，都要严格执行保证新闻真实性的要求。对主观故意制造虚假新闻者，一旦发现将严肃处理，直至清除出新闻队伍。现在，有些媒体确实已对虚假新闻的制造者予以惩戒，有决心，动真格。

行文至此，备感欣慰，并期盼着明年可不再评选"十大假新闻"了，因为这实在是虽有意义却吃力不讨好的事情。孰料正在此时，又有最新炮制的虚假新闻闯进我们的"狩猎圈"、"狙击场"："央视主持人王小丫结婚"。可见新闻打假不可能一劳永逸，而是需要建立行之有效的长效机制，需要新闻从业人员人人、时时严防死守，自觉抵制。

在此再次声明：我们连续五年评选"十大假新闻"的目的始终如一，就是为了揭露和鞭挞新闻造假现象，纯洁我们的新闻领域和新闻队伍。每年从数十条上百条已公开发表的虚假新闻中推出十条影响恶劣的代表作，为的是解剖麻雀，举一反三，绝非有意指向某家媒体。我们最大的心愿就是新闻界同仁共同吸取教训，引以为戒，争取早日让"十大假新闻"评选关门大吉。

一、女大学生捡剩馒头充饥近两年

【首发媒体】《长江日报》

【出笼时间】2005 年 1 月 7 日

【"新　闻"】

中南财经政法大学一名家境困窘的女大学生，经常到学校食堂捡别人吃剩的馒头，而且一捡就是近两年。调出这名女生的餐卡消费明细，屏幕上显示的资料让大家惊呆了：整个 2004 年，她才花了 8.35 元！原来，这女孩根本就没有在食堂里掏钱买过饭菜，她基本上是靠到食堂捡吃剩饭剩菜度日，她最大的奢侈就是一个星期到水房花 0.15 元打上一瓶开水。

【真　相】

1 月 14 日，中南财经政法大学有关负责人发表讲话，澄清事实。原来，该同学系独生子女，其父母均是江苏无锡市某厂的在岗工人。她是困难学生，但不是特困生。该同学 2003 年 9 月考入中南财经政法大学学习，交清了一年级学费，并有银行存款，当年获得学校核发的三等专项困难补助，标准是 100元／月。2004 年，该同学继续获三等专项困难补助，标准提高到 140 元／月。同年，经学校审核，该同学享受国家专门为贫困生设定的二等奖学金。该奖学金免除其当年学费，另加 4000 元现金奖励。经统计，该同学两学年累计共获国家和学校资助 1 万多元，其中，6400 元直接为生活费用补助。根据武汉地区生活水平测算，该同学的学习生活经济来源能得到基本保障。

【点　评】

如果比尔·盖茨不在超五星级酒店用餐，会有哪家媒体报道他仅靠喝矿泉水存

活？那么，为什么一个困难学生不在学校食堂打饭，就一定是在垃圾桶里捡剩饭剩菜度日？我们丝毫不怀疑作者的菩萨心肠，但是，新闻报道决不是简单的逻辑推理，仅根据一张伙食卡上一年消费 8.35 元，就得出如此结论，未免荒唐。作者既没有采访该同学本人，也没有向最了解她的院系干部和同学及学校学生管理部门调查，更是违反了新闻报道的基本原则。更可笑的是不少主流媒体纷纷跟进，用心良苦，但离新闻真实性远矣！

二、中科院资深院士陈家镛两度"逝世"

【首发媒体】《中华读书报》

【出笼时间】2005 年 1 月 26 日

【"新　闻"】

《2004 年中国科学界的损失》报道称：中国科学院资深院士陈家镛 2004 年 8 月 15 日逝世。《科学中国人》杂志社也在 2005 年第 3 期《2004：陨落的巨星（续）》一文中，以文字配发照片报道陈家镛去世。

【真　　相】

2 月 2 日，《中华读书报》刊登《致歉声明》表示："本报 2005 年 1 月 26 日第 5 版内容，未经中国科学院有关部门审核，发生了严重错误。这一错误，对陈家镛先生及家人造成了严重伤害。为此，我们向陈家镛先生及家属致以

深深的歉意。"并刊发《陈家镛：无火炼真金》一文，全面介绍陈家镛老先生，开篇第一句话就是："春节将至，陈家镛院士依然很忙碌。"紧接着，《科学中国人》杂志社在第 4 期刊登致歉声明，并发表《点石成金——记中国科学院院士陈家镛》一文。

陈家镛将《光明日报》社(《中华读书报》的上级主办单位)、《科学中国人》杂志社告上法庭。6月23日上午,北京市海淀区人民法院一审判决,《科学中国人》杂志社向陈家镛赔偿精神抚慰金3万元。7月12日上午,北京市崇文区人民法院一审判决《光明日报》社赔偿原告陈家镛精神抚慰金2.5万元。

【点　评】

近年来,有关名人死去活来的假新闻屡见不鲜,比如2003年十大假新闻之一——"比尔·盖茨遇刺身亡",便是经典的一例。其实,名人不比凡人,只要在"百度"上键入几个关键词,不消几秒钟,就能搜索到名人逝世的准确消息。2004年8月15日,确有一位中科院院士逝世,虽然也姓陈,但决不是陈家镛。在当今这个时代,如果一个记者不善于运用互联网的搜索引擎,那就无话可说了。

三、越洋电话采访郎平

【首发媒体】《新京报》

【出笼时间】2005年2月5日

【"新　闻"】

记者以"越洋电话采访郎平"的对话形式,报道郎平应邀执教美国女子排球队之事。

【真　相】

郎平十分奇怪,她根本没有接到这位记者的"越洋电话"。原来,写这篇报道的记者未能与郎平取得电话直接联系,只是通过我国驻意大利使馆人员获得一些当时郎平在意大利的新闻素材,报道中多数内容是从其他媒体上搜集来的。

【点　评】

值得称道的是,《新京报》社委会发现这篇假新闻后,给记者的处分先是留社察看,后改为开除;给责任编辑严重警告和罚款处分;给签发稿子负责人全社通报批评和罚款处分。同时,该报社还采取了4项措施,弥补过错,积极整改。话说回来,如果参照《新京报》社的做法,那么,全国不知有多少记

者要丢饭碗。3 月 14 日，西南地区某晚报刊登专访《敲开"石佛"的心灵之窗——本报记者亲密接触李昌镐》，文中写道：昨晚八时，本报记者"成为唯一一个敲开李昌镐房门的中国记者"。其实，这位记者不要说"亲密"，甚至当晚连见都没见过李昌镐。不过是"亲密"地剽窃了一回人家的报道。在体育报道中，类似的假新闻不胜枚举，那些除了中文什么外语都不懂的记者，居然能用全世界各种语言电话采访全球所有著名的教练和运动员，更是堪称世界一绝。

四、北京人可喝上贝加尔湖纯净水

【首发媒体】《竞报》

【出笼时间】2005 年 5 月 16 日

【"新　闻"】

中国宝贝国际投资集团董事长卞洪登称："蒙古国还计划从俄罗斯贝加尔湖引水到北京。蒙古国议会已于 2004 年批准了'北水南调'项目。有关从贝加尔湖引水的问题，蒙古与俄罗斯也开始进行接触。所以，未来北京市民将喝上贝加尔湖纯净的高山矿泉水。"

【真　　相】

5 月 18 日《环球时报》报道："多方打听，记者在蒙古并没有听到关于这种设想的官方表态。"5 月 25 日下午，水利部新闻发言人顾浩特地出面澄清讹传，明确表示水利部从来没有研究过从俄罗斯贝加尔湖向中国调水，也没有就此类工程与任何外方进行接触。

【点　评】

无知者无畏，诚哉斯言。贝加尔湖在俄罗斯境内，虽然淡水量相当于 20 条长江丰水期的水量，但是，地球人都知道，贝加尔湖的周边是巍峨的高山和密密的森林，要把贝加尔湖的水输送出来，难度和成本比开发西伯利亚的原油还大。据调水专家估算，把贝加尔湖水引到北京，至少需要约 5000 亿元人民币。即使真的引水入京，又有谁喝得起、用得起这样昂贵的"黄金之水"？因此，连《竞报》的编辑都不敢相信，故而该新闻的大标题是"北京市民可喝上贝加尔湖水？"。奇怪的是，文中小标题却非常肯定："北京人可喝上贝加尔湖纯净水"。一篇新闻竟自相矛盾，报纸如何在日趋激烈的报业竞争中立于不败之地？

五、布什要卖掉夏威夷

【首发媒体】《时代商报》

【出笼时间】2005 年 5 月 18 日

【"新　闻"】

5 月 18 日，《时代商报》发表报道《布什要把夏威夷卖给日本？》，并以"布什要卖掉夏威夷"为题做头版导读。报道称："据美国媒体 5 月 16 日报道，美国国务院一名官员日前透露，由于长期陷入伊拉克战争，面临严重预算赤字危机的布什竟然开始考虑，准备将夏威夷卖给日本。在获知布什准备出售岛屿的计划后，98% 的夏威夷居民称，他们感到'极度愤怒'。"

【真　相】

当天，署名"托德"的网友在国际在线澄清："在互联网上稍一查证，发现这篇所谓的新闻在美国或世界其他权威媒体上都未见引述，唯一刊登过该消息的是美国的一家称为《世界新闻周刊》(World Weekly News) 的娱乐搞怪杂志。而国内媒体的报道几乎一字不差地翻译了《世界新闻周刊》报道的全文。《世界新闻周刊》素以刊登荒诞不经的假新闻著称，它虽然貌似新闻媒体，但实质颇近似娱乐趣闻和政治笑话杂志。"

【点　评】

人非圣贤，上一次当情有可原，但反复受骗就该找找原因。本刊评选的 2002 年十大假新闻之一——《千年女木乃伊出土后怀孕》，始作俑者就是《世界新闻周刊》。因此本刊曾特别提醒："美国《世界新闻周刊》是一份专门编造荒诞故事博读者一笑的'超级市场小报'。"谁知话音未落，又有人被耍，而且玩笑居然开到美国总统头上。当然，受害者并非《时代商报》一家，甚至连两大门户网站也未能幸免，让人大跌眼镜。

六、南开大学欲破格录取 10 龄童

【首发媒体】《辽沈晚报》

【出笼时间】2005 年 6 月 14 日

【"新　闻"】

对于小炘炀 490 分的估计分数，张会祥显得信心十足，从他目前了解的情况看，儿子的估计分数应该超过二本的分数线（大约 450 分左右）。这几天，天津的南开大学和北京的北方工业大学两所学校已和他取得了联系，并且表示愿意破格录取小炘炀，目前学校有关方面正就此事进行专门研究。

【真　相】

6月15日，中新网报道："南开大学招生办公室主任赵桂敏说，从网上获知该消息后十分震惊。经认真核实，南开大学招生办和驻辽宁高考招生组从未与10岁考生张炘炀及其家长有过任何接触，该考生及其家长也并未向南开咨询。报道转述张炘炀之父张会祥称南开大学'已和

他取得了联系，并且表示愿意破格录取小炘炀，目前学校有关方面正就此事进行专门研究'，纯属子虚乌有。"最终，10岁的辽宁男孩张炘炀被天津工程师范学院数理与信息科学系数学与应用数学专业录取。

【点　评】

每年的高考期间，往往是假新闻泛滥之时，让人真伪莫辨。就该报道而言，关键之处不在于张炘炀之父张会祥说了什么，而在于记者是否经过核实和判断。如果记者只满足于"有闻必录"，那么，初通文墨者皆可成为名记者矣！全国数百所新闻院校也就没有开设的必要了。

七、18 岁少年作家因情自杀

【首发媒体】《法制晚报》

【出笼时间】2005 年 7 月 5 日

【"新　闻"】

6月20日，年仅18岁的少年作家蔡小飞因女友移情，从天津一家宾馆的13层跳下自杀。在他自杀前几天还参加了高考，并写下"高考反文"——《留给明天》，批判当前的教育应试体制。该文一石激起千层浪的同时，也意外地获得了满分。

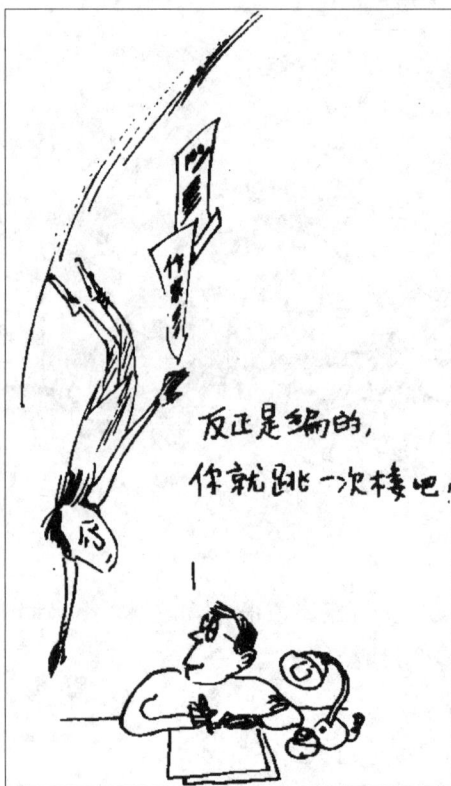

【真　相】

7月11日，北方网报道："天津教育招生考试院7月11日正式向外界澄清事实：天津高考考生中没有蔡小飞其人，在网上流传的获得满分的高考作文，也系子虚乌有。考试院有关负责人告诉记者，网上的有关传闻完全是虚假和不负责的。"7月16日，《法制晚报》编辑部说明真相并郑重致歉："经查，本报7月5日B9版刊发的《18岁少年作家因情自杀》一文属严重失实。该文编发的具体经过是：本报娱乐版组在周选题会上确定采写一篇有关上世纪80年代后期作家心理问题的稿件。7月4日，编辑在网上发现了有关'少年作家蔡小飞自杀'的消息，便决定以此为新闻由头，组织一篇探讨青少年心理健康的新闻分析。记者就此事采访了一些专家，但却未核实'蔡小飞自杀'的真伪就仓促成稿。现在了解到，'蔡小飞自杀'一事是一条虚假新闻，违背了新闻真实性的最高原则。查明真相后，本报迅速召集全体采编人员进行反思，对相关责任人进行了纪律处罚，并制定了更严格的新闻采写纪律和审核制度。前天，本报已对此条消息进行了更正及致歉，今日再次向读者郑重致歉。"

【点　评】

这篇报道是该报实习生以网上博客的不实消息作为材料依据而采写的，既违背了新闻真实性原则，又违反了不得直接从网上转载新闻信息的规定。据调查，不仅所谓"少年作家蔡小飞自杀"事件纯属捏造，而且连"蔡小飞"也是网上博客杜撰出来的人物。看似网络惹的祸，其实不然。因为在新闻中，该记者还写道："同样年少成名、现在还在'风口浪尖'上的郭敬明对蔡小飞的自杀有些迟疑和吃惊，但他表示不便说什么。"既然"蔡小飞"纯属虚构，那郭敬明又如何认识"蔡小飞"？看来记者采访郭敬明也未必属实。这样写成的新闻，恐怕只能称之为小说了。

八、左权县投资 3 亿打造中国 "新闻烈士陵园"

【首发媒体】《北京晨报》

【出笼时间】 2005 年 7 月 6 日

【"新　闻"】

　　为纪念中国人民抗日战争胜利 60 周年，缅怀抗日战争中在山西太行山"十字岭"战役中壮烈牺牲的《新闻日报》主编何云等 50 名新闻记者，山西省左权县日前决定投资 3 亿元，在烈士牺牲地兴建中国"新闻烈士陵园"。陵园占地 300 亩，是新中国成立以来中国最大、也是唯一的"新闻烈士陵园"。

　　7 月 11 日，又有传媒报道："投资 3 个亿打造中国'新闻烈士陵园'，并为 50 位新闻烈士立碑，让先烈的英名永存千古。昨天，山西省左权县委县政府在京宣布。据悉，'新闻烈士陵园'将于 8 月 15 日正式动工。"

【真　相】

　　7 月 13 日，左权县委、县政府联合召开新闻发布会，宣布绝无此事。在新闻发布会上，中共左权县委副书记贾慧生说：10 日，左权县委、县政府根本没有在北京召开过所谓新闻发布会，也从来没有对外宣布过此事。这一谣言的内容离谱，对左权县 16 万老区人民造成了精神伤害，希望藉此能立即终止谣言传播。

【点　评】

　　这条假新闻创意不错，手笔也很大，且很对新闻媒体的口味，但不知刊发媒体是否算过这笔账：左权县是国家级贫困县，2004 年财政

收入才 1.4 亿元，3 亿元投资约等于全县两年的财政收入。据山西媒体证实，关于新闻烈士陵园的"新闻原稿"出自一家名叫"将帅旅游开发有限公司"的单位，该公司设在左权县，从事革命老区的旅游开发。原稿的纸张及电话号码都是该公司的，看来更像是一则软广告。近年来不少假新闻都出自商家之手，值得媒体警惕。另外，撇开别的不说，单就新闻写作而言，该新闻就有值得推敲之处。"新中国成立以来中国最大、也是唯一的'新闻烈士陵园'"，这句话本身就有语病。既然是中国唯一的，又何来中国最大？

九、秦始皇兵马俑侵蚀严重

【首发媒体】《重庆晨报》

【出笼时间】 2005 年 7 月 6 日

【"新 闻"】

中国社科院研究员、环境专家曹俊吉（音译）忧心忡忡地说："如果现在还不采取任何措施加以保护，那么在 100 年内秦始皇兵马俑将会遭到严重腐蚀，届时，兵马俑坑看上去与煤田没有什么两样，将没有任何美学价值。"

【真 相】

7 月 7 日，《三秦都市报》报道："秦始皇兵马俑博物馆馆长吴永琪及多位专家学者，都异口同声地对该报道所说情况给予了坚决的否定，并摆出大量事实予以反驳。"7 月 14 日《新闻晨报》报道："7 月 8 日，记者终于见到了'兵马俑百年之后将变成煤坑'的'断言者'——中科院地球环境研究所副研究员

曹军骥。曹军骥坚决否认自己曾说过这话，'是媒体曲解夸大了我的表述。'他承认确实于 6 月接受过香港某媒体记者的采访，但所谈内容是关于'秦始皇兵马俑博物馆室内大气污染特征'

的背景问题。接受香港记者采访期间，曹军骥透露，他们做了一种收集空气颗粒的实验，在实验过程中，支起一张干净的过滤纸，在过滤纸背后再架起一台抽风机，不间断地吸风以形成强大的吸引力。在这种吸引力的作用下，24 小时后，过滤纸上吸附了大量的颗粒，变成灰色。曹军骥向记者解释，这仅仅是一个实验，通过短时间的加速实验，比照出目标物吸附颗粒的程度，这短短的 24 小时，可能相当于真实环境中的几年甚至更长的时间。

但该篇文章见诸报端时，省略了曹军骥所说的各种前提条件，直接成了：'有科学家把一张光洁白纸放到兵马俑博物馆内。24 小时后，它已布满炭微粒，变得灰黑。'而且还借用曹军骥的口说：'正是这些污染物令兵马俑失去光泽。专家预言，照目前的速度发展下去，最终，兵马俑的鼻子和发型都有可能消失殆尽，双臂也有可能从身体上脱落。'而那句危言耸听的'兵马俑百年后变煤坑'的出笼，则是香港某媒体（即《南华早报》）编辑在上版前，为了争噱头再次夸大记者所采写的内容。曹军骥告诉记者，香港某媒体的采写记者就报道失实问题已向他郑重道歉。"

【点　评】

这则新闻的出笼过程，充分验证了"三人成虎"的成语并非古人的杜撰。据了解，这条消息源于香港媒体《南华早报》，系"出口转内销"之产品，信手拈来就用，可谓轻率；更令人啼笑皆非的是，不仅新闻是假的，就连曹军骥的技术职称、姓名都没有搞清楚，可谓糊涂；如此重大的报道，不向国内权威部门包括曹军骥本人求证，可谓轻信。如此这般，不出假新闻才怪！

十、王小丫陈章良携手入围城

【首发媒体】《苏州广播电视报》

【出笼时间】2005 年 12 月 9 日

【"新　闻"】

记者从央视内部获知了一个惊人的消息，以往对外宣称自己感情生活空白的央视"名嘴"王小丫终于在临近不惑之年之际将自己悄悄嫁掉了！夫君就是国内青年才俊、中国农业大学校长陈章良……

【真　　相】

王小丫表示：这完全是条假新闻，她与作者并不相识，作者也未采访过她。12月21日，《苏州广播电视报》在网站刊登启事："本报今年第49期（12月9日出版）'娱乐追踪'版上刊登的《王小丫陈章良携手入围城？》一文所披露的内容，因采访、刊发时听信误传，未及与文中所涉及的两位当事人作求证，造成文中报道的情况与事实有出入，对文中涉及的两位当事人造成影响表示深切不安，为此特向两位当事人和本报读者致歉。"

【点　　评】

中国农业大学党委常委、宣传部长、新闻发言人钱学军在接受采访时予以痛斥："把道听途说的小道消息作为新闻报道是极其不负责任的，是对当事人名誉的侵害，也有违新闻工作者的职业道德。"连业外人士都明了的简单道理，我们新闻从业人员却糊里糊涂。其实，这些道理记者都懂，但是为了吸引眼球，多挣几个稿费，也就置这些道理于不顾。怪不得如今"娱记"的名声不太好听。"娱记"们要想为自己正名，就非得痛改前非不可。顺便说一句，明星们的婚嫁聚散关我们老百姓什么事？哪有吃鸡蛋的人会关心生蛋的母鸡长得什么模样，是否成家？

2006 年不完全备忘录

● 2006 年第九期《新闻记者》刊发沈雷的文章《世界杯假新闻透视》。文章写道：

本届德国世界杯，我国大陆地区平面及网络媒体总共获得了 60 个文字记者和 20 个摄影记者的正式采访名额，另行分配的电视广播采访证则由唯一购得转播权的中央电视台独享，这一数字较之四年前有中国国家队参加的韩日世界杯有小幅回落。但世界杯期间逗留德国的中国记者总数接近 500 人，这意味着大部分所谓的"本报特派记者"根本没有真正的采访权，他们无法申请媒体席球票，无法使用新闻中心等设施，不可能进入新闻发布会和混合区现场，甚至在参赛队的训练公开日也只能与球迷享受同等级的旁观待遇。但即使没有一张球票，所有在德国的中国记者都背负着本单位寄予的厚望："要写出与众不同的独家新闻，要写出在电视屏幕中看不到的场景来。"于是，在工作与严峻现实的双重压力下，虚假新闻纷纷出笼，成了世界杯期间国内媒体一道令人难堪的"风景线"。

● 罗以澄、詹绪武在《新闻传媒在构建和谐社会中的基本责任》（《中国媒体发展研究报告（2005 年卷）》第 140 页，武汉大学出版社 2006 年版）中写道：

针对当前较为突出的"虚假新闻"和"传媒低俗化"现象，我们认为，可建立新闻传媒信用分级制度，通过专业的、非营利的机构，对以新闻报道的真实性为主要内容的新闻传媒信用进行定期评审和非定期鉴定，结合新闻行业协会的协调管理，结合新闻评奖等方式，对新闻传媒的社会信用进行评级，约束新闻传媒报道行为。同时，可建立健全新闻打假的机制。目前《新闻记者》每年公布全国"十大假新闻"的方式很好，但效果非常有限，关键在于没有公众的参与，公布的范围有限。建议由国家广电总局和新闻出版总署联合启动"传媒虚假新闻排名榜"和"传媒低俗化排名榜"，将其相关信息公布给受众，并对相关责任媒体给予及时的经济制裁和惩罚，让信用缺失的新闻传媒不能在造假和低俗中获利，甚至使其付出高额的成本和代价。

● 由湖南教育出版社 2006 年 11 月出版的 "现代化与中国传播研究丛书" 之一《蜕变的尴尬——对百年中国现代化与报刊话语嬗演关系的研究》（田中阳著）中写道：

从 2001 年开始，上海《新闻记者》搞了一个全国年度 "十大假新闻" 评选活动，已经进行 5 年了，本是该刊的一种 "游戏行为"，却不料笑谈成真，"假新闻" 不仅未绝，而且无论是假新闻的数量还是造假的水平都呈上升趋势，越评越热闹。评者啼笑皆非，观者也啼笑皆非，产生一种 "黑色幽默" 的效果。我们分析有中国特色的社会主义现代化建设阶段的 "客里空" 现象，把镜头拉到 21 世纪的最初 5 年，以上海《新闻记者》提供的材料为依据，既是观测最近时态的报刊话语现象，也是对新世纪报刊话语的延伸发展提供一种警示，寄托一种希望。观测和分析 20 世纪 100 年的报刊话语与中国现代化历史进程互动互应的嬗演关系，从逻辑结构上来说，应该上承 19 世纪的余绪，下启新世纪的大幕，才有头有尾，才完整。我们把上海《新闻记者》每年发布 "十大假新闻" 的 "编者按" 抄录如下，排列成序，就可见新世纪开端 "客里空" 之活跃，它的表演之高超，从中可读到许多的信息、许多的 "心情"、许多的警示，可显现一种复杂而深刻的 "对话性"：

（2001~2005 年 "十大假新闻" 的 "编者按" 原文，略。）

但愿这是一组 "剪辑错了的故事"、"剪辑错了的镜头"。编者的心态、心情非常尴尬，非常矛盾，也非常好笑。一方面打 "假"，一方面又怕得罪写假新闻的人和登载假新闻的媒体；一方面每年照评不误，但每次又都希望 "这是最后一次"，要 "收摊打烊"、"关门大吉"。编者以一种 "荒诞" 的手法评选 "假新闻"，并颁以各种 "奖项"，而编者自己的所作所为又构成一种 "荒诞的效果"。5 年评选的 50 篇假新闻，大多不是党的主流报刊和党的其他主流媒体的稿件，编者避开了 "中心舞台"，打击的只是一些市民小报、娱乐型报纸和其他非主流媒体，评选的也基本是社会新闻、娱乐新闻，所以称之为全国 "十大假新闻" 是不确切的、不合适的。造成大危害、大影响、造假手段最高明的 "客里空"

肯定不是在这类小的 "舞台" 上，它的 "事业"、"志趣"、"抱负" 还不在此，看 "非典" 的 "客里空" 造成全国如此震荡的局面，看新时期以来多少典型报道到最后如《晋绥日报》当年报道的 "女游击队长" 竟是一个 "拆烂污的女子" 一样，事实与报道有如天壤一般反差，就可知《新闻记者》评选的所谓 "十大" 实在有些夸张，有些小题大做，"欺软怕硬"。比如 2003 年度 "十大假新闻" 是：1. 借尸还魂奖：《比尔·盖茨遇刺》，中国日报网站报道；2. 扑朔迷离奖：《卡梅隆决定执导〈9·11 生死婚礼〉》，《北京青年报》报道；3. 添油加醋奖：《"小"百万富翁抱得美人归》，《华西都市报》重庆版；4. 胆大妄为奖：《警察鸣枪八次镇住百人群殴》，《东方家庭报》报道；5. 胡编乱造奖：《施拉格是不折不扣的中国姑爷》，《球报》报道；6. 子虚乌有奖：《百万美金义还失主》，《江南时报》报道；7. 信口雌黄奖：《中央督察组上海明察暗访 84% 项目有违规之嫌》，《中国经营报》报道；8. 无中生有奖：《〈背影〉落选新教材》，《武汉晨报》报道；9. 捕风捉影奖：《曾参与 "神五" 设计的中科院院士周鼎新海口遇害》，香港《文汇报》报道；10. 杞人忧天奖：《"中国印" 设计专利被抢注》，《南方都市报》报道。2003 年最大的假新闻报道是关于 "非典" 的，这是值得写入教科书的值得永远记取的案例，但编者只在 "按语" 中说到。本是一种 "游戏之作"，当然不必太较真。但《新闻记者》的此番作为，反映了我们社会的信息大传播系统中的反馈机制和体制还是存在深层次的问题的。刊物出来打本行业的假，这是一种进步，但刊物不能以十分严肃认真的批评态度来批评主流媒体的造假行为，不能站在历史的高处来剖析中国的 "客里空" 幽灵不死的诸多原因，特别是机制和体制方面的原因，这又证明我们的社会离 "客里空" 告别的日子还远。我们回顾解放区反 "客里空" 是多么严肃，多么阳刚，多么有规模，多么有层次，正面突入，无坚不摧，所列举的 "客里空" 都是党的主流报刊的，那段历史就像一座大山一样矗立在我们的记忆中。但不管怎么说，《新闻记者》功不可没，他们以荒诞来鞭挞 "客里空" 及它所生存的土壤，达到了以荒诞表现真实，以真实来剖示荒诞的效果，他们的这种形式为受众所喜欢，有如小品和相声，博取笑声，易于传播。他们的 "荒诞" 之作是一种不得已的言说，他们的苦衷是我们能理解到的。

2006年十大假新闻

编者按：冬日的上海，阳光和煦，而我们心中，却尚有寒意。翻检着一年来收集的形形色色的假新闻，颇有不寒而栗之感。屈指算来，评选年度"十大假新闻"活动已进入第六个年头。这六年来，虽然我们曾被误解，虽然我们曾蒙受委屈，虽然我们也曾想偃旗息鼓，但是，眼看假新闻依然猖獗，仍时不时地出现在我们的媒体上，作为有良知的新闻人，羞愤汗颜、痛心疾首的同时，更坚定了新闻打假的信念。我们当然知道，假新闻始终与传媒如影随形，但是，这决不能成为我们容忍、姑息它的理由。

盘点2006年的假新闻，同往年相比，出现了一些新的变化，有的变化则透露出些许令人欣慰的信息：

1. 及时更正并勇于向读者道歉

前几年，不少假新闻被披露后，当事媒体或"沉默是金"，或强调客观因素，或强词夺理，更有甚者还打上门来无理纠缠、扬言要诉诸法庭……至于能及时更正者当属凤毛麟角，更谈不上公开向读者致歉。而今年，我们欣喜地看到，不少媒体，如《兰州晨报》《新文化报》《上海证券报》等，在发现新闻有假之后，都在第一时间予以更正，有的还对错发假新闻的原因进行了严肃的自省———"'五胞胎'事件的报道过去几天了，然而余波未平，相信它在读者中引发的议论和批评，还会持续一段时间。这几天，我们从最初的愕然中镇定下来，开始冷静地思考自己的过失，思考是什么让我们这样轻易地放弃了严谨认真的工作态度，在这样一个令人啼笑皆非的事件中扮演了一个推波助澜的角色。沉痛、自责，所有的同事都为我们未能守住职业的底线而扼腕不已……一切有权力者皆当自省！拥有话语权者如我们亦当如此。这是最难做到、也是必须做到的。我们向读者朋友们致歉，用此时此刻的真诚，也用今后扎扎实实的努力。请相信我们！"这段话，摘自《新文化报》就"五胞胎"报道的致歉信，让读者看到了他们的坦诚与勇气，反省与决心，难能可贵。

2. 完全凭空捏造的假新闻大为减少

前几年的假新闻，有许多完全是凭空捏造，没有一点事实根据，甚至连捕风捉影也无从谈起。但综观 2006 年出现的假新闻，绝对无中生有的状况已难寻踪迹，更多的是事出有因，有的是由于记者采访作风不扎实，道听途说，主观猜测，从而酿成大错。如《兰州晨报》关于"垃圾场惊现儿童残肢"的报道便是典型案例。也有不少是因为记者只采访了事件的当事人，而未作认真的核实，便草率报道。如"松原五胞胎"事件，源于当事人的一句谎言，但记者却信以为真，唯恐漏报这一"重大新闻"，未经认真核实便匆匆见诸报端，结果成为"超级笑话"。

3. 新闻图片造假现象日益严重

近年来，数码摄影技术日臻成熟并广泛应用于新闻摄影领域，为新闻摄影与发稿提供了极大的便利。但是，较之于传统的摄影技术，借助电脑造假实在是易如反掌，这就为不少善于"创作"而非忠实记录的摄影记者大开方便之门，新闻图片的造假也就层出不穷。正所谓"成也萧何，败也萧何"。有鉴于此，这次本刊年度假新闻评选中，增加了一个新品种——虚假新闻照片，以期引起新闻界足够的重视。

4. 新闻打假在网络上开辟第二战场

由于信息的开放性和把关环节的缺失，网络媒体成为假新闻的"土壤"和"放大器"，这也是如今网络新闻缺少品牌和公信力的症结所在。令人欣喜的是，2006 年 4 月 13 日，千龙网、新浪网等北京市 43 家知名网站，率先在全国推行网络新闻信息评议制度，北京网络媒体协会成立评议会，定期或不定期对网站成员网络新闻信息服务中的违约行为进行评议，褒优罚劣，对评议认定的损害网民和网络媒体公信力的行为给予批评、警告、要求道歉、同业谴责直至提请政府主管部门依法查处等处置。与此同时，全国许多网站纷纷响应，声讨、反思网络假新闻，表示要文明办网，并发表了一系列评论，如《网上言论自由绝非造谣惑众的自由》(人民网)、《割掉网络谣言的舌头》(光明网)、《拒绝网络谣言》(东方网)、《我们一起来埋葬网络谣言吧!》(南方网)……

对于某些盛传一时的网络谣言,传统媒体通过严谨的调查采访,还原事实真相,也再次证明公开透明是对付假新闻的重要手段;对传统媒体上出现的虚假不实报道,网络舆论也奋起抨击,联手互动,遥相呼应,形成同声谴责虚假新闻的氛围。

由此可见,2005 年中宣部、中国记协、新闻战线"三项学习教育活动"领导小组办公室在京召开"坚决制止虚假新闻报道座谈会",以及随后在全国广泛开展的专项治理行动,显然已见成效。不过,与虚假新闻的斗争远未结束,仍需要保持高度警觉。

有鉴于此,2006 年的"十大假新闻"评选如期进行,如期推出。从严格意义上说,非真即假。新闻容不得任何虚假成分,五个 W、一切细节、数据、引语、场景描述等等,都不能失实。目前,虽然彻头彻尾的造假少了,虚假新闻的成分、"纯度"发生了变化,但半真半假、真假参半、真大于假、假大于真的新闻报道,依然层出不穷、屡见不鲜。而仍有些新闻机构及其从业人员,职业道德、专业精神、基本规范缺乏,坚守新闻真实性原则的监督和惩戒机制缺失,导致底线屡屡失守,防线每每突破,假新闻不时冒头。为此,这一次"十大假新闻"的评选,初衷和目的一如既往:批判从严,与人为善。需要说明的是,这些"上榜"的案例选自林林总总上百条产生了一定恶劣影响的假新闻,有的虽如上所述,当即发现并予以更正,但为了充分发挥"前车之鉴"的作用,还是名列其中。从教训中醒悟、在实践中学习,应该是做好新闻工作的捷径之一。

一、法国导演起诉《吉祥三宝》抄袭

【刊播媒体】《华商报》

【发表时间】2006 年 3 月 12 日

【作　　者】高咏梅

【"新　闻"】

内地乐坛近日抄袭传闻不断。前日有知情者从法国传来消息，法国电影《蝴蝶》的导演菲利浦·慕勒已经了解到《吉祥三宝》抄袭一事，并在仔细听过网络上下载的《吉祥三宝》一歌后，认为该歌的确抄袭了《蝴蝶》主题曲的主要旋律！菲利浦·慕勒向法国媒体表示十分愤慨这种剽窃行为。北京时间前日上午，菲利浦·慕勒正式向当地法院提起了诉讼，而《吉祥三宝》的演唱者布仁巴雅尔也将于近日接到来自法国的正式书面文件通知。

【真　　相】

《世界新闻报》驻法国记者李茜为了弄清所谓"抄袭"事件的真相，与菲利普·慕勒取得联系，慕勒说他本人并不了解"抄袭"一事，更谈不上告《吉祥三宝》的创作者了。此前，《吉祥三宝》作者布仁巴雅尔演艺合同代理公司———北京飞乐唱片总经理钟雄兵告诉其他记者：早在 1997 年，布仁巴雅尔和朋友们就凑了两万元，制作了以布里亚特民歌为主的 500 盘蒙语版的磁带在蒙古国发行。这盘磁带 B 面第一首就是由布仁巴雅尔和爱人乌日娜以及女儿共同演唱的《吉祥三宝》。从时间上推算，《吉祥三宝》在前，《蝴蝶》在后，钟生气地说："前者怎可能抄袭后者呢？"

【点　　评】

正所谓"人怕出名

猪怕壮"，2006 年的春节晚会让《吉祥三宝》火了一把，岂料却有好事者出来泼脏水。实在想不明白，这法国歌曲为何与蒙古族民歌较上了劲，非得打一场国际官司？看看新闻报道，还真像那么回事：又有知情者，又是北京时间，又是正式起诉，新闻诸要素似乎俱全，但消息源却语焉不详。正如菲利普·慕勒所言："直到现在我也不能理解这件事，一点都不明白，这件事对我来说是个'谜'。"其实，中国读者更不明白，真正明白的恐怕只有始作俑者，只是他未必敢说出真相。

　　值得一提的是，本次假新闻评选的候选篇目中，娱乐新闻数量仍然名列第一，"吉祥三宝"事件只是其中一个典型而已。在近几年的假新闻评选中，我们愈发深切地感受到，许多"娱记"已经不再以探求事实真相为职业追求，而是以报道传闻、丑闻、绯闻为能事；不再以实事求是为价值底线，而是以哗众取宠吸引"眼球"为成功目标。这不但从整体上败坏了新闻工作者的形象，也已经引起了受众的普遍反感。难道，传媒真的要"娱乐至死"吗？

二、垃圾场惊现儿童残肢

【刊播媒体】《兰州晨报》

【发表时间】2006 年 4 月 4 日

【作　　者】唐远知　鲁进峰

【"新　闻"】

　　两条煮熟的儿童胳膊及碎肉、骨头掺杂着生姜、朝天椒等调料惊现兰州市城关区阳洼沟垃圾场！4 月 3 日，兰州市公安局、城关公安分局及辖区派出所的百余名公安民警全面介入调查，并在东岗、雁滩、和平一带展开重点排查工作。记者获知这一消息后迅速赶到事发现场，在垃圾场一蓝姓工作人员的指引下，记者来到垃圾场西北侧的一堆垃圾旁。在一个白色塑料袋旁，放着两条小孩胳膊，塑料袋里装有碎肉、骨头，以及生姜、朝天椒等调料，现场没有发现小孩躯体的其他部位。办案人员从现场情况分析，这是一起杀人碎尸案，小孩被杀害后肢解煮熟，被害人年龄在 5 岁～8 岁之间，性别难以确定。

【真　　相】

　　4 月 5 日下午 4 点，兰州市榆中垃圾场发现人体组织警方调查结果新闻发布会举行，兰州市公安局副局长胡义就警方的调查经过及结果进行了详细汇报。经公安局民警广泛走访调查，最终核实：两截人体上臂及碎片组织，系甘肃中医学院基础学实验室标本制作室于 3 月 31 日在制作人体标本时所切

除的碎片，属于正常教学尸体标本。有关人员将其装入塑料袋中，放在标本实验室门口，准备次日入库。4月1日早晨，学院清洁工清扫卫生时，误将此袋当作生活垃圾清理，送到前来运送生活垃圾、医用垃圾的清洁车上，拉到阳洼沟垃圾场倾倒，直到4月3日被拾垃圾的群众发现报警。

【点　评】

事后，《兰州晨报》社对该报道进行说明："报道写好以后，《兰州晨报》编辑部按照四审制度进行了审稿。在审稿过程中，相关主任就报道中的一些细节详细询问了记者，但记者当时隐瞒了采访的部分细节，以至于在修改稿件过程中没能及时发现稿件中与事实不相符的一些情节。如稿件中提到的所谓现场有'生姜''朝天椒'，还有对案件性质的分析等等。"为了严肃新闻宣传纪律，杜绝新闻宣传中的虚假新闻，《兰州晨报》对采写失实报道《垃圾场惊现儿童残肢》的两名记者予以开除，并对相关责任人做出处理。仔细分析，这篇报道之所以严重失实，关键就在于记者在采访时没有进行深入调查，而是道听途说，主观猜测，看到残肢等，就联想到肢体被煮熟，并由此推断是一起杀人碎尸案，从而造成了恶劣影响。其实，同属于《甘肃日报》报业集团的《西部商报》也有相关报道，只说垃圾堆里发现两只小孩手臂，既没有发现所谓的生姜、朝天椒，也没有断言被煮熟，更没有推断是杀人碎尸，而是说"就孩子的具体死因，警方正在进一步的调查中"。两者比较，高下立判。

三、扫墓祭祖烧"别墅"将被查处

【刊播媒体】《华西都市报》

【发表时间】2006 年 4 月 24 日

【作　　者】杜　成

【"新　闻"】

"今后发现烧'别墅''轿车''二奶'等乱七八糟的祭奠品，民政部门将会同国土、林业等对当事人予以查处和处罚！"昨日上午，国家民政部副部长窦玉沛在成都召开的全国殡葬工作会议上透露，国务院正着手对《中华人民共和国殡葬管理条例》进行修订，今后，有关部门查处清明祭祖中的这些封建迷信现象将有法可依。前些年，部分市民在清明祭祖时，烧纸别墅、纸轿车，这两年竟有人去烧"伟哥""安全套"，去年发现有人烧"三陪小姐"和"二奶"，今年清明节更"升级"了，有市民祭祖时竟然烧"超女"！

"扫墓者的心情可以理解，但去烧这些乱七八糟的东西，不但带有浓厚的封建迷信色彩，而且显得低俗下流！"

【真　　相】

中国殡葬协会副会长兼秘书长张洪昌接受《中国青年报》记者采访时表示，民政部领导根本没有讲过政府要查处烧"别墅""二奶"等行为的话，而且，该报对会议名称的报道也是不正确的。张洪昌指出，扫墓祭祖时烧

"别墅""二奶"等行为，不符合政府倡导的破除殡葬陋俗，提倡移风易俗、文明节俭办丧事的殡葬习俗改革方向，社会各界对此早有批评和指责。对这些行为，中国殡葬协会将通过宣传和教育，引导人民群众以崇尚科学和健康向上为荣，以愚昧

无知和低级庸俗为耻，自觉破除丧事活动中的封建迷信和殡葬陋俗，文明节俭办丧事。《华西都市报》随即于 4 月 26 日刊发《更正》，表示由于该报记者对会议名称（应为中国殡葬协会理事会第二次全体会议，而非"全国殡葬工作会议"）和民政部有关领导的讲话理解有误，作了不准确的报道，造成了不良影响，故向民政部有关领导及广大读者致歉。

【点　评】

这些年来会议报道常常出错，问题就出在记者要么没有到会场，要么就是到会场后拿了材料就走，要么就是在会场打瞌睡，要么急于使会议新闻"出新"，真正能坐定下来、静下心来从头听到尾认真记笔记，更认真思考的记者少之又少。当然，板子全打在记者身上有失公允，"把关人"也难脱干系，因为这条新闻太荒唐：老百姓祭祖，民政部凭什么非要认定哪些可当祭品哪些不能当祭品？如果不涉及修建祠堂、毁林修墓，国土部又凭什么去管别人如何祭祖？至于林业部门，最多也只能管烧祭品别烧着了森林，又怎能管人家烧什么？退一万步说，即使真要管，又如何去管？管得住吗？……但令人惊讶的是，这样一条一看便知其假的"新闻"，居然连闯三关，端上报纸版面。这才是让人最想不通的地方。

四、银监会拟发退市令　三城商行受警告

【刊播媒体】《上海证券报》

【发表时间】2006 年 6 月 6 日

【作　者】唐　昆

【"新　闻"】

近几年来，银监会将风险分类中的五、六类行确定为风险处置工作重点关注行，明确风险处置的指导思想、方式以及目标，要求有关银监局对重点关注行建立风险提示制度。在此次会议上，唐双宁点名批评了三家城市商业银行，目前衡阳、秦皇岛、珠海三家城商行均被划分为第六类行，据悉，上述三家银行不良资产率尚在 50% 以上。"对于风险状况不断恶化、地方政府无力或无意救助的银行，要研究其市场退出问题。"银监会负责人在会上如是表态。

上述报道刊出后，引起挤兑风波，两天半的时间里，衡阳城商行被支取现金1亿多元。后经调查证实，这是一起媒体报道失实，加上个别另有所图的人散布虚假信息并以讹传讹，导致少数不明真相的储户提前支取存款的风波。不过，值得庆幸的是，衡阳市政府和相关部门在不到三天的时间里，及时消除了负面影响，维护了市场金融秩序的稳定。

《上海证券报》2006年6月8日予以更正："本报6月6日A2版'银监会拟发退市令　三城商行受警告'一文中涉及衡阳市商业银行的部分表述有失误之处，划入'第六类行'应为'第五类行'，谨向该行致以歉意。"

【点　评】

银监局衡阳监管分局办公室主任贺岚峰对《中国经济周刊》说："据反馈回来的信息，该报道是根据录音整理后写成，把其他行误听成了衡阳城商行。"由此看来，这只是媒体一次小小的失误，但是，正是这个小小的失误，却酿成一场挤兑风波。"蝴蝶轻轻地舞动一下翅膀，可能导致系统最终发生极大的变化。"湖南省银监局的相关负责人用"蝴蝶效应"来解释此次风波。从这个比喻中，我们的媒体是否意识到自己肩上沉甸甸的责任？我们的记者是否意识到自己手中那支笔的分量？

五、腰围1.75米　松原孕妇至少怀了五胞胎

【刊播媒体】《新文化报》

【发表时间】2006年6月12日

【作　者】任飞霖

【"新 闻"】

松原市宁江区出了个"超级孕妇"——怀孕 3 个月时肚子大得就像待产孕妇，去医院做检查时被告知怀了三胞胎；两个月后再查，又被告知至少怀了五胞胎！据了解，她可能是我省首例怀五胞胎的孕妇。昨日中午，记者初见乔玉波时，着实被吓了一大跳：她坐在炕上，穿着特制的孕妇装，肚子最前端已经超过了膝盖，目测其腹部至少有半米多高。怀孕前乔玉波的腰围约为 72 厘米，近半个月，她的腰围平均每天都会增加 9 厘米左右，目前，怀孕 5 个月零 5 天的"腰围"已经猛增至 1.75 米，比她身高（1.67 米）还长 8 厘米，而她的后腰到腹部最顶端足有 0.62 米。由于肚子太大，家人不得不专门为她特制了一个小布兜，用来托住其腹部。

【真 相】

正当各媒体记者为"超级孕妇"乔玉波腹中五胞胎的安危担心时，乔玉波却在松原一家宾馆悄悄邀请了长春电视台"城市速递"的记者和长春普济医院的李姓院长，当面自述怀有五胞胎一事是假的。乔玉波躲到一边把肚子里的东西掏出来：竟是三条棉被、十几件棉衣、毛衣、单衣、棉坐垫、帽子等物品，整整 20 件。"用手拎一下，足足有七八公斤。"

【点 评】

这条假新闻着实害人不浅，竟让一家权威新闻机构也跟着"吃药"，居然向全国发出专电。其实，问题就出在最初采访的记者听信一面之词，未作进一步核实，从而酿成一条假新闻。不过要说记者采访不仔细，怕也未必，因为记者不仅给那个假孕妇量腰围、算体重，还了解到为假孕妇做一件合适的孕妇装需要 4.5 米的布料，"细节"不可谓不"细"；报道时还不惜篇幅加上相关链接，告诉读者目前全世界报道的五胞胎仅有 36 例,概率为六千万分之一。更令人发噱的是,新闻中写道"乔玉波怀孕三个月时,腹部两侧 2 平方厘米的面积就已被撑得近乎透明"。可既然连孕妇的肚皮都看见了,怎么就没看到塞在衣服里的棉被、棉衣?

事发后,《新文化报》刊文诚恳地向读者致歉:"轻信,不止是对事件当事人说辞的轻信,更为致命的是对自己工作态度、认识水平和判断能力的轻信让我们铸成大错!如果我们多一分冷静科学的态度,如果我们多一些质疑核实的努力,如果我们对自身悄悄滋长的轻慢保持足够的警惕……"肺腑之言,发人深省。

六、广州市面出现注水西瓜

【刊播媒体】《信息时报》

【发表时间】2006 年 7 月 19 日

【作　　者】黄熙灯

【"新　闻"】

"明明汁液很多,可吃起来却一点都不甜。"记者近来接到不少投诉,称所买的西瓜,瓜相不错,切开汁液也很"丰富",但一吃却寡然无味,有些甚至有股酸馊味,他们怀疑西瓜被注入了水。在某医科大学上班的杨女士告诉记者,她买的西瓜切开一看都是污红色的水,她取了样叫同事化验,这才知道西瓜被注射了红药水。对此,市场方面回应,不排除有不良瓜贩给西瓜注水,甚至红药水,但这样西瓜容易变质腐烂,风险极大。

【真　　相】

8 月 4 日,国家质检总局出面辟谣:广州市面并没发现注水或药水西瓜,之前有媒体报道的"广州市面出现西瓜被注射红药水根本不能吃"哗众取宠,造成了广东、河南两省部分地区的西瓜卖不出去,而实际上给瓜注水如同"杀鸡取卵",瓜农不可能做这样的傻事。国家质检总局获悉后,立即要求各地检验检疫机构对今年以来供港西瓜的检验检疫情况进行了调查,今年 1 ~ 7 月份共受理供港西瓜报检 1042 批 1.16 万吨,经检验检疫均未发现西瓜被注水或注射红药水等异常情况。

值得回味的是，中央电视台经济频道"经济半小时"栏目记者曾就此事采访作者本人："你什么时候想出要写这样一篇报道？"黄熙灯回答："我买到一个西瓜，发现不那么好吃，就想做关于这方面的文章。"

中央电视台记者又问："那你报道中的杨女士现在在哪里？"黄沉默一阵答："事情过得太久，忘记怎么联系了。"中央电视台记者再问："那有电话吗，她电话号码多少？"黄再次沉默一阵回答："忘记了。"

【点　评】

据专家分析，根据生物学常识，往西瓜里注水或注射红药水不可能使西瓜的颜色变得更鲜艳，相反还会造成西瓜很快腐烂并带有异味，反而不利于销售。但不知为何，该记者却深信瓜贩会做这种傻事，简直难以理喻。而深信这种傻事的结果，使开封市西瓜批发大市场西瓜价格跳水似的暴跌，一连五六天，没有往香港发一车货。一篇子虚乌有的报道，却让瓜农实实在在地蒙受了巨大损失。作为有职业道德的记者和媒体，于心何忍？

七、大雨袭杭百舸归

【刊播媒体】《今日早报》

【发表时间】2006 年 7 月 23 日

【作　者】包敦远

【"新　闻"】

该新闻图片刊于该报头版，图片说明是："昨天下午，眼看一场大雨就要袭杭，西湖上的游船纷纷回码头躲雨。"

【真　相】

据《中国记者》（2006年第9期）披露，这是一张经过电脑后期制作、将影像复制组合而成的照片。只要仔细观察，就能发现照片中有两组影像是相同的，只不过前后位置有所变化而已。

【点　评】

在本刊连续6年的假新闻评选中，假新闻图片还是第一次入围。从这个意义上说，这张假照片开创了历史。当今世界，数码摄影技术、电脑图像处理软件的革新，是一把"双刃剑"，它同时为新闻摄影和图片造假提供了极大便利。虽然假新闻照片是第一次入围年度假新闻，但在中国新闻界早已不是什么新闻。最著名的就是那幅曾获第47届"荷赛"日常生活类三等奖的新闻摄影作品《非典时期的爱情》，最后被查实是请模特摆拍。2006年年初的"华赛"评选，也爆出获金奖照片造假的新闻。当然，新闻图片造假并非中国新闻界的特产，在西方新闻界也时有发生。2006年8月6日，路透社宣布，由于发现黎巴嫩籍摄影记者阿德南·哈吉提供的一张关于黎以冲突的照片曾用电脑软件修改，今后不再播发哈吉提供的照片。在此，建议新闻同行读一读《华盛顿邮报》图片处理之15条军规》（《中国记者》2006年第9期），或许有所裨益。

鼠标举西再可！

八、铁道部酝酿火车票中加铁路建设费

【刊播媒体】《中国经营报》

【发表时间】2006 年 11 月 6 日

【作　　者】柴莹辉

【"新　闻"】

铁道部正尝试寻求一种方法来"堵"住我国铁路建设资金的庞大缺口。近日本报记者独家获悉，今后火车票价有可能效仿民航的机场建设费概念，在票价中引入"铁路建设基金"。目前，国家发改委正在就此事进行市场调研。知情人士告诉记者，今后建设基金的模式可能被沿袭到铁路客运中，"票价改革有可能分步实施，新建的客运专线首当其冲，之后普通线路的客运也会涉及。"据悉，这种借鉴民航机场建设费模式，在铁路票价之外额外收取的"铁路建设资金"，在高速列车和普通列车、新建线路和原有线路间会有所区别，建设基金定位在不同数额。

【真　　相】

铁道部新闻发言人王勇平表示，他注意到《中国经营报》发布的所谓"独家"新闻，这条看不出来源和依据的消息，在社会上引起了一定范围的误传。至于报道中有关铁道部酝酿在火车票中加收铁路建设费、火车票将要涨价的消息纯属空穴来风。铁道部从来没有提出过这方面的议题，更谈不上正在酝酿这样的方案。铁道部寻求通过这种方法来堵住我国铁路建设资金缺口的说法，更是毫无根据的，也是不负责任的。铁路票价涉及到人民群众的切身利益，票价调整必须严格依照法定的程序进行。

【点　　评】

这条广为传播的新闻被铁

道部新闻发言人指为"空穴来风"之后，有不少评论提出质疑：这会不会原本是铁道部故意放出的"政策气球"，但看到舆论汹汹，就翻脸不认账了呢？但不管幕后情况究竟怎样，从新闻业务方面加以探讨，就能发现问题不少。新闻中说"本报记者独家获悉"，故而无疑是一条独家新闻，但是，风险也由此产生。正因为是独家，其他媒体也就无法证实你的报道。况且，新闻源只是一个不知姓名、不明身份的"知情人士"！在这种情况下，一旦权威部门加以否认，记者和媒体百口莫辩。客观报道的准则之一，就是必须要有两个以上各自独立的新闻源相互印证，方能成为新闻报道。其实，这不仅是新闻报道的技巧，更是保护媒体的良策。而现在《中国经营报》没有严格遵循这条准则，就只能独吞苦果。

九、深圳中级法院的日常工作由深圳市纪委代管

【刊播媒体】《民主与法制时报》

【发表时间】2006 年 11 月 6 日

【作　　者】田加刚　龙良卿

【"新　　闻"】

2006 年 6 月至 10 月，深圳中级人民法院先后有 5 名法官被中纪委、最高检"双规"或逮捕，其中包括 1 名副院长、3 名庭长、1 名已退休老法官，卷入调查的法官、律师多达数十人，调查还在逐渐向基层法院渗透。据透露，目前，深圳市中级法院已有 20 多名法官、8 名律师被调查，另有几名律师"出国"，调查面在不断扩大，并涉及深圳基层法院法官。深圳中级法院的日常工作，由深圳市纪委代管。

【真　　相】

针对有关报道内容，《深圳特区报》记者随即采访了市中级法院有关负责人。"有关报道中'深圳中级法院的日常工作，由深圳市纪委代管'一说是完全失实的。这一不负责任的报道在社会上造成了极为恶劣的影响。"该负责人开门见山地向记者表明了态度。这位负责人还向记者表示，今年 6 月以来，市中级法院个别领导和几名法官因涉嫌违法违纪问题，有关职能机关目前仍在侦（调）

查中，个别媒体所描述的一些违法违纪事实缺乏依据。

【点　评】

不管深圳法院有多少法官卷入违法违纪案中，也不论这些人的犯罪事实究竟如何，但作为常识判断，怎么可能由纪委来代管法院的日常工作呢？这岂不成了天方夜谭？如果是其他专业领域的报纸出此差错，或许尚情有可原，但作为以报道民主法制为己任的法律专业报刊，犯此低级错误，实在是说不过去。

十、投资 50 亿美元　中国企业拟在韩国济州岛建唐人街

【刊播媒体】《华声报》

【发表时间】2006 年 11 月 26 日

【作　者】佚　名

【"新　闻"】

济州岛被称为韩国的"海南岛"，保存着完美的海景，又享有特别待遇。负责济州岛开发的济州国际自由都市开发中心十分渴望中国的资金。中国国务院国有资产监督管理委员会副主任金其洪等一行，日前访问济州岛政府，听取了对投资环境的介绍，提出了他们的唐人街构想。该构想提出由中国企业在济州地区建立 IT 和高科技研究所、外国教育机构、中医院、科技交流展览馆、土特产品饮食商街、酒店、转让式别墅、高尔夫俱乐部和文化艺术中心等，属密集式的唐人街。金其洪表示，若条件合适，中国国有资产监管委将研究在 340 万平方米的土地上，投资 50 亿美元，建立一个地道的唐人街。

要写就写大手笔！

【真　相】

2006 年 11 月 27 日，国务院国有资产监督管理委员会新闻发言人杜渊泉针对"中国拟在韩国济州岛建唐人街 有意投资 50 亿美元"的消息发表声明：该消息不属实。在国资委官方网站上"委领导"栏目中，并未有金其洪的名字。事实上，金其洪只是国资委机关服务中心（国资委下属的局级机构）副主任，而不是国资委副主任。至于报道称中方提出将投资 50 亿美元建设唐人街，金其洪认为这是歪曲了事实。"济州的确已经划出了一块 324 万平方米的土地用于吸引中国企业，并计划引资 50 亿美元。但这些动议都还只是济州方面的设想，对方在会谈中提出后，我表示条件成熟时愿意从中牵线。而实际上这一设想的招商还处于起步阶段。"他强调，自己在济州期间从未代表中国政府作出任何承诺或签署任何协议。

【点　评】

经查实，这篇报道是从境外中文媒体"移植"而来，而境外中文媒体又是从韩国媒体的报道翻译而来。经过这三转两转，国资委机关服务中心副主任升格为国资委副主任，韩国的设想变成国资委的投资项目，韩国济州岛上就冒出了一座耗资 50 亿美元的地道的唐人街……这篇假新闻的出笼过程，正是当今层出不穷的假新闻的缩影。

2007 年不完全备忘录

● 2007 年第二期《新闻记者》刊载复旦大学新闻学院副教授张涛甫的文章《假新闻是怎样生成的？——以《新闻记者》六年来"十大假新闻"为分析样本》。文章写道：

《新闻记者》从 2001 年开始，每年度评出的"十大假新闻"以其鲜明的专业性和权威性，引起社会各界的广泛关注，在一定程度上对假新闻的生产形成震慑作用。虽然这些上榜的篇目从每年的百余条假新闻中筛选出来，难免挂一漏万，也难免以偏概全，但是仍颇具相当的典型性、代表性。因此，本文以《新闻记者》评选出的 2001 ～ 2006 年"十大假新闻"作为考察样本，探讨假新闻生产的特点。

文章对假新闻首发媒体、作者、选题偏好、制作框架、消息来源、纠错媒体、纠错时间差等作了定量分析，提出遏制假新闻需要从几个环节下手：

一是从制度、机制入手，打造一个稳定的刚性约束机制，从整个新闻生产的大系统着眼，建立遏制假新闻产生的宏观制度环境。

二是对易发领域、易发媒体给予足够的关注，把握时机进行重点整治。

三是对新闻生产主体进行约束，对其生产行为进行规范，建立有效的培训、把关、激励和惩戒、评价等机制，尽可能把假新闻阻挡在新闻生产流水线之外。

四是一旦假新闻出现，尽快地缩小假新闻传播的时间，把假新闻的存留时间压缩到最低限度。

五是对于假新闻的规范可以进行分类管理。政经类新闻（严肃新闻）需要有严厉的约束机制；而对于那些软新闻可适度放宽其表达口径，不过，须以法律和社会公德为底线。

最后，建立新闻打假、纠错的专业机制，有必要成立专门的新闻打假、纠错机构。

●根据《华商报》的意见,《新闻记者》发表《本刊启事》。

本刊今年第一期发表了"2006年十大假新闻"之后,如前五年一样,在新闻界和社会上引起广泛反响。近日,收到《华商报》社来函,表示"十大假新闻"之一"法国导演起诉《吉祥三宝》抄袭"并非《华商报》原创首发,希望本刊予以澄清。

本刊再次进行查实,确认这则假新闻系《重庆商报》首先报道。本刊之所以将《华商报》列为"刊播媒体",原因有三:一是《华商报》在刊发这条新闻时,并未注明此稿系转载、转摘自《重庆商报》,没有写任何出处。经对照,《华商报》除将《重庆商报》原文里的"昨日"改为"前日"外,其余文字无异,作者仅署名为"高咏梅",没有"《重庆商报》记者"的前缀。这使读者很轻易地认为此稿乃《华商报》之"原创"和"首发"。二是新浪网当时转载此新闻时,注明的并非《重庆商报》,而是《华商报》,因此客观上使《华商报》产生的影响比"原产地"大得多。三是本刊所指"刊播媒体",并非都是"首发媒体",一般是将当时产生影响较大的媒体列出。

同时本刊也认为,无论出于什么原因,读者会以为"刊播媒体"就是假新闻的"首发媒体",所以《华商报》的意见不无道理。这也反映了本刊工作尚欠细致,未能追根溯源,全部找出假新闻的始作俑者,并容易使读者造成误解。这是需要向读者说明的。

在与《华商报》沟通的过程中,我们获悉该报也在进一步加强规范新闻采编、工作流程,这使我们感动。本刊评选年度假新闻的初衷始终是"批判从严,与人为善"。我们对在采编第一线辛勤工作的同仁怀着深深的敬意,而一贯憎恶的是违背新闻真实性原则的行径。评选"十大假新闻"仅仅是手段,通过这样的形式,能促使新闻职业道德建设、新闻采编质量提升到新的层次,便是我们莫大的欣慰了。

《新闻记者》编辑部

(载2007年第二期《新闻记者》)

●《民主与法制时报》广东记者站向《新闻记者》杂志社发来律师函。

关于:要求你部停止侵权消除影响

受《民主与法制时报》广东记者站（下称《民主与法制时报》）的委托，本律师就题述事宜致函你部：

你部编辑的《新闻记者》杂志 2007 年 1 月刊登的"2006 年十大假新闻"一文记述了如下内容：

九、深圳中级法院的日常工作由深圳市纪委代管

[刊播媒体]《民主与法制时报》

[发表时间] 2006 年 11 月 6 日

[作　　者]田加刚　龙良卿

["新　闻"] 2006 年 6 月至 10 月，深圳中级人民法院先后有 5 名法官被中纪委、最高检"双规"或逮捕，其中包括 1 名副院长、3 名庭长、1 名已退休老法官，卷入调查的法官、律师多达数十人，调查还在逐渐向基层法院渗透。据透露，目前，深圳市中级法院已有 20 多名法官、8 名律师被调查，另有几名律师"出国"，调查面在不断扩大，并涉及深圳基层法院法官。深圳中级法院的日常工作，由深圳市纪委代管。

[真　　相]针对有关报道内容，《深圳特区报》记者随即采访了市中级法院有关负责人。"有关报道中'深圳中级法院的日常工作，由深圳市纪委代管'一说是完全失实的。这一不负责任的报道在社会上造成了极为恶劣的影响。"该负责人开门见山地向记者表明了态度。这位负责人还向记者表示，今年 6 月以来，市中级法院个别领导和几名法官因涉嫌违法违纪问题，有关职能机关目前仍在侦（调）查中，个别媒体所描述的一些违法违纪事实缺乏依据。

[点　　评]不管深圳法院有多少法官卷入违法违纪案中，也不论这些人的犯罪事实究竟如何，但作为常识判断，怎么可能由纪委来代替法院的日常工作呢？这岂不成了天方夜谭？如果是其他专业领域的报纸出此差错，或许尚情有可原，但作为以报道民主法制为己任的法律专业报刊，犯此低级错误，实在说不过去。

新闻记者的职责在于及时、完整和真实报道新闻，报道中出现个别失误有时不可避免，这与部分新闻从业人员违反职业道德，故意编制假新闻、欺骗大众的制假行为有着本质的区别。不久前，《民主与法制时报》及时完整报道出深

圳中院多名法官利用破产拍卖制度漏洞谋求私利终被查处的事件，发挥了舆论监督和警示的重要作用，使人民群众及时了解到人民政府反腐倡廉的重大行动。

你部编辑的上述内容是从六千字的原报道中仅引用不到二十字的一句话作为标题，而该句话的内容不过是用词稍有不妥，与虚假新闻迥异，且该句话内容独立，并不影响原报道中其他大多内容的性质，但你部却妄以"2006年十大假新闻"定义之。可见，你部刊登的上述内容是为哗众取宠而对《民主与法制时报》的报道断章取义、小题大做、胡乱定性！

你部编辑的上述内容，实属对《民主与法制时报》的恶意攻击，误导读者。你部的行为已经严重侵害了《民主与法制时报》的声誉。

有鉴于此，受《民主与法制时报》的委托，特函告你部：

请你部在收到本律师函之日起10日内采取措施，包括但不限于停止上述侵权行为、消除影响、公开赔礼道歉！否则，《民主与法制时报》将采取进一步法律行动，届时一切法律后果将由你部承担！

专奉此函！

广东安华理达律师事务所

二○○七年二月一日

●西祠胡同论坛发帖《2007年1月大事盘点》，其中称：

说到法院还有件事，《民主与法制时报》去年11月6日的《深圳法院系统掀起反腐风暴》，是全国第一个报道深法院窝案的进展、查处、涉案法官、涉案法官详情、涉案原因的。但深中院措手不及，前一周宣传部还有文件说这个事情暂时不报道，没几天就出新闻了，于是个别人第二天在匆忙中对深圳一个报纸指责这个报道严重失实，具体哪失实只说了一个地方，就是"纪委代管法院日常工作"，事实是代主持"党务工作"。这个枝节问题，6000字的文章仅仅提到一处，就为了这10个字，全篇文章被一个叫做《新闻记者》的杂志评做"2006年十大假新闻"，当记者再也没比这更冤枉的事情了。不过有一点可以确定，评选者一定没有看过这篇文章的全文。

（载 http://www.xici.net/b6775/d48311078.htm，

网友 kongjiansuipian 发表于 2007-01-28 19:35）

●《警察鸣八枪镇住百人群殴》作者发表博客文章，称：

……后来我去南京,《南京晨报》收留了正处在人生低谷的我。我感谢他们，永远！后来,《南方都市报》接纳了我和我身后的骂声。从此，我背负着"2003年十大假新闻"的恶名，艰难地继续着自己的理想。同时骂声也逐渐减弱。2005年，我在《东方今报》短暂立脚后，进入《大河报》工作。此时，骂声逐渐平息。也许是自己在《大河报》的表现还算是不错吧，一些原来骂我的人，逐渐不再仇视我。很多哥们，还主动找到我，甚至表示了歉意。孟亮老兄还专门在一个公共场合响亮地说了声："对不起，我当时不知道真相，我骂了你，并且在一个北京的媒体评论上骂了你！"

……

最后，感谢那些骂过我的哥们，也希望你们不要再骂了，至少不用在公开场合骂。

因为，真相也许你们不知道。

（载朱顺忠的博客 2007-08-02）

2007年 十大假新闻

编者按:又是年终岁尾时。每年此时,正是我们深感无奈、痛苦难熬的时光。本刊的新闻打假已历经七年,虽然使我们的神经多多少少有些麻木,但面对又一个年度里如此众多的假新闻,作为传媒人,我们仍然痛并羞愧着。这样的"年度十大假新闻"评选何时是尽头?

尽管如此,也有让我们感到些许兴奋的,这是因为我们发现,评选2007年度假新闻有三大历史性的突破:

1. 电视假新闻终于落网

在历年评选出的假新闻中,主要的刊播媒体无一例外都是平面媒体和网络媒体,似乎新闻造假已成为平面媒体和网络媒体的"专利",而电视媒体和广播媒体则成为"世外桃源"。其实不然。传媒人都知道,在新闻造假方面,电视和广播并非没有作为,只不过囿于技术手段,难以直接取证,因此往往只能眼睁睁地让广播电视炮制的假新闻逍遥法外。今年,电视假新闻终于落网,而且一逮就是两条!现在唯一的缺憾,就是广播假新闻尚未被"活捉"。但天网恢恢,疏而不漏,只要胆敢继续造假,就终有被捉拿归案的那一天。

2. "正面"假新闻终于现形

2007年8月7日,《中国新闻出版报》发表马长军的文章《"正面"假新闻必须杜绝》,指出:"这些年负面假新闻并不鲜见,它们炮制噱头、哗众取宠、颠倒黑白,在社会上造成了相当恶劣的影响。因此,相关部门对假新闻依法处理值得赞许。但是,倘若这假新闻挂着'正面'的旗号,命运可能就大不一样了。这样的'正面'假新闻,在一些地方几乎占据主要版面,有的更是头版头条,谁又听说过这些'正面'假新闻的制作者以及发布媒体遭受处罚。"事实也的确如此。在本刊历年来评选出的假新闻中,几乎不见"正面"假新闻的踪影。并不是我们工作疏忽或不作为,而是这类假新闻往往无人举报,被"正面报道"的个人和单位更不会出面澄清,因此对认定工作带来极大的困难。今年,这块心病终于开始化解,一篇报道先进人物的"正面"假新闻终于现形。但说句老实话,若不是造假者造得太离谱,若不是被表扬者实在无法忍受而出面澄清,要揭露这类假新闻绝非易事。

3. 造假记者终被绳之以法

2007 年 8 月 12 日,制造"纸箱馅包子"假新闻的北京电视台"临时人员"訾北佳,以损害商品声誉罪被北京市第二中级人民法院判处有期徒刑 1 年,并处罚金 1000 元。据我们所知,因新闻造假被判刑,訾北佳可谓中国记者第一人。虽然罪名是"损害商品声誉罪",其实这正是现行刑法的无奈,因为没有合适的法律条文可以判定訾北佳的"新闻造假罪"。中国著名刑法学家苏惠渔教授认为,本案是全国首例,在刑法上还没有完全适合的条文给其行为定性,要全面解决同类案件,就要采取英美等国的"判例制度",以判例补充成文法的不足。但不管怎样,造假者终于银铛入狱,无疑会有杀鸡儆猴的震慑作用。

除了上述三大突破,2007 年度的假新闻还呈现三大特点:

1. 两头少,中间多

综观本年度假新闻的"发病"频率,明显呈现出两头少、中间多的态势。头三个月,假新闻几乎绝迹。而从 4 月到 7 月,则可以说是假新闻的爆发期,全年重量级的假新闻,如"美国校园枪杀案是中国留学生制造""河南新郑市原副市长出狱后卖烧烤""纸箱馅包子""史上最恶毒后妈虐童"等,都发生在这段时间。及至中宣部、国家广电总局、新闻出版总署就北京电视台播发虚假新闻发出通报,要求严肃新闻出版工作纪律,建立重大失误责任追究制度,做到有错必改、有责必究后,假新闻现象大为收敛。但"风头"一过,年底假新闻又卷土重来。由此可见,不建立长效机制,单靠一事一抓,就事论事,短促突击,权宜之计,是无法有效遏制假新闻的。

2. 即时删除,蒙混过关

网络的一大特点,就是可以即时修改、删除信息,这种特点,固然可以及时发挥纠正错误、澄清事实的作用，却同时也被造假媒体普遍用来隐瞒罪证，蒙混过关，甚至嫁祸于人。我们这次认定的多数假新闻，几乎都是在被证实为造假后，其"原生态"便迅速从当事媒体的网站上蒸发，有的则被链接到更正后的报道，让人难以觉察。更有甚者，则直接明示自己的报道来源于哪家媒体，试图转嫁祸水，逃避责任。凡此种种，说明不少媒体仍然不能正视自己的错误，反而想方设法予以掩盖。

3. 娱乐假新闻比往年有所收敛

在历年的假新闻评选中，娱乐新闻可谓是重灾区。与往年泛滥成灾相比，今年娱乐假新闻有所收敛。特别是《武术巨星洪金宝去世》的假新闻，当时许多娱记都曾收到消息，而中招者仅《现代快报》一家。更难能可贵的是，不少娱记还设法求证，在很短的时间里就揭穿了这则假新闻。就这一点而言，我们为娱记们的觉悟和进步感到欣慰。不过，娱乐圈的虚假报道仍不鲜见，在绝对量上还是不在少数，对此千万不可掉以轻心。

在本刊即将付印之际，看到一则报道称，韩国的通讯社韩联社驳斥《新快报》造谣说韩国为汉字申遗。这家通讯社报道说，此前，中国媒体曾误传无从查明身份的一位韩国学者主张"汉字发源于韩半岛"，并且毫无根据地说韩国试图独占汉字。这种闹剧一般的煽风点火，影响到两国人民之间的感情。由于时间仓促，我们难以在短期内核查这则报道的真伪，但未免担忧，一旦虚假新闻"涉外"引起了国际纷争，后果将不堪设想！

看来，只有不仅当假新闻成为过街老鼠，人人喊打，而且为制止假新闻建章立制，有法可依时，减少乃至杜绝假新闻才指日可待。

一、美国校园枪击案凶手初步认定为中国留学生

【刊播媒体】中新网

【发表时间】2007 年 4 月 16 日

【作　者】邓　悦　刘小青

【"新　闻"】

　　今天发生在弗吉尼亚理工大学的特大枪击案凶嫌身份初步认定：该行凶男子是一名持学生签证来美国就读的中国留学生，现年 25 岁。但警方称他不是弗吉尼亚理工大学的学生。消息源《芝加哥太阳报》透露，他于去年 8 月 7 日乘坐美国联合航空公司的航班飞机从上海出发，在加州旧金山登陆美国，持学生签证入境。

【真　相】

　　北京时间 4 月 17 日晚 9 时 40 分左右，美国 CNN 直播了案情新闻发布会，在会上，警方宣布，经过有关部门的细致调查，凶手的身份水落石出——23 岁的韩国学生赵承辉，弗吉尼亚理工大学英语专业本科四年级学生。

【点　评】

　　对于这则有损国人形象并令国人义愤填膺的假新闻，网民"子美老人"当天晚上便在西祠胡同上发帖，指出中新网发布的关于"枪击事件的凶手是 24 岁中国人"的新闻有几点不足："第一，稿子不是自己的采访，通篇翻译，却署名中新网记者；第二，信源没有仔细核实，并且也没有说明信源出处；第三，翻译有误。鉴于这些，我对中新网的稿子不敢苟同。作为一个国家级通讯社犯下

153

如此低级的错误，实在让人难以原谅。"此言极是。

值得一提的是，中新社所依据的消息源《芝加哥太阳时报》是家美国地方小报。事后查明，"枪手是中国留学生"报道的始作俑者，正是该报的专栏女作家迈克尔·斯尼德（Michael Sneed），尽管随后该网站就删除了这篇报道，但《中国青年报》记者还是辗转得到了原文，比较准确的译文是："2007年4月16日，太阳时报专栏记者迈克尔·斯尼德得知警方正在调查弗吉尼亚理工大学杀害32人的凶手是否是去年持学生签证来到美国的中国公民，消息来源称，这个25岁被调查的男性乘坐美国联合航空公司的飞机于去年8月7日拿着从上海签发的签证到达美国旧金山。调查者并没有把他归为任何的恐怖组织。"即使在这篇报道中，也没有明确说行凶者就是中国留学生，不知中新网的"初步认定"从何而来？

据说，在这次美国校园枪杀案的报道中，中新网的报道不仅速度快而且数量多，让其他媒体大叹弗如。这里，特选摘一条BBC的新闻规范以为共勉："正确比速度更重要。"

二、河南新郑市原副市长出狱后卖烧烤

【刊播媒体】《廉政瞭望》杂志

【发表时间】2007年4月

【作　　者】王发坤

【"新　闻"】

在郑州市政局和旅游局交汇路口，有一家"李记烧烤店"生意特别火爆。人们经常看到：一位肩搭毛巾的主烤倌熟练地翻动着肉串，他就是这家烧烤店的老板。可是谁又能想到：这个烧烤匠竟然曾经是河南省新郑市的副市长！李兆才出生于河南省新郑市一个农民家庭，高中毕业考上了河南农业大学，获得硕士学位留校任教，两年后就被破格评定为副教授。2000年，李兆才挂职锻炼，来到了家乡新郑市担任副市长，后因玩忽职守罪被判处有期徒刑两年。刑满释放后，他拜师学艺，成了一个地地道道的风味羊肉烧烤匠。

【真　　相】

4月28日，新郑市人民政府新闻办公室就《河南新郑市原副市长李兆

才出狱后卖烧烤》一文郑重声明:"最近,一些网站在未经调查核实的情况下,对四川《廉政瞭望》杂志刊登的《河南新郑市原副市长李兆才出狱后卖烧烤》一文进行了转载,对此,新郑市郑重声明:1.《河南新郑市原副市长李兆才出狱后卖烧烤》一文纯属作者王发坤杜撰,没有事实依据;2. 新郑市根本没有李兆才担任副市长一事;3. 请相关网站删除相关内容;4. 四川《廉政瞭望》杂志社以及王发坤本人刊登道歉声明,新郑市将保留采取法律诉讼的权利。

【点　评】

其实,《廉政瞭望》杂志很冤啊,他们并非始作俑者,早在 2005 年,《打工》《现代女报》就已刊发过此文,只是当时影响不大。据《廉政瞭望》杂志处理这篇文章的编辑孟盛所言:"因为我们比较信任这些知名报刊,所以当作者主动给我们供稿的时候,只是简单向作者核实了一些东西,没有进一步调查。"对给新郑市造成的影响和对读者造成的误导,孟盛表示了歉意。而作者王发坤的解释更荒唐:"现在社会上挂职副教授当副市长的事不是常有嘛,出狱后重新做人的事也是常有的嘛,这些都是有现实基础的,况且我杜撰的目的本来就是感化人的灵魂。"王某承认根本没有李兆才这个人。

需要说明的是,由于所有的转载都源自《廉政瞭望》杂志,恶劣影响也由此产生,因此,尽管这则虚假报道的"首发权"属于《打工》等媒体,但我们还是将板子打在《廉政瞭望》杂志身上,谁让你造成的影响大呢?何况把两年前的"冷饭""馊饭"端出来"回锅热炒",也真是咄咄怪事。这也是本刊这些年来认定造假对象的一个重要原则:既拍苍蝇更打老虎。

三、武警苦练船艇操作技能

【刊播媒体】《安徽日报》

【发表时间】2007 年 5 月 25 日

【作　者】何　锐　吴春九

【"新　闻"】

该报在头版刊发新闻图片，图片说明为："近日，武警安徽省总队官兵在紫蓬山水库劈波斩浪，苦练船艇操作技能。随着梅雨季节临近，抗洪形势严峻。该总队未雨绸缪，积极做好抗洪防汛各项准备工作，围绕冲锋舟和橡皮艇的组装与操作、水上编队、水上过障、水上救援等内容展开集训，提高官兵水上抢险、营救能力。图为船艇编队纵向队形训练。"

【真　相】

仔细观察该图，就可以发现图片上方第三、第四艘船以及激起的水波丝毫不差。很明显，这是采用复制、粘贴方法，移花接木合成的照片。

【点　评】

哲学家说，人不能两次踏入同一条河流。但是，人却可能淹死在同一口井中。此话怎讲？在 2006 年"十大假新闻"评选中，《今日早报》因刊发经过电脑后期制作、将影像复制组合而成的新闻照片《大雨袭杭百舸归》而入围，这也是假新闻图片首次进入年度"十大假新闻"之列。本以为前车之覆后车之鉴，谁曾料想又有人舍身造假，而且造假手法如出一辙。或许造假者不服，不就是为了增强画面效果而复制了一艘船嘛，何至于成为假照片？但是请看：新华社中国图片总汇、人民图片网、中国新闻图片网、五洲传播图片库及东方 IC 图片中心联合发出《五大图片网站抵制虚假图片联合公告》，其中明确规定："不允许摄影师对拍摄的原始数码图像文件的数据做任何修改。决不允许在照片上随意增加影像或删除局部影像，甚至改变画面内容（剪裁画面中无关部分除外）。"（详见《中国新闻出版报》2007 年 9 月 5 日）这，也是国际新闻摄影界公认的职业道德规范。

不知明年是否还会有人淹死在这口井中？

四、兵妈妈认了 176 个兵儿子

【刊播媒体】《杂文月刊》

【发表时间】2007 年 6 月

【作　　者】张鸣跃

【"新　　闻"】

2000 年，我写过一个兵妈妈乔文娟的故事……在（1998 年）抗洪中，她用为女儿借来的上大学的 2000 元学费给一线子弟兵买了雨衣。时过 6 年，再回洛阳，兵妈妈的名字竟如雷贯耳……她认了 176 个兵儿子，她救助了 700 多个灾民和患病战士……我去了她家……屋里比 6 年前更寒酸，简陋得连一般家庭都不如。她不在，她那退休又打工的丈夫张建民在用煤球炉做饭……50 多岁的老人，在兵妈妈背后苦苦撑着这个穷家的老人，他的脸上褶皱纵横，他的两手肿大皴裂，他憨憨地笑着……老人把一个上了锁的大木箱打开给我看，里面是全国各地的火车票汽车票、汇往全国各地及几十个部队的汇款单、爱心捐款的证书。老人告诉我，这些凭据的总数是 43.8656 万元。也就是说，月收入从未上过千元的一对夫妻，25 年献爱心 40 多万元。我真的感动了……

【真　　相】

这篇被职业写手肆意拔高而写就的《一次感动》，经《杂文月刊》刊发《读者》转载，使得"新时期爱国拥军模范"乔文娟及其家人陷入重重误解之中。事实是：

——1998 年，乔文娟听说前方抗洪的"铁军"战士吃不上饭、喝不到水，

于是匿名将 2000 元钱送到防汛指挥部以助其救急。这 2000 元钱确实是她为女儿上大学准备的，但不是借来的，而是女儿的爷爷、奶奶、外公、外婆送的。

——她是救助过一些困难群众和患病战士，但救助人数没有多到"700多个"，也从没救助过"灾民"。

——她家住的是原单位河柴集团 1996 年盖的家属楼；当年入住时，在亲友的资助下，她家里几乎换了全套的新家具。

——她爱人张建民今年 55 岁，身体健康，是河柴集团的一名中层干部，根本没有"退休又打工"，也不是"脸上褶皱纵横，两手肿大皲裂"的样子。

——所谓"月收入从未上过千元的一对夫妻，25 年献爱心 40 多万元"，完全是无稽之谈！她和爱人都是工薪阶层，就算平时不吃不喝，也难攒下 40 多万元积蓄去做好事呀！

《洛阳晚报》8 月 15 日刊登《虚假报道困扰"兵妈妈"》一文，对此事进行报道后，在社会上引起了强烈反响。8 月 25 日，《杂文月刊》有关负责人专程赶到洛阳，就该杂志刊登失实文章一事登门向乔文娟致歉。转载该文的《读者》杂志也发表更正并道歉。8 月 17 日，当事人张鸣跃在网上回应网友的质疑和指责时承认，《一次感动》的初稿"开始不是投给《杂文月刊》的"，此前"接连投给三家（刊物），人家都说不用"，原因是"感人的分量及细节不足"。其间，"每当一家（刊物）说不行，我就改一点，先后改了 4 次，最终，稿子被《杂文月刊》留用了"。"事后，我和乔文娟通过几次话，才觉得文中有几处拔高描写确实对她有负面影响……这件事我确实有错。"

【点　评】

评选假新闻这些年来，我们一直有块心病，就是没能抓到一条"正面报道"

158

的假新闻，这也常为业内人士所诟病。其实我们深知，在正面报道、先进典型报道中，多年来普遍存在着任意拔高、随意放大、刻意求全的问题。作为被拔高放大者，出于种种考虑，未必肯吐露实情；而作为媒体，民不举官不究，也就蒙混过去了。这次《一次感动》自投罗网，填补了"正面报道假新闻"之空白。

平心而论，职业写手张鸣跃造假固然可恶，但是一些编辑追求高、大、全的报道模式恐怕更是问题的关键：说真话不感动，讲假话却感动得忘乎所以；说老实话的文章不用，讲了假话却抢着发表。正是这种病态畸形的新闻观，唆使众多新闻造假者投其所好，更为假新闻传播打开了潘多拉魔盒！

五、退役冠军摆摊为生

【刊播媒体】《家庭导报》

【发表时间】2007 年 6 月 15 日

【作　　者】王志君

【"新　闻"】

唐颖今年 24 岁，而在 12 年的体育运动生涯里，她每天除了训练还是训练。唐颖的运动成绩也在不断提高，先是获得了全国青年锦标赛冠军，接着是全运会冠军，再然后是亚洲锦标赛冠军。2004 年雅典奥运会，唐颖参加了国内选拔赛，可惜成绩不理想没被选上。按照唐颖的说法，如果能拿到奥运会冠军，这一辈子她就衣食无忧了。2006 年 10 月，唐颖和她的队友们被"一刀切"退役了，每人拿到了 3 万到 5 万元的退役安置津贴。退役后为了生存，不得不摆地摊；有男人想一年出 10 万元包养她，但她坚决拒绝（尊重当事人意愿，文中人物均用化名）。

【真　　相】

2007 年 7 月 6 日，中共湖南省省委宣传部下发《关于对家庭导报刊登严重失实报道的通报批评》，指出《家庭导报》刊登《一个退役冠军的艰难生活》一文，出现严重失实，造成了较大的负面影响。经核实，文章主人公并非亚

洲锦标赛冠军、全运会冠军和全国青年锦标赛冠军，只获过全国青年锦标赛亚军和湖南省相关项目的冠军。该文虽然希望通过当事人的真实经历唤起有关部门和全社会对退役运动员这一特殊群体的关注，更好地帮助其实现再就业，但由于记者采访不深入，作风不扎实，编辑工作不细，报社领导把关不严，这一混淆主人公获奖级别的报道，违反了新闻真实性原则，也对当前营造喜迎北京奥运会的和谐气氛产生了不利影响。事情发生后，湖南省委宣传部十分重视，当即要求湖南日报报业集团专门召集相关单位和部门负责人开会反思，迅速进行自查自纠，由《家庭导报》向读者公开致歉。在责成集团对相关责任人作出严肃处理的同时，在湖南日报报业集团内部开展一次马克思主义新闻观教育，进一步提高从业人员素质。

【点　评】

"采访不深入，作风不扎实，编辑工作不细，报社领导把关不严"，不错，这几乎是绝大多数假新闻的成因。但是，这里还暴露出新闻从业人员的一个潜意识问题，那就是片面追求新闻的"显著性"和"轰动效应"。试想，如果主人公只是一个校运会的冠军，即使流落街头乞讨为生，又有哪个记者愿去采访？还有哪个老总会签发？因此习惯成自然，记者写稿、编辑编稿、老总发稿时，往往有意无意地要凸显其"显著性"和"轰动性"，于是，普通艺人升格为著名艺术家，小老板摇身为著名企业家，助教破格成专家……依此类推，亚军非得改成冠军不可。这无疑是假新闻屡禁不绝的病根之一，若不革除，假新闻的频频出笼就是必然的。

六、纸箱馅包子

【刊播媒体】北京电视台

【发表时间】2007 年 7 月 8 日

【作　　者】訾北佳

【"新　　闻"】

北京电视台"透明度"栏目以"纸做的包子"为题，播出了记者暗访朝阳区一无照加工点使用废纸箱为馅制作小笼包出售的节目。

【真　　相】

节目播出后，北京市政府领导高度重视，王岐山市长批示："如属实要严办，如属虚假，要公开澄清事实！"赵凤桐副市长要求："请市工商局即派人检查并报情况。"7 月 15 日，北京市公安局刑侦总队成立专案组对此进行立案侦查，案情大白：今年 6 月初，訾北佳在"透明度"栏目组选题会上提出，曾接到过群众电话反映"包子有掺碎纸"的问题，引起栏目制片人的兴趣，遂被确定为报道专题。此后，訾北佳先后在北京四环路一带进行调查，但始终没有发现包子的质量问题。由于选题已上报，压力很大，加之刚到北京电视台，既想出名又想挣钱，其间，栏目主编以时限为由，催促其抓紧拍摄专题节目，于是，他化名"胡月"，以为民工购买早点的名义，要求来自陕西省华阴市的卫全峰、赵晓彦、赵江波、杨春玲等人为其制作包子。6 月底的一天，訾北佳携带秘密拍摄设备，邀请其朋友、无业人员张沄江假扮工地老板，在朝阳区康家沟市场购买了肉馅、面粉等物后要求卫全峰等四人做包子。拍摄过程中，訾北佳要求卫全峰等人将其捡来

的纸箱经水浸泡剁碎掺入肉馅中，制成包子喂狗。因效果不佳，便随机找到一名农民工，授意其编造了有关"肉和纸比例关系"的谎话，并编造使用火碱的台词，以增加视觉、听觉效果。

8月12日，制造"纸箱馅包子"新闻的北京电视台临时人员訾北佳，以损害商品声誉罪被北京市第二中级人民法院判处有期徒刑1年，并处罚金1000元。

【点　评】

事情虽已水落石出，但7月18日晚间北京电视台在"北京新闻"中向社会深刻道歉时使用的一个词却颇可玩味，即造假者訾北佳乃"临时人员"。言外之意，就是此人非北京电视台正式职工，因此和北京电视台没有任何关系。无独有偶，8月间，郭峰、斯琴格日乐等明星称，被"央视导演"刘楠骗到美国，从事非法商演，在被拒绝后，刘楠竟将明星们赶出酒店，使其流落街头。对此，央视"艺苑风景线"制片人赵宝乐表示，刘楠不是"艺苑风景线"正式员工，属于外聘人员，刘楠的任何行为都应该由其个人负责，与"艺苑风景线"栏目没有任何关系。翻遍中华人民共和国劳动法，也没有查到"临时人员""外聘人员"之说。不知中央电视台和北京电视台聘用劳动者依据的是哪部法律？这番为自己开脱的说辞又是什么逻辑？

2007年第8期《中国记者》发表曾革楠的文章《假新闻的出炉不是偶然》，尖锐地指出："某种程度上讲，'纸馅包子'这条假新闻的出炉并不是偶然的，有其深厚的体制根源。说实话，我没有因为假新闻的炮制者是'临时人员'而稍感轻松，相反，在我看来，正是'临时聘用制'这一不合理的机制造成了假新闻的泛滥。"这个观点很到位。

七、史上最恶毒的后妈虐童

【刊播媒体】江西电视台

【发表时间】2007年7月15日

【作　　者】都市频道记者

【"新　闻"】

7月15日，江西省电视台都市频道"都市情缘"栏目播发专题节目

《为什么这样对她》，报道中，6 岁女童丁香小慧躺在病床上狂吐鲜血，身上到处是瘀血青紫。

在片中，记者采访医生以及居委干部，得出的结论是："小孩身上的伤肯定是他伤！"什么人会对如此可爱的孩子下此毒手？最后片尾出现了一个镜头，孩子对着记者的话筒说，身上的伤是后妈打的。

7 月 17 日，题为"我所见过的最没人性的事情！后妈毒打 6 岁继女，治疗现场千人哭成一片！！！"的文章在各大网站、论坛上传播。在更多媒体的关注和报道下，"史上最恶毒后妈虐童事件"被广泛传播。

【真　　相】

7 月 24 日，江西省鄱阳县公安局向公众通报了丁香小慧被虐事件权威调查通报：现在事实已查清：一、陈彩诗没有虐待丁香小慧的行为；二、丁香小慧体表初始伤是自己跌倒造成的。

上海瑞金医院组织神经内外科、儿内科、感染科、呼吸科、血液科，对遍体鳞伤的江西 6 岁女孩丁香小慧进行了全面检查，初步诊断小慧患有肺炎、脊髓病变、凝血功能障碍、严重贫血、褥疮和二度营养不良等病症。但对于小慧身上多处淤斑是否是外伤所致，专家组尚无定论。袁克俭教授称，从客观检查结果看，应该还是凝血功能引起的。

【点　　评】

不可思议的是，时至今日，只有极少数有正义感的媒体如《中国青年报》、东方卫视、《九江壹周》等最后澄清了事实，还"后妈"陈彩诗以公道，而绝大多数当初报道"恶毒后妈"的媒体却始终沉默失语，并做贼心虚地删除了各自网站上的相关报道。这种漫不经心、若无其事的态度，与当初全国媒体一窝

蜂的狂热报道形成鲜明的对照。更令人痛心的是，居然没有任何一家媒体或作者为此向公众及陈彩诗本人道歉。冷漠至此，夫复何言！

事实上，"后母虐童事件"的真正黑幕根本没有揭开，其诡异之程度，令任何一部好莱坞悬念电影都逊色不已——整个事件的背后操纵者究竟是谁？最先在网上传播"恶毒后妈"的神秘的发帖人 vera_19851118 是谁？为何江西电视台的专题节目还未播出的镜头却已全部上网，而且截图异常清晰？丁香小慧为何要撒谎？……正如试图揭露黑幕的《中国青年报》记者李菁莹所言："我没能做到还原整个新闻事件来龙去脉的全部真相，仅仅是在自己了解的范围内还原了事实，是局部的真实，而非全部的真实。稿件刊出的结果是，读者依然没有最大程度了解事实本来面目。甚至可以说，这篇新闻稿是真实的，却不是足够客观公正的。"

八、华科大 3000 学子宣誓"成人"，每人获赠安全套

【刊播媒体】《楚天金报》

【发表时间】2007 年 9 月 17 日

【作　　者】赵　飞　万　多　熊晓艳

【"新　闻"】

"我是中华人民共和国公民，在 18 岁成人之际，面对国旗庄严宣誓：从此刻起，我已懂得承担责任……"昨日，华中科技大学机械科学与工程学院近 3000 名男生在校内举行成人仪式，而面对活动现场赠送的安全套，众多大学生却显得有些拘谨。

仪式结束后，参与主办活动的一家企业，现场为参加宣誓活动的大学生代表们每人发放了一本宣传责任意识的"成人手册"和一个安全套。参加成人仪式的都是该校机械学院大一、大二男生，年龄都在 18 岁左右。不少大学生领到安全套后显得十分拘谨。

【真　　相】

《楚天金报》于 9 月 19 日更正：本报 9 月 17 日 2 版《华科大 3000 学子宣誓"成人"》一文有误。文中"为参加宣誓活动的大学生代表们每人发放了

一本'成人手册'和安全套",应为"在随后进行的'励志报告会'结束后,参与活动协办的某企业私自给极少数学生发放安全套,校方发现后立即制止并予以收回";文中"近3000名男生"应为"约980名男女学生"。由此带来不便,特向华中科技大学致歉。

【点　评】

短短500字的新闻,竟然三处严重失实:一是到场的新生老生加在一起,尚不足千人,却号称三千;二是到场的明明有女生,却大笔一挥让女生统统"消失";三是私自给极少数学生发放安全套,却变成人手一个。

报道这则消息的记者据说到了现场,但不知他是如何采访的?一方面是记者的不负责任;一方面是编辑盲目轻信,并暧昧地将"安全套"置于标题中;另一方面是时评写手们不问青红皂白地一通乱批。正是在这种浮躁中,新闻的道德底线失守了,新闻的价值观受到了前所未有的亵渎。

"中国新闻传播学评论"(CJR)有个帖子问得好:"成人仪式对于一个人来说意味着人格的质变,真正实现由懵懂少年向责任公民的转变。也就是说,成人礼意味着卸下幼稚披上责任,以责任唤醒自律,以责任约束行为。素来自诩为'无冕之王'的记者,是否真在心智上戴上了王冠,真有了行使权力的成熟?对于某些记者和媒体来说,是否也需要一场自律的'成人礼'?"请当事人扪心自问吧!

九、社科院公布全国主要城市白领工资标准

【刊播媒体】《半岛都市报》

【发表时间】2007 年 11 月 3 日

【作　　者】未具名

【"新　　闻"】

据《北京晨报》报道，中国社会科学院日前公布了 2007 年全国主要城市白领工资标准，包括各城市物价水平、居住成本、交通成本、城市现代化等诸多方面因素。单位：人民币。外地务工者在以下基础上增加 1800 元。共分七档。一档：香港 18500，澳门 8900；二档：上海 5350，深圳 5280，温州 5020，北京 5000；三档：杭州 4980，广州 4750，苏州 4300，厦门 4100，青岛 4000……

【真　　相】

11 月 7 日，中国社会科学院网站发表正式声明："我院有关研究所和课题组从未发布过所谓的'2007 年全国主要城市白领工资标准'，也没有进行过有关研究工作。我院发布的研究报告都会通过正式的宣传渠道，并标明相关研究单位或课题组。我院专家学者一向学风严谨，不会随意发表不负责任的言论。目前，对这一消息的确切来源我们正在调查之中。对于此类给我院造成负面影响的行为，我院将保留追究其责任的权利。"

《南方都市报》记者经过调查，披露了这则假新闻的前世今生：

● 2005 年 10 月 11 日，有网友在某论坛发帖《在其他城市挣多少钱可以过上北京月薪 5000 的生活》。帖子完全没提白领，只是"拿一个在北京月薪为

5000 元的人可以达到的生活水平作为参照点，来看达到同等的生活水平在其他城市需要多少月薪"。

● 2005 年 10

月 14 日，某网站转载了这个帖子，当天就引起了关注，很多论坛广泛转载。

● 2006~2007 年，这个帖子被以各种不同的题目广泛转载流传。

● 2007 年 1 月，有网友把原帖进行了一下编辑，以"社科院公布 2007 年全国主要城市白领工资标准"为题重新发了出来。

● 11 月 2 日，某网站"今日话题"栏目刊出《你的工资够"白领"吗》的专题策划，将网帖数据附在《北京晨报》一篇白领题材报道后面。

● 11 月 3 日，《半岛都市报》以"据《北京晨报》报道"的名义转载了那份数据。

● 11 月 4 日～5 日，全国各大媒体、各大网站纷纷转载，并针对本地情况对有关数据提出质疑。

【点　评】

当今时代，新闻传播不借助网络肯定不行，但完全依赖网络却万万不行。近年来不少假新闻的出笼，均和网络密不可分。但是，现在不少记者已经"进化"到只会在网络上搜索"新闻"，而智力则退化到不知世间竟还有谎言。令人发噱的是，正当全国媒体纷纷转载"《北京晨报》的报道"时，本来是被人强加"电头"充当"信源"的受害者《北京晨报》也不甘人后，11 月 5 日居然也刊登了这篇"本报讯"。这就是网络时代的魔力"创造"的荒唐而苦涩的笑话。

十、英皇高层证实功夫巨星洪金宝去世

【刊播媒体】《现代快报》

【发表时间】2007 年 12 月 9 日

【作　者】孙　伊

【"新　闻"】

一代功夫巨星洪金宝昨夜突然去世。记者从香港同行处获悉这一噩耗后，紧急联系上香港英皇的某位高层，对方证实了这一消息。到记者截稿时止，洪金宝的死因尚未明朗，只知道他不是在香港去世。据悉，11 月 30 日，洪金宝在广州参加活动时身体还非常健康，并无异样。洪金宝出生于香港，十岁之前就已经跟随名师于占元学习京剧，后来他和师兄弟们用"七小福"的

称号，活跃在银幕和舞台之上。洪金宝涉足影视圈后，主要从事武打与动作表演，随后又从事武打指导工作，是功夫喜剧的代表人物之一。

【真　　相】

《现代快报》发布洪金宝"死讯"后，网易娱乐一直和成家班、洪家班的武师保持联系。10点左右，网易娱乐致电前成家班成员、洪金宝好友郑志豪，他听到消息后，立即致电多位洪金宝好友求证。15点，郑志豪终于打通洪金宝电话，洪金宝表示，自己正在山东，同时感谢所有关心他的人。他还说自己正在悠闲地喝普洱茶，完全没有事情。记者询问了报道该消息的记者，她回复记者的短信上就是"我被整了"四个字，再问她，就不愿多说了。而一位港台媒体的同行则表示，他们也收到这样的消息，但证实后却发现是假新闻，所以并未作报道。

【点　　评】

新闻记者以笔"杀"人，早已不是什么新闻，早几年就已经把比尔·盖茨"杀"过两回。至于娱乐界人士，被"杀"者更是不计其数：李雪健、琼瑶、张柏芝……但这次的新闻眼却是，"杀"人的娱记非但不思反省，出面道歉，却愤愤地吐出"我被整了"四个字，仿佛比窦娥还冤。如今这世道，连造假者都敢喊冤，那么，洪金宝和广大读者岂不更冤？

2008 年不完全备忘录

● 2008 年 1 月 3 日《解放日报》"解放论坛" 刊发许兴汉的文章《来个 "标题" 打假如何》。第二期《新闻记者》摘登了此文：

2007 年 "十大假新闻" 的出炉，让人再次对纸箱馅包子事件、史上最恶毒的后妈虐童案和功夫巨星洪金宝去世等新闻假货进行反思。不过细细一想，在这些假新闻中，似乎少了一个近年来特有的品种，那就是所谓的新闻 "假标题" 现象！

说起来，新闻 "假标题" 好像是随着互联网的兴起应运而生的。因为如今在浩如烟海的网络信息中，人们要快节奏地浏览查找自己所关心的新闻内容，往往只能首先通过察看标题，再决定是否点开一个个新闻链接。但是一个时期来，许多网民反映，除了上述假新闻唬人的标题外，另有一些看似夺人眼球的标题，打开文章一拜读，其内容却是大相径庭，风马牛不相及，不由连呼上当，深有被人捉弄之感。"真实" 是新闻的生命，标题是新闻的重要组成部分，标题不真实，新闻还有何生命力可言？

假新闻害人不浅，假标题误人更深。我们应该看到，近年来由于假标题的助纣为虐，有些媒体在其新闻的真实性方面已受到越来越大的挑战，同时，随着我国传媒产业市场化进程的加快，纸质媒体也已进入信息海量的 "厚报" 时代，种种迹象表明，如今假标题现象也已传染到部分传统的纸质媒体中，对此，我们万万不可掉以轻心。

● 2008 年第一期《新闻记者》刊载西南政法大学新闻传播学院副教授李韧的文章《虚假新闻处罚中存在的问题——以〈新闻记者〉2001 年 ~ 2006 年十大假新闻为样本》。文章提出：

真实和虚假是一对如影随形的孪生兄弟。虚假新闻的出现并不奇怪，也不可怕，它是古今中外职业新闻人随时都要警觉的一大问题。在新闻报道中，只有具备强烈职业荣誉感并严格遵循新闻采集规范的新闻从业者，才会竭尽全力寻找真相，尽最大可能避免报道失误。尽管中国新闻界做出了许多努力抵制虚假新闻，但虚假新闻却大有愈演愈烈之势，这从近年来《新闻记者》杂志年度"十大假新闻"的评选活动中可见一斑。国内研究者对于虚假新闻的成因和防范对策论述颇丰，但对虚假新闻处罚的讨论却存在缺乏可操作性、措施疲软等问题。

作者综合分析探讨虚假新闻的文献发现，目前的研究有两个特点：1. 绝大多数集中在成因和对策两个方面的研究上；2. 缺少对虚假新闻的法律分析。同时认为，当前对虚假新闻报道进行处罚存在如下问题：1. 大多数媒体在刊发虚假新闻后采取的是"鸵鸟政策"；2. 虚假新闻的揭发缺乏权威独立的评判机构；3. 媒体对虚假新闻的调查程序不明；4. 媒体处罚过于仓促，处罚依据较为单一；5. 媒体对虚假新闻的调查情况和处罚程序缺乏透明度。为此作者提出需要借鉴西方新闻界的经验，对虚假新闻进行独立、全面的调查，公开、公平的处理，至少能在相当程度上避免处罚不公正、处罚不合理的问题，真正让造假者心服口服，从而使更多的新闻从业人员认真对待这项严肃的事业，也才能使我们对每一个虚假新闻报道案例的反思产生真正有效的警示作用。

● 2008 年第八期《新闻记者》刊载复旦大学新闻学院与上海文广新闻传媒集团联合培养在站博士后、中国传媒大学新闻系教师、中国人民大学新闻与社会发展研究中心兼职研究员唐远清的文章《从汶川地震后"母爱短信"报道看媒体的转载核实责任》，认为在失实报道乃至虚假新闻屡禁不止的现实形势下，我们不应减轻，而是应该强化转载媒体的核实责任，力争杜绝以讹传讹现象的出现。

●西祠胡同论坛发帖《〈新闻记者〉2007 年"十大假新闻"的一点商榷意见》。网友 kongjiansuipian 发表于：2008-1-2 23:36
1 ~ 7 无意见，主要是 8 ~ 10，个人认为有问题。另外，该杂志没将"癌症香蕉""印花税疑云""华南虎"等列入假新闻总算英明，因为不符合假新闻的构成要件。

关于"华科大 3000 学子获赠安全套"。澄清报道称，该文三处失实，一是男女生都参加，不光是男生，二是参加学生 800，没有 3000 人，三是获赠安全套是在会场之外。个人认为，做这个报道的记者的确应吸取教训，严谨写稿。但是，新闻的核心事实"学子成人礼获赠安全套"并不失实，以枝节事实定假新闻，不妥。华科大在这件事之后媒体评论很不堪，才称"参与活动协办的某企业私自给极少数学生发放安全套，校方发现后立即制止并予以收回"，如果事后好评如潮，肯定就承认了。其实赠安全套这事并不必神秘兮兮，大学生都是成人，凭什么不能获赠？校方凭什么制止并予以收回？

关于"社科院公布白领工资标准"。始作俑者应该是腾讯网站，其次才是《半岛都市报》将之误以为新闻转载，所以，板子不应该都打在《半岛都市报》身上。

关于"英皇证实巨星洪金宝去世"。后来的很多调查显示，这件假新闻是英皇公司内部散播出来的，并且向很多媒体记者散播。因此，这是一件娱乐事件，是一件恶炒新闻，跟记者职业道德无关。

网友 kongjiansuipian 发表于：2008-1-3 09:14

2007 年十大假新闻 (4)："兵妈妈认了 176 个兵儿子"（刊播媒体：《杂文月刊》)，这个也有问题。《杂文月刊》不是新闻媒体，怎么能发布假新闻？

附：《杂文月刊》是我国惟一刊登杂文、随笔、小品、漫画、讽刺小说、杂文学术文章，选登全国报刊杂文佳作，海内外公开发行的杂文类综合性杂志。主办：《河北日报》社，河北省杂文学会。可见该杂志不是新闻媒体。

究竟什么是假新闻，我们给出如下一个定义：新闻媒体报道的、无权威消息来源的、故意或重大过失造成的基本失实或完全失实新闻。这个定义分解为假新闻的四个基本特征：

一、假新闻的表现形式必须是新闻，其传播者是新闻媒体。新闻媒体包括报刊、电视、新闻网站、手机传媒等等，但不包括文学期刊、论坛、博客。如果没有媒体报道，就算炒得再热闹，再尽人皆知，也不是"假新闻"，因为它不是新闻。《扬州晚报》以伪造的报纸获得中国新闻奖后来被撤销，这是"假报纸"，不是假新闻。

2007 年，天涯社区曾盛传一个妓女资助几十名学生上大学，这个消息后来查实为假，但是从来没有媒体去报道和传播，因此不能算"假新闻"，只能算是"谣言"。再如今年或网上或短信或口耳相传河北大量孩子街头被抢、厦门艾滋毒牙签、广州花都吃人水怪等等，都是只有辟谣的报道，而没有散布谣言的报道，因此不存在假新闻。

武汉的杂志《知音》是一种半纪实的文学期刊，2007年第9期刊登文章《11名情妇联名告倒贪官、陕西省原政协副主席庞家钰》，后经多方证实，文章内容虚假。但是，《知音》不是新闻媒体，虽然虚假，该作品也不是我们所关注的假新闻。如果文学刊物的内容被新闻媒体转载，就变成假新闻，如"上海职业高官情人"就是文学变成了新闻。

还如今年8月襄樊中级法院及中国法院网等强烈谴责的"枕头大战假新闻"。消息原始出处是《襄樊晚报》。报道并无问题，但是凯迪网友转帖时故意歪曲原意，给法官们造成恶劣影响。论坛不能成为制造假新闻的主体，因此沸沸扬扬的"枕头门"事件，并不存在假新闻。类似的"流氓外教""充气娃娃卖淫"，都仅仅在博客、论坛轰动一时，没有传媒正式介入，因此不存在假新闻。

但是新闻媒体若将文学作品当作新闻转载，就构成了假新闻。今年出现了一部名为《重庆空姐》的小说，里面虚构了一个空姐集体看三级片的情节，不少媒体以新闻形式转载，这就是假新闻。

二、假新闻另一个重要特征是缺乏权威消息来源，或者消息来源离核心知情人太远。这里的"权威"指国家机关、第三方组织发布的公共消息，也指最知情人。如欲知局长的年龄，那么身份证、局长自述、局长近亲属陈述，都是权威消息来源，就算这些来源虚假，记者据此报道也不构成假新闻。

新华社2003年初根据卫生部消息报道非典得到控制，今年又根据农业部消息报道猪瘟不严重，消息最后又都被否定了，但是由于是依据权威来源农业部，不是记者自己的想当然，因此就算失实，也不是"假新闻"。

还如有新闻称陈晓旭患癌症，那么，陈晓旭和她的近亲属都是权威消息源。起初，陈的丈夫出于某种考虑并未透露真相，很多报道均称陈晓旭并没患病，造成失实，但这不是记者的责任，不是假新闻。当时有的媒体依据狗仔网的观点，或依据《红楼梦》导演等人的话去报道，如果失实，那就是假新闻，因为离权威消息源太远。

《中国经营报》曾依据建设部消息报道上海建设项目80%违规，上海市政府出面辟谣否认此事。后来，此消息被人评为2004年度十大假新闻，这也是不公正的，因为《中国经营报》依据的是权威消息源建设部。

三、媒体、作者在主观上必须是有重大过失，或者故意炮制。假包子、最毒后妈都是故意捏造的假新闻。更多的假新闻制造者则是有重大过失。我们经常看到外星人光顾地球的报道，或者"鬼屋"之类的报道，这几乎都不必审查就知道是假新闻，媒体发布这样的消息，显然有重大过失。

重大过失是指未尽到一个普通新闻工作者应尽的注意义务，它表现为疏忽和懈怠的心理状态，主要是应采访而未采访，或应到现场而未到现场。与重大过失对应的是"一般过失"或"轻微过失"，后者是专业人士的注意义务。《南方周末》曾有一文章将"派出机关"和"派出机构"混淆，有专业人士指出这是失实，这就是"一般过失"，因为只有专业人士才能在审查时注意到。

重大过失，报社在通常情况下稍加审查就完全可以避免。《云南信息报》今年报道云南宣威高考集体舞弊，列出了"40%考生舞弊"这个数字。这个数字一看就是估计出来的，记者不可能一个个地去统计，也不可能有权威消息来源。这点在报社审查时完全就可以删改掉。云南教育厅调查后得出结论："40%考生舞弊没有依据。"不过该新闻的核心内容即大规模集体舞弊并未失实，此数字只能算是细节失实。

四、假新闻还必须是基本失实或严重失实，如果仅仅是个别细节失实，或者个别词语用错，不应认定为假新闻。

媒体报道固然应当尽善尽美，不出任何一点差错，但是社会生活的复杂性以及认识的局限性，很难保证报道的百分百准确。就算我国宪法，几乎每次修宪都会进行一些纯文字错误的更正，如病句、搭配不当。而新闻报道尤其是批评报道，被批评方往往抓住最细枝末节的失实来推翻全部报道。在新闻侵权法上，已经确立了"基本失实或严重失实"才认定为侵权的原则。一个著名的案例是，记者报道某酒店提供卖淫服务，其地点是4楼，但是报道写成了3楼，法院最后认为，卖淫是核心事实，楼层是枝节事实，因此这不构成基本或严重失实，不构成侵权。

2007年一个较大的新闻事件是厦门的PX项目上马和叫停，《瞭望东方周刊》的报道指"环保评审不透明"，这几乎是毫无疑问的，但是厦门市政府组织的"辟谣"堪称经典：先是由厦门大学发布了一个消息，称专家赵玉芬"最近"从来没有接受过任何媒体采访，言下之意，报道中的专家发言纯属捏造。以此为论据，《厦门商报》等众多同城媒体发布评论，标题如"万石杂议谎言的终结"等，大力指责《瞭望东方周刊》是做假新闻。这个技术性很强的辟谣，它回避了核心事实。PX到底有没有危害，搞环保评审究竟是不是公开透明，这是报道的核心内容，但厦门市政府提也不提，抓住赵玉芬"最近"是否接受媒体采访这个枝节问题大做文章。文章作者后来证实采访赵是在两个月前，的确不是"最近"。就算这一点"失实"，我们也不能认为这是"假新闻"。

再如今年6月，《新快报》有一头版报道：审计署在审计广铁集团过程中发现大量违规问题，包括广铁集团副总经理陈少鸿在内的11人被撤职，董事长亦"紧急易帅"。广铁集团当日紧急辟谣，称董事长"易帅"是3月份主动请辞，绝非被迫，也绝非紧急，由此而推翻报道全文，《新快报》甚至因此被省委宣传部批评。我们分析文章发现，董事长"易帅"无错，只是"非紧急"，可谓细节事实，而审计署调查广铁集团发现大量违规乃至人事地震，则是核心事实。核心事实未失实，便不能认为这是"假新闻"。

与"失实"对应的一个概念就是"真相"。给"真相"下定义几乎是一个哲学难题，不过我们仍可以给"新闻真相"下一个简单的定义：绝大多数读者最后认为的事实。换句话说，真相就是说服了绝大多数读者的新闻。这个定义似乎大而无当，不过用来研究"假新闻"却极合适。

很多人说，新闻真相就是客观事实。这说法也对，但是它对我们实际工作缺乏指导意义，"客观事实"比"真相"更加抽象。新华社与福建省委针对2006年桑美台风的死亡人数有5倍之大的悬殊，双方各坚持其立场，到最后读者也不知道客观事实究竟是什么。但是客观事实肯定只有一个，要么是新华社发布的1000多人，要么是福建媒体发布的200多人，或者两者都不对。然而，客观事实必定存在，我们要判断"假新闻"，必须自己去调查真相然后判断哪个是假，可惜即使调查后，也仅能说服自己罢了。

以"说服力"定新闻真相，好处就是易操作。这就如同法官以"证据能力"定法律真相。有些网友至今认为"假包子"不假，认为警方调查、法院判决都是针对訾北佳的一个巨大阴谋，认为"假包子"一定确有其事，但是90%以上的人都已认为其为假，因此从新闻真相上来讲，其就为假。

这样认定的另一个好处是，双峰对峙、二水分流的新闻不应轻易认定其一为假，不能将其中一个作为另一个是假新闻的依据，尤其不能以被批评方的发言认定批评报道失实。比如今年，滇池管理局局长称滇池爆发污染失实，铁道部否认假粉煤灰，广东方面否认田鼠上了餐桌，公路局长否认三千万修大门，这些辩解可以说都是权力机关对舆论监督的本能抵制，如果没有第三方调查佐证或者拿出切实证据，这些辩解不能看作是"真相"。

综上所述，新闻是媒体出售给读者的商品，明知是假或明知可能有假仍然卖给读者，就是假新闻，而不可能知是假却卖给读者，就算商品质量有问题，也无关职业道德，无关"假新闻"。

网友 liiz 发表于：08–01–03 17:16

"华科大 3 千学子获赠安全套"，失实。"学子成人礼获赠安全套"，失实。

记者更应该吸取的教训是：不要被商业炒作牵着鼻子走。

网友 shengfuyao2006 发表于：08–01–04 20:31

对楼主的观点非常赞同，《新闻记者》有混淆假新闻定义以炒作知名度之嫌。新闻报道的部分枝节失实，只要核心事实存在，就不能被划定为假新闻。个人觉得楼主所指三条新闻中，以"华科大安全套事件"最为典型，该稿原文刚刚看完，发现其中蹊跷之处不少。

首先，个人感觉唯一可能存在问题的就是小标题和正文中所指的"3000人"这一人数，而且当事媒体事后也对参加宣誓仪式的学生人数进行了更正。

但关键在于，媒体更正内容中有一句提到：是参与活动主办的嘉宾，在宣誓仪式后的报告会上发了安全套，事后被老师及时收回。华科大网上也能找到这个更正内容的链接，这就证明这篇新闻的核心事实"发放安全套"是存在的，也是校方承认的。

可在网上翻找对这篇稿件喊"假"的文章，多数都是在宣称"没有发放安全套"，这本身似乎就与事实不符，以此来盖棺定论似不当。

其次，媒体原文与更正内容有所不符，其中细品别有味道。原文称：是在"仪式活动"结束后，主办方才向学生代表分发安全套；而更正中又变成了：是在"宣誓仪式"后的报告会上发放安全套。

注意,"仪式活动"和"宣誓仪式"虽然只是两字之差,可从专业角度来看,"仪式活动"的提法是个大范畴,也可以理解为包括了宣誓仪式和随后的报告会活动之整体,媒体不会不懂这个道理,可为什么在更正时却要就原本可以讨论的内容进行"修正",往自己身上"揽事"呢?这让人不能不怀疑媒体是在受到"压力"之后所做出的反应,也有可能是向校方示好。正如楼主所言,事后校方对外界媒体的不堪评论十分在意。

再者,当时在现场发放安全套的嘉宾茅侃侃在接受中华网专访和他的个人博客里,也再次讲明了事情的真实经过,并承认安全套就是他发的,校方也并未对此进行反驳。

因此可以看出,这篇新闻除了在人数和标题上有所失实外,别的内容都是客观存在的。在这样的前提下,仍将这篇枝节失实的报道定性为假新闻实在不妥,也可以看出"假新闻"这篇稿件在内容核实上存在严重问题。

不过,个人认为楼主将"洪金宝事件"纳入不实新闻值得商讨,因为该事件核心事实本身并不存在,无新闻源,记者未加核实便予以报道,也有造假或炒作之嫌。

《新闻记者》评选假新闻的初衷是好的,但是评选假新闻更需事实依据,不能盲目判定,否则对其媒体公信力和评选的真实性都会造成极大负面影响。此前已在几大主流网评媒体上见到有看官指称"假新闻评选造假",屎盆子可不能乱扣哦。

（载 http://www.xici.net/b6775/dd3712679.htm）

● 湖北日报传媒集团向《新闻记者》杂志发来律师函。

《新闻记者》编辑部:

湖北立丰律师事务所受湖北日报传媒集团的委托,就你刊刊发《盘点 2007年十大假新闻:你被忽悠了多少次?》一文严重伤害该集团下属《楚天金报》声誉一事,特致函如下:

2007 年 9 月 17 日,《楚天金报》第 2 版刊发《华科大 3000 学子宣誓"成人"拘谨面对赠送的安全套》(下称"《宣誓》"),9 月 19 日,《楚天金报》在同样版面刊发一则《更正》。

《宣誓》一文的主要内容是报道华中科技大学的学生举行成人仪式活动,

众多社会知名人士出席，并与大学生进行交流。仪式结束后，与校方一起参与主办活动的一家企业人士，现场为参加宣誓活动的大学生代表每人发放了一本宣传责任意识的"成人手册"和一个安全套。

《更正》的主要内容是进一步强调发放安全套是参与活动的企业的私自行为，并不代表校方，且校方发现后立即制止并将安全套收回。此外，应校方请求，文中还对参与活动的大学生人数进行了更正。

本律师认为，《宣誓》一文的基本内容真实，《楚天金报》随后刊发的《更正》一文，只是从另一个角度报道了校方的立场，但这并不意味着《宣誓》一文就是虚构的、足以位列2007年度全国十大假新闻之第八位。

本律师认为，你刊未经调查核实，将《楚天金报》《宣誓》一文列入2007年度全国十大假新闻，没有任何事实依据，本身才是假新闻。你刊以损害他人利益的手段，扩大自身影响的行为，已严重侵犯了湖北日报传媒集团的名誉权。

本律师要求你刊在接此函后三日内，采取一切必要措施停止侵权，迅速在网上或有关媒体上发出申明，消除影响，并公开在下期杂志上向湖北日报传媒集团道歉。否则，本律师将依集团的授权依法追究你刊的侵权民事责任。

此致

湖北日报传媒集团法律顾问

湖北立丰律师事务所律师

汪少鹏　吴晨

二〇〇八年一月五日

●《楚天金报》报道被评为所谓十大假新闻的交涉函。

《新闻记者》编辑部：

你刊新近一期杂志发表了《盘点2007年十大假新闻：你被忽悠了多少次？》的文章，文中将本报2007年9月17日的一篇报道《华科大3000学子宣誓"成人"拘谨面对赠送的安全套》评为2007年中国十大假新闻，我们认为这是极不严肃的、极不负责的做法，不仅表明你刊对新闻真实性的无知和曲解，也严重伤害了本报声誉。现郑重要求你刊迅速采取措施，消除影响，赔礼道歉，我们将视你方的态度和事态发展保留采取进一步措施的权利。

其理由如下：

一、本报所报道的基本新闻事实成立。

本报去年9月17日报道的一个基本事实是：9月16日，华中科技大学机械学院为年满18岁的学生举行"成人"宣誓仪式。成人仪式结束后，参与主办这一活动的一家企业为参加宣誓活动的大学生代表们每人发放一套宣传责任意识的"成人手册"和一个安全套，获赠安全套的不少学生对此感到拘谨。

我们认为，这个基本事实是客观存在的。报道这一事实的不仅有本报，也有《楚天都市报》等本地媒体。

从你刊引用的材料来看，就是本报17日的报道和19日的更正。而本报19日的"更正"与17日的报道并没有原则的区别，只是在宣誓学生人数上，将"近3000名学生"更改为"约980名男女学生"，将原报道中的"为参加宣誓活动的大学生代表们每人发放了一本'成人手册'和安全套"更改为"在随后进行的'励志报告会'后，参与活动协办的某企业私自给极少数学生发放安全套，校方发现后立即制止并予以回收"。

实际上，"3000名学生宣誓"，报道当天，本埠有《楚天都市报》《长江商报》等多家媒体亦是引用这一数据。本报"更正"只是强调校方没有参与发放安全套，而原报道也并没有说校方发放安全套，明确指出是"参与主办活动的一家企业"发放，因此，本报"更正"与原报道并无原则性区别，也更加说明本报报道基本事实的存在。

之所以发"更正"，主要是因为本报报道见报后，被网上转载得最多，而校方担心会对学校产生负面影响，为了厘清自身责任，同时也藉以表达对协办活动的企业私发安全套这一行为的不满，于是动用多方力量，在细枝末节上与本报交涉，本报为了顾全大局，本着息事宁人的态度，做出了有原则的让步。

二、你刊将本报报道定性为"假新闻"的做法，是极不负责极不严肃的。

1.随意拔高，耸人听闻。

事实上，本报报道从未提及"3000学子获赠安全套"一事，报道的是3000学子宣誓"成人"，获赠安全套的只是"参加宣誓活动的大学生代表们"，而非你刊所说的所有宣誓的3000学子。你刊为了耸人听闻，拼凑所谓十大"假新闻"，不惜夸大事实，将本报一篇逻辑关联很强的报道断章取义，简单地将之定性为虚假新闻，并且冠之以"2007 年中国十大"的头衔。这种做法不仅不符合事实，也是极不道德和不负责任的。

2. 无视更正，乱扣帽子。

我们认为，新闻的真实性只是相对的，而不是绝对的。新闻报道本来就是一个不断接近并报道新闻事实的过程。本报为了顾全大局，本着息事宁人的态度做出让步，就校方存有歧义的个别细节在见报第三天就予以"更正"，而"更正"本身也是本报关于此事报道的一部分。这愈加表明了本报是一个讲政治、负责任的大众媒体，而并非你刊所说的制造并传播虚假新闻。你刊这种无视本报"更正"又不加仔细判别乱扣帽子的做法严重影响了本报声誉。

3. 理论含混，曲解"虚假"。

所谓虚假新闻，新闻界普遍认可的通行标准，必须存在两个基本要件之一或全部：一是在主观上传播者有造假的故意，二是客观上新闻报道所传播的信息系完全虚假，或在关键问题、多重方面与客观事实本身存在着颠倒黑白、无事生非的重大差异。撇开本报报道的幕后不谈，仅就报道和更正本身而言，根本不存在主观上造假的故意，也不存在报道与客观事实有重大出入，充其量只是记者在采写稿件时对个别细节的处理不严谨，造成个别细节失实，与你刊所定性的"虚假新闻"有本质区别。如按你刊之标准定性假新闻，那每年全国假新闻岂止十条？恐怕千条万条也不止。因此，你刊把虚假新闻与新闻的个别细节失实混为一谈，不仅表现出理论上的无知与曲解，也表现出作风上的浮躁和急功近利。

作为一个地方性的新闻理论期刊，你刊在报道新闻事实、发表理论文章、评述新闻现象的同时，与全国其他新闻媒体一样，必须承担自身应有的社会责任，在这点上毫无特权可言。你刊既然对诸如"什么是虚假新闻"这样一些简单的新闻理论问题尚存在着模糊不清的认识，那么请问，你刊评选"全国十大假新闻"根据何在？标准是什么？权威性如何保证？其本身的真实性又在哪里？

我们认为，一个理论性期刊的威信是靠对重大理论问题有着业界公认的真知灼见来树立的，是靠对理论研究有着重大的推动作用和对实践有着重大的指导作用来树立的，而不是靠损毁其他媒体形象、靠哗众取宠来博取。你刊自封

"新闻警察",靠造假新闻来拼凑"全国十大假新闻"的做法,是一种愚弄读者、骗取廉价喝彩的不道德行为。你刊这种靠乱泼脏水自抬身价的做法,实际上在损害自身形象的同时,也为全国新闻界同行和广大读者所不齿!

因此,我们对你刊在理论上犯这样常识性错误感到可笑;对你刊为了扩大杂志影响而不顾客观事实,损毁其他媒体声誉的做法感到愤怒;对你刊为评"假新闻而人为制造假新闻的做法表示不齿!鉴于此,我方提出严正交涉,并向你刊发出律师函,希望你刊积极对待。

特此函告。

湖北日报传媒集团
楚天金报编辑部
2008 年 1 月 6 日

2008年十大假新闻

编者按： 抗战八年，虽然漫长，终获胜利。然而，本刊评选年度假新闻，也已经整整八年，却尚未见到胜利的曙光。可见新闻打假之难！这是八年前我们不曾想到的。原以为只要竖起新闻打假的大旗，呼啦啦立马就会聚集起浩浩荡荡的讨伐大军，不消半个时辰，假新闻便"谈笑间樯橹灰飞烟灭"。如今反思，我们过于善良，高估了媒体人的自律力；我们过于天真，低估了假新闻的生命力。现在方知，因为毒草的孳生，离不开合适的土壤，光拔草而不除根基，必定如春韭，割了一茬又一茬。看来，这场持久战恐怕远无停战之日。

也罢，八年之后，让我们从头再来！

综观 2008 年的假新闻，与往年相比，呈现出如下鲜明特点：

1. "都是网络惹的祸"

2008 年出现的假新闻，来源于网络的比例远远高于历年，如《上海方言"嗲(dia)"字收入〈牛津英语词典〉》《北京房地产商协会会长赞成炸掉故宫盖住宅》《郭晶晶怀上霍启刚骨肉欲离队》《孙中山是韩国人》等。可见媒体的新闻采访重点，已逐渐从现实生活转向虚拟的网络世界。多年前，美国著名杂志《纽约客》曾经刊载过一幅漫画，画的是一条狗坐在计算机前敲击键盘与另外一条狗交谈，漫画题为："在互联网上，没有人知道你是一条狗。"虽然那幅漫画已经慢慢被人淡忘，但漫画的标题却成为互联网流传至今的经典名言。问题是，我们媒体的记者，早已忘记了这句名言，反而把"狗儿们"的胡乱涂鸦奉为特大新闻，让"狗儿们"在电脑前窃笑不已。这是不是中国新闻界的悲哀？

2. 陈年假新闻"借尸还魂"

令人哭笑不得的是，2008 年的不少假新闻，乃数年前便出世作祟的孽种，而且当年已被钉上历史的耻辱柱。谁知几年后又承蒙我们的记者慈悲为怀，借尸还魂，化为新鬼，贻害人间。如《北京房地产商协会会长赞成炸掉故宫盖住宅》，2006 年 5 月 30 日《信息时报》已经披露其为"乱弹"；《郭晶晶怀上霍启刚骨肉欲离队》2005 年 2 月出世，当时就被判为假新闻……古来就有所谓的嗜痂之癖，原不以为然，如今看来，同仁中嗜痂者众矣！

3. "及时更正""诚恳道歉"者难觅踪影

《成都晚报》社 2008 年 10 月 8 日为前一天的报道致歉："本报本着新闻的真实性原则和实事求是精神，特就因本报记者的工作失误而给李佳薇女士、李厚霖先生带来的伤害和不良影响表示诚挚的歉意！并向广大读者真诚致歉！"可惜，如此及时、诚恳的道歉可谓凤毛麟角。绝大多数涉假媒体，要么"沉默是金"，要么强词夺理，要么避重就轻，要么装疯卖傻……《国际金融报》10 月 7 日针对 9 月 28 日《中国给"美式快餐"加把盐？》一文中提及"中国银监会主席刘明康表示，中国可能考虑通过向美国注入流动性的方式帮助美国'救市'"，作出如此更正："经核实，该说法系录音等技术失误所致，与刘明康主席讲话原句不符，特此更正。并对因此造成的误解深表歉意。"原来，报道出错的责任人竟然是录音设备！《新快报》更绝，在 2008 年 8 月 3 日刊登的《"孙中山是韩国人"系假新闻》一文中称："此前据称由韩国《朝鲜日报》报道的'孙中山是韩国人'一则新闻日前风行中国网络，国内外网络媒体和平面媒体纷纷转载。"似乎与己毫不相关。难道《新快报》的编辑记者集体失忆，竟忘了该报 7 月 31 日 A33 版头条刊登的就是这篇假新闻？更有甚者，死猪不怕开水烫，干脆不更正不道歉不作声，且看你拿我怎么办！

4. 一报"感冒"众报"吃药"

《比尔·盖茨亿元租房看奥运》的报道，除了"原创单位"《成都商报》外，同一天还见诸《重庆晨报》《楚天都市报》《南方都市报》《都市快报》《现代快报》等媒体，因此给读者以全国各地媒体联手为房地产商炒作的感觉。其实，这些媒体同属于"捷报奥运联盟"，可以在统一的发稿平台上共享各报的新闻资源。该联盟于 2007 年 8 月 1 日正式成立，由《都市快报》《南方都市报》《成都商报》

《青岛早报》《现代快报》《重庆晨报》《楚天都市报》《半岛晨报》《每日新报》《济南时报》《东南快报》和腾讯网这12家知名媒体组成，读者群超过一亿。若不是联盟中其他媒体或许对此新闻不感兴趣，那12家媒体同一天刊出这条假新闻，也不是没有可能。其实，“捷报奥运联盟”还不是国内最大的媒体联盟，由搜狐网领衔的“搜狐奥运联盟”，旗下有《江南都市报》《华西都市报》《晶报》《潇湘晨报》等35家纸媒。诚然，各地媒体结盟，能迅速形成合力，提高市场占有率和品牌知名度，但“成也萧何败也萧何”，一旦失误，也会使负面影响呈几何级放大效应。对此，国内已结盟的媒体应高度重视，必须考虑如何有效地设置“防火墙”。

5. 网友成为新闻打假主力军

前些年，新闻打假的主力军基本是媒体自身，尤其是同一地区的竞争对手，下手更重。或许是明白了“唇亡齿寒”的道理，如今媒体也开始“与人方便与己方便”，很少再死缠烂打，最多点到即止，见好就收。倒是网友义无反顾，承担起新闻打假的重任。《东方今报》刚报道“北京房地产商协会会长竟赞成炸掉故宫盖住宅”，就有网友发帖称这是两年前网上旧作，且已被证明是假新闻；《郭晶晶怀上霍启刚骨肉欲离队》刚出笼，就有网友揭出这篇假新闻的前世今生——源自三年前网上的帖子。更可贵的是，网友打假已不限于追根寻源，而是更直接地介入媒介批评。《武汉晚报》发表题为“高速列车3秒钟可跨越长江　天兴洲大桥允许列车时速达250公里”的新闻后，第二天，就有网友尖锐批评：“‘时速5588公里的火车’让媒体蒙羞。”与网友们“宜将剩勇追穷寇”的气势相比，媒体人是否脸红？

以下且看2008年“十大假新闻”。

一、巨蟒吞噬中国维和士兵

【刊播媒体】《西安晚报》

【发表时间】2008 年 3 月 2 日

【作　　者】郑广辉

【"新　　闻"】

刚果（金）的官方语言是法语，既懂法语又懂英语的张逸被选为赴刚果（金）维和工兵分队随队翻译。一到酒店,张逸就拿起一份西安本地的报纸"贪婪"地阅读起来。他说在刚果（金）的一年半时间里没有看到报纸，现在看到报纸有些激动。张逸向记者讲述了赴刚果（金）维和的一些经历:刚果（金）毒蛇巨蟒很多，队员们修建的营房要保持一定比例的坡度倾斜，防止毒蛇爬入；外出时，队员们要穿上高腰靴子，防止毒蛇咬伤。尽管如此，他还是亲眼目睹了一出悲剧:一名中国维和工兵队员（非驻西安市部队人员）在施工期间去附近草丛中方便，久久不见归来。队员们去寻找时，发现一头巨蟒肚子鼓鼓的，卧在草丛中爬不动了。找来当地人将蟒蛇打死，剖开肚子发现队员已停止呼吸。

【真　　相】

新华网 3 月 5 日报道:"近日，多家网站及媒体发布'我赴刚果（金）维和分队一名士兵遭巨蟒吞噬牺牲'的消息。国防部维和事务办公室官员 5 日表示，报道严重失实，我赴刚果（金）维和部队从未发生过此类事件。"另有网友指出:"这是一条假新闻，被吃的那人不是中国人，而是外国的一名国际观察员，我有真实的照片，有想看的话可以发。我也是中国驻刚果（金）

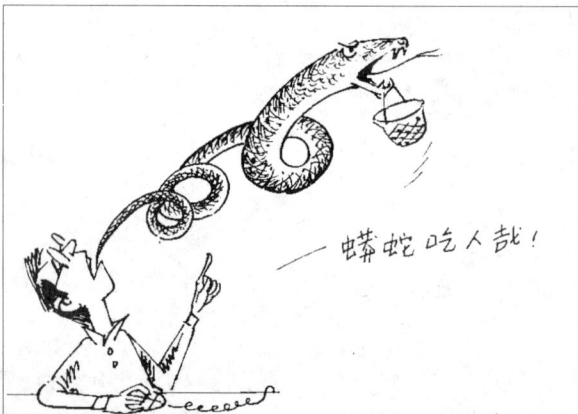

——蟒蛇吃人哉！

的一名维和战士。"

3 月 6 日，《西安晚报》刊发"情况说明"："3 月 2 日本报刊登《非洲维和载誉而归—— 一维和队员讲述在刚果（金）经历》一文中关于'一名中国维和队员被巨蟒吞噬'的内容系被采访对象给记者提供的情况有误，经查并无此事，特此说明。"

【点　评】

这则假新闻，实在是有些离奇。一方面，记者言之凿凿，明确告知采访对象亲眼目睹了中国维和士兵被巨蟒吞噬；另一方面，国防部维和事务办公室官员表示，报道严重失实，我赴刚果（金）维和部队从未发生过此类事件；而第三方网友则指出："这是一条假新闻，被吃的那人不是中国人，而是外国的一名国际观察员，我有真实的照片。"在这种情形下，很难用常识和逻辑来加以推理判断究竟谁对谁错。因此，最后只能以权威部门的结论为准。新闻学的一个基本理论就是：新闻报道永远是一个寻求权威信源认定事实的过程。官方对事实的认定可以消除道听途说的信息混沌状态。遗憾的是，我们的记者往往忽略了这一点！

二、上海方言"嗲(dia)"字收入《牛津英语词典》

【刊播媒体】《竞报》

【发表时间】2008 年 3 月 19 日

【作　者】张　暄

【"新　闻"】

日前，牛津英语在线词典上将上海常用词"嗲"收入词典中。"dia"被定义为名词，意指"嗲的事物"，用作感叹或者表示同意，此外还加入了"diaist""diaistic""diaism"等相关词汇。这个来自"dear"的"嗲"原本就是英语世界的词汇，此番又改头换面回到了英语世界。《牛津英语词典》旨在收录所有已知词汇的用法，以及词汇在不同地区之英语的变化，不少对英语词汇的学术研究都以它作为切入点。《牛津英语词典》主编 John Simpson 在一份声明上说明，"dia"因为在上海这个国际大都市的知名度而被收录，也正符合《牛

津英语词典》顺应潮流日新月异的宗旨。

【真　相】

《新民晚报》3月29日报道，近日被国内各大新闻网站竞相转载的《牛津英语大词典》新收上海方言'嗲(dia)'字"的报道，疑为提前出笼的愚人节新闻。记者昨天致电牛津（上海）咨询有限公司询问详情，词典部的余先生表示不知此事，他在牛津英语在线词典上也没有查到"dia"字。随后他通过在香港的牛津大学出版社（中国）有限公司词典部刘经理向英国本部求证，昨晚8时终于给了记者明确答复：牛津英语在线词典并没有收录"嗲（dia）"字，相关报道有误。《北京青年报》也收到了来自《牛津英语词典》出版方、牛津大学出版社的邮件，对"上海方言'嗲(dia)'收录进《牛津英语词典》"予以了书面否认。该报记者通过网络搜索发现，在《"嗲(dia)"字被收入牛津英语词典》一文出现前，有一篇落款"叽歪"的汉语博文中出现了媒体盛传的"dia"的相关词汇。随后，记者通过搜索引擎查到"唯一"出处，是一个名为"敌托邦的栖息者"的博客，该博客2007年4月6日的博文内容与报道《"嗲（dia）"字被收入牛津英语词典》中完全一致，所举例句也全部在报道中出现过。该博客内容显示，其作者为一名在上海学习的台北年轻学生。所谓"'嗲（dia）'字被收入牛津英语词典"乃其恶搞也。

【点　评】

说来惭愧，虽说生在上海长在上海，平日里有时也说"嗲"，但作文造句从未用过"嗲"字，更不知此字系出名门，乃英文之"dear"也。乍读此文，沾沾自喜之余，不免埋怨上海媒体漏报特大新闻，怎么让北方媒体抢了先？其实，北方媒体的同仁不妨逆向思维，如此轰动的新闻，"嗲"字出生地的沪上媒体岂能无动于衷？而且，既然知道"牛津英语在线词典"等关键词，何不上百度、谷歌去搜索一下？

新闻同仁切记，天上决不会掉馅饼，因此，借用一句上海话：勿要发嗲！

三、北京房地产商协会会长赞成炸掉故宫盖住宅

【刊播媒体】《东方今报》

【发表时间】2008 年 3 月 25 日

【作　　者】余　东

【"新　　闻"】

"账其实很好算,与其每年花十多亿元维修,不如干脆炸掉故宫,彻底改造成建筑用地,大大解决北京土地资源匮乏引起的房价暴涨。"

近日,一位房地产商通过媒体发出此番"肺腑之言"。对此,北京房地产商协会会长胡云景表示认可。他表示,如果将故宫占的土地全部改为建筑用地,约可以提供 2400 万平方米的可居住面积,至少可以为 120 万人提供住房,北京住房价格届时会有大幅下降。

【真　　相】

网友"那年那月那天" 2008 年 3 月 26 日凌晨在红网论坛发帖,指出:"这也太假了吧,两年前网友恶搞的帖子竟然又被当作新闻发出来了。"原来,《信息时报》早在 2006 年 5 月 30 日已有报道,揭露《北京房地产商建议炸掉故宫改为建筑用地》是假新闻。当时该报记者从网上发现了这个帖子的原始版本,题目是"阻碍开发建设,专家建议炸故宫"。在这个原始帖子里,发帖人有一个"编首语":"需要先阐明的是,这篇所谓的新闻是作者个人炮制出来的文学作品,并非事实。令作者写作此文的原因是以下事实新闻:阻碍长江开发建设,专家建议炸掉南京长江大桥。由南京长江大桥类推至北京故宫,虽然作者行文激愤,但也并非是杞人忧天。"作者署名"网易乱弹日报"。原来,这只是网友的一篇"乱弹",但经过千百次的转载后,发帖人的"编首语"已经被人有意无意地去掉,

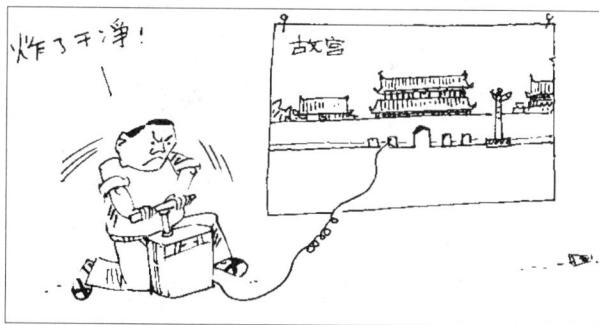

文中的人名也做了改动，剩下一篇"几可乱真"的"新闻"，让众多难辨真假的网民白白激愤了一回。而且更发噱的是，两年后这条"新闻"居然又东山再起、卷土重来。

【点　评】

今天的记者生逢其时，借助互联网的威力，可以将新闻的触角无限地伸展到任何遥不可及的地方。然而，任何事物都有其利弊，互联网亦然。据粗略的统计，当今世界平均每秒诞生 1.4 个博客，新增博客文章 17 篇，世界上博客文章的总数约为 13.5 亿，相当于数百万本书籍的内容。面对如此浩瀚的信息海洋，谁能保证其真实的成分究竟有几何？记者若想以博客中的内容作为报道的依据，无异于竹篮打水。近年来频频出笼的假新闻，就是必然的结局。结论是，想要让虚拟的根茎结出现实的果子，要么是痴人说梦，要么是智商为零。

四、六旬老人考取清华研究生激励儿子

【刊播媒体】《黑龙江晨报》

【发表时间】2008 年 5 月 8 日

【作　者】金　雷

【"新　闻"】

62 岁的哈尔滨市民老滕因儿子没有考上名牌大学，为了激励儿子，自学考上清华大学研究生。2005 年，老滕的儿子小滕即将参加当年的高考。老滕对

儿子说："你只能考北大、清华，不然天津大学也行，如果考不上，你就别考了，去别的学校也没有意思。"高考后，小滕以 637 分的成绩考进了南昌大学。为此，老滕狠狠地将儿子骂了一通。

失望、气愤的老滕对儿子说："你考不上名牌大学，

我给你考一个看看。"经过一年的努力，2006 年，老滕报考了清华大学艺术学院研究生班。考试的科目有专业知识、政治、外语。老滕以优异的成绩成为了 2006 级清华大学艺术学院研究生班 27 名学生中的一员。老滕拿到清华大学录取通知书到学校报到时，发现班上的同学都在 30 岁左右，就连他的老师也只有 46 岁。

【真　相】

5 月 9 日上午，新民网记者首先致电清华大学求证。相关部门答复说，清华大学的院系设置中并未设置"艺术学院"，而与之相关的只有"美术学院"。于是，记者又向清华大学美术学院求证。清华大学美术学院教务办公室一名工作人员在接受采访时说，清华大学美术学院 2006 年没有招收一名 60 多岁的硕士研究生。

"按照规定，清华大学美术学院招生有年龄限制，一般来讲，硕士研究生不超过 40 岁，博士研究生不超过 45 岁。"追问真相一直没有停止。四川一记者直接把电话打给了采写"六旬老人考清华"一文的记者。该记者称，老滕并非考上清华大学研究生，而是报名参加了清华大学中国画高级研修班学习。随后，有记者与中国画高级研修班的主办单位清华大学继续教育学院进一步取得了联系。该院一位相关人员介绍，清华大学继续教育学院成立于 1985 年，办学培养的对象为非学历教育，这与研究生招生考试有着本质的区别。仅 2006 年在学院接受的面授培训人数就达到 3.98 万人次。该人员说，研修班与研究生班的另一个区别是入学一般不需要考试，毕业也不发给毕业证。

【点　评】

如今新闻单位的编辑记者大都上过大学，因此，对于大学的情况肯定非常熟悉，所以，当事记者理应知道不可能会有 60 岁以上的研究生。退一万步说，如果该记者没有读过大学，也没关系，只要打个电话，就能判定真伪。正如事后该记者称："我已经同清华大学相关部门进行了核实，老滕并非清华大学美术学院在读研究生，而是在该校中国画高级研修班脱产学习。"可见核实工作并非难如上青天，不过是举手之劳。但是，如果这样，这条"新闻"肯定上不了版面，记者的"工分"或许也就少了许多。于是，是否宁信其有不信其无，因而有意无意地不去核实？当然，这是以小人之心度君子之腹，但愿并非如此。

不过，记者的职业操守、采访规范焉得置之脑后？

五、郭晶晶怀上霍启刚骨肉欲离队

【刊播媒体】环球网

【发表时间】2008 年 5 月 8 日

【作　　者】未具名

【"新　闻"】

据新加坡媒体报道，近日，国家游泳队在例行体检中，晶晶被检查出有孕，水上运动中心有关领导连夜召开紧急会议，最后本着以人为本，尊重运动员的自身选择，同意晶晶离队。据有关接近该消息的人士称：晶晶正在办理离队手续。新加坡媒体驻香港的记者曾在香港碰到香港奥委会主席霍震霆，问有关晶晶怀孕事宜，霍笑而不答言他，最后说了一句："我们尊重孩子们的选择。"当（新加坡媒体）记者赶赴国家跳水集训中心时，就上述两人的事采访有关领导，领导都避而不答言他，推到新闻办。赶到新闻办，新闻办以不知情为由拒绝回答。据一和记者私交甚笃的好友告密，这次在风头浪尖的跳水队决定对该消息封锁。

【真　　相】

中新网 5 月 9 日电：北京奥运开幕在即，身为国家跳水队主力的郭晶晶一直忙于训练。此间有外电报道称，郭晶晶在游泳队的例行体检中，被查出"怀有身孕"。该消息称，水上运动中心已经同意郭晶晶离队，更有消息人士透露，郭晶晶正在办理离队手续。记者今天就此事向国家体育总局游泳运动管理中心求证，游泳中心表示，对于此种传闻根本不会予以理会。

其实，早在 2005 年 2 月，在不少网络论坛上就出现了一条题为"晶晶怀孕了，正在办理离队手续"的新闻，其具体内容如下：新加坡《九报》独家报道：近日，国家游泳队在例行体检中，晶晶被检查出有孕，水上运动中心有关领导连夜召开紧急会议，最后本着以人为本，尊重运动员的自身选择，同意晶晶离队……

将这篇新闻与今年 5 月的报道对照一下，不难发现，后者不过是将前者照抄了一遍，只是将其从网络论坛搬到了网络新闻之中。至于新加坡是否真的存在《九报》（旧报的谐音？）、"记者高笑"是否是"搞笑"的谐音，目前还不得而知。但可以确认的是，这条当时已经被证明是假新闻的报道，

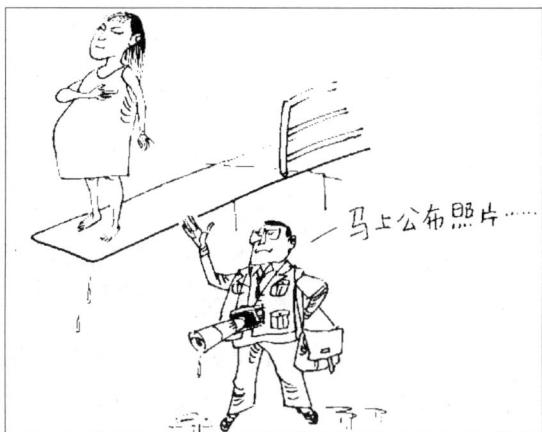

马上公布照片……

结果又在 3 年之后死灰复燃，并且掀起了更大的波澜。

【点　评】

中国百姓孤陋寡闻，或许的确不知道新加坡是否有张报纸叫《九报》，是否有个记者叫"高笑"。但搞笑的是，作为拥有众多通晓世界各国语言的记者编辑、以报道环球新闻为己任的媒体，却把子虚乌有的《九报》当作"新加坡媒体"隆重推出，岂不令人大跌眼镜？尤其是在北京奥运会前夕，将三年前的残羹剩饭重新回炉上桌，目的何在？当一家媒体对女人的肚子感兴趣之时，也就离九流小报不远了。

六、济南铁军探路映秀，两人牺牲

【刊播媒体】四川在线

【发表时间】2008 年 5 月 16 日

【作　　者】李　和

【"新　闻"】

"G213 线映秀至草坡段被称为死亡之路，随时都有大石头从山上滚下，一路非常危险，但是作为一支铁军，我们必须克服种种困难，抵达草坡镇展开营救。"16 日上午 9 时许，在映秀济南军区某红军师秋收起义红二团团长给 330 名先头部队开动员大会。330 名官兵背着干粮、大米、矿泉水、铁锹。"一

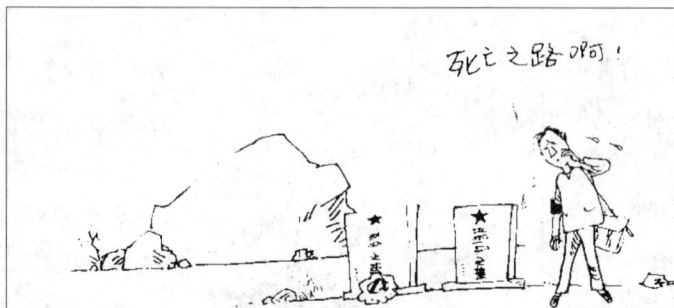

路上现象环生（原文如此——编者注），大家要做好充分的思想、物资准备，此次任务就是一场战争，保持好队型（原文如此——编者注）直抵草坡镇。"某官兵（原文如此——编者注）告诉记者，先前部队已派出4人小组去探路，只有两人返回，其他两人则"永远都回不来了"。很多从汶川撤离的群众，经过此段时有些就被山上滚下来的石头砸中，伤亡不小，"这就是名副其实的'死亡之路'"。

【真　　相】

5月18日人民网报道："总参作战部副部长马健18日说：中国军队救灾过程中没有亡人报告。地震造成军队系统死亡7人，均系地震导致的建筑物垮塌造成。"

5月28日，中新网报道："最近，有门户网站称，济南军区某红军师侦察连两名侦察兵在前往汶川县映秀镇抗震救灾途中牺牲。济南军区司令部授权中国新闻网发表声明：这些纯属谣言。截至目前，济南军区抗震救灾部队并无人员死亡，现在抗震救灾工作正科学有效、有条不紊地进行。"

【点　　评】

且不论该报道的新闻事实究竟如何，单就文字而言，实在不敢恭维。一篇不足300字的报道，却错字连篇："险象环生"错成"现象环生"；"队形"错成"队型"；而"某官兵"一词，更不知其所指，究竟是"官"还是"兵"？一个记者，连采访对象是士兵还是军官都搞不清楚，还能指望他能准确地报道新闻事实吗？如今，据说全国已有新闻院校、新闻专业教学点八百余个，恐怕早已创下了世界吉尼斯纪录。但是，从这篇报道来看，数量永远取代不了质量。即使该记者不是新闻专业毕业，那么，作为新闻单位，业务培训的质量又如何呢？由此可见一斑。

七、比尔·盖茨花亿元租房看奥运

【刊播媒体】《成都商报》等

【发表时间】2008 年 7 月 23 日

【作　　者】王继飞

【"新　闻"】

8 月，不但全世界最顶尖的运动员聚集北京，全世界众多富豪也把来北京看奥运视为一种时尚，并早已订下套票，这其中就有美国的前世界首富比尔·盖茨。不过，这位已将数百亿美元家产投入到慈善事业的软件巨人，这次不会在北京住酒店，他花了 1 亿元人民币，为自己租下了一个离水立方不到 180 米的空中四合院，推开四合院窗户，向外眺望，水立方与鸟巢一览无遗。四合院分两层，面积大约 700 多平方米。不过，就算你跟盖茨一样有钱，你也买不到，那里的四合院只租不卖，盖茨也只能年租而已，一年租金高达 1 亿元人民币。

【真　　相】

网易科技分别于北京时间 23 日上午 10 时和北京时间晚上 11 时向盖茨办公室以及比尔和梅琳达·盖茨基金会办公室方面发信求证巨资租楼事件，负责比尔和梅琳达·盖茨基金会的公关负责人 Mala Persaud 回复表示，将介入调查此事，并尽快给网易科技答复。7 月 24 日凌晨，比尔·盖茨官方向网易科技独家证实，媒体报道的盖茨在中国花 1 亿元租楼看奥运的消息 "我们可以确认该消息是假的。" 另外，微软全球资深副总裁、微软中国董事长张亚勤在

这下看到奥运了吧……

出席一个新闻发布会时也对媒体暗示，盖茨巨资租房看奥运事件可能是房地产商的炒作。他对媒体提到该事件时称其为假新闻。

【点　评】

天下之大，无奇不有，就在多方均证实"盖茨巨资租房"乃子虚乌有时，《成都商报》体育新闻部相关人士（非当事记者本人）在与新浪科技连线时却连连喊冤，坚持说这个新闻并不是假新闻。理由是："第一，我相信我们记者的职业道德；第二，我们记者所做的就是客观记录他所采访到的内容，并没有向文章里添加自己的东西；第三，关于这个报道，我们的记者确实不是以记者的身份去采访的，你是同行你知道，如果说自己是记者的话，有些信息可能根本拿不到。"如果当记者果真如此简单，只须有闻必录而不必核实，那么，新闻院校也就没有存在的必要了。

八、"孙中山是韩国人"

【刊播媒体】《新快报》

【发表时间】2008 年 7 月 31 日

【作　　者】何振涛　杜　克

【"新　闻"】

韩国成均馆大学历史学系教授朴芬庆经过对孙氏家族族谱仔细发掘研究，包括对中国姓氏文化古籍的研究，已经发现中国伟大革命先驱——中国人孙中山，实际上身上流的是韩国的血。

韩国《朝鲜日报》报道，韩国成均馆大学历史学系教授朴芬庆表示，大约

在公元前 1000 年，生活在朝鲜最南端、今天的济州岛附近的古朝鲜人，曾组成军队为周朝作战。其中一部分由于战功显赫，被周文王封于孙

（今河南省宜阳县境）。其首领称为孙伯，即孙国首领之意。《通志·氏族略·以邑为氏》载："孙氏，周文王所封，世为周卿，士食采于孙，子孙因以为氏。"《翠亨孙氏家谱》二修一卷载："吾姓系出周孙伯之后，世为周卿，因国为氏。"由此证明，孙氏起源于韩国。朴芬庆称，根据对广东孙氏家族聚居遗址的调查，可以认为，孙氏家族的生活带有明显的朝鲜色彩，不属于中国本土文化。在原始的孙氏家族古籍中，可以发现许多古朝鲜文字转化的外来字，充分说明孙中山具有韩国血统。《朝鲜日报》记者正在对这一重大发现进行跟踪报道，预计今年年底将写成关于孙氏家族起源真相的系列书籍。关于孙中山祖先从韩国迁往中国的考古纪录片的拍摄也在计划之中。

【真　　相】

韩国驻华大使辛正承 8 月 17 日在京表示，有关韩国《朝鲜日报》刊登"孙中山是韩国人"的报道说法毫无根据，属于捏造事实。"这些内容都没有根据，是捏造出来的。我们非常重视中国网站发布的这些内容，中国有十三亿人，其中有两亿网民，对这样的事情我不可能一一去辟谣。"辛正承表示，"两国网民应该根据事实交换信息。"经国内外众多媒体追查，查明此消息缘于 7 月 28 日天涯社区"国际观察"版一名叫"huhuhu8hu"的网友发布的一篇题为"朝鲜日报：孙中山原来是韩国人"的帖子。《新快报》去年通过题为"韩中文化战争"的特别报道，报道了首尔大学历史系教授朴正洙（音）建议把汉字申请为世界文化遗产一事。但经确认，首尔大学历史系和东方史学系根本没有叫朴正洙的教授，内容也纯属虚假。

【点　　评】

中国和韩国，有着非常深厚的历史渊源和一衣带水的友好关系。作为负责任的中国媒体，理应为两国人民的世代友好添砖加瓦。但是，《新快报》的所作所为，却与此背道而驰，屡屡用有损于韩国形象的假新闻，煽动中国民众的反韩情绪。

特别荒唐的是，在该报道后面，还罗列出所谓"韩国研究'成果'选摘"：

● 西施是韩国人。

● 李时珍是韩国人。

● 姚明是韩国人后裔。

● 毛泽东是韩国人后裔。

● 熊猫的故乡发源地在韩国。

● "端午"起源于韩国，为其申遗。

● 佛教创始人、一直被认为是印度人的释迦牟尼是韩国人。

● 韩医针灸为国际标准，"超过中国，证明了韩医的优秀性"。

● 在其新版的万元纸币上印着中国古代天文发明"浑天仪"，称是其发明，为"国宝"。

其实，只要稍具常识，就能判断这些所谓的研究成果大多荒谬绝伦，是网友们的恶搞。

《新快报》刊登此新闻后，一天时间，网易转载该文后的网上留言达7000多条，腾讯网有关该文的留言更多达16万条，从支持和反对的比例可以看出，超过99%的网民对韩国表示愤怒。

更令人不解的是，事发后，《新快报》方面辩称："本报社里没有这两人（何振涛、杜克），新闻只是转载自网上的文章。"但是，既然是从网上转载而来，为何报道的正文前加上"新快报讯"（按业内惯例，这表明该报道系本报记者或通讯员采写，系本报认可的产品）？而且，只要做个简单的搜索，就可发现何振涛、杜克近期在《新快报》上分别署名发表了大量国际报道，难道堂堂《新快报》的国际新闻，都转包给这两位网民了？实在难以自圆其说！

九、高速列车3秒钟可跨越长江大桥

【刊播媒体】《武汉晚报》

【发表时间】2008年9月11日

【作　　者】左洋吏　林　山　杨学军

【"新　闻"】

3秒钟！一趟高速列车就可跨越长江。昨日，天兴洲长江大桥钢梁全部合龙，建成通车后，可允许列车时速达250公里。据了解，天兴洲大桥正桥全长4657米，其中正线钢梁跨越长江1092米，两侧采用高架延伸，下线进入武汉火车站不与公路相接，因此，高速列车过桥不用踩刹车，继续保持高时速，还突破了厄勒海峡大桥 160 公里／小时，刷新世界纪录，也是世界上列车跑得最快的大桥。

【真　　相】

四川新闻网第二天刊发文章《"时速 5588 公里的火车"让媒体蒙羞》，为读者演算了这道算术题：一个小时有 3600 秒，3 秒钟过一次，就是说，这列火车能以这种速度一个小时过 1200 次。简单的乘法，$4.657 \times 1200 = 5588.4$，因此这列火车的速度是 5588.4 公里／小时。这是什么概念？上海的磁悬浮列车的速度是 400 多公里／小时，世界上最快的列车速度也才 550 公里／小时，而超音速飞机的速度也不过 1065 公里／小时，也就是说，这列火车的速度达到了超音速飞机的 5 倍多，可谓空前绝后的"超超音速火车"了！其实，按照文中的数据很简单地就可以得出高速列车的过桥时间：桥的长度除以火车的时速 250 公里／小时，得到的结果为大约 68 秒，也就是一分多钟。

11 月 5 日，《武汉晚报》以"时速 200 公里！火车两分钟跨越长江"又刊发了后继报道，"昨日，看了武钢，50 名市民代表搭乘读者大巴，又来到建设之中的天兴洲公铁两用桥。建设指挥部相关负责人向大家介绍：不用两分钟！一趟高速列车就可跨越长江。"可看作一个另类"更正"，正所谓"犹抱琵琶半遮面"。

【点　　评】

在多年的假新闻评选中，因关键数据出错而涉假者屡见不鲜。其实，像这类简单的算术题，对小学生来说都易如反掌。但是，不知为何，记者连同编辑却经常犯如此低级的错误，做错非常简单的算术题。众所周知，"三审制"是新闻单位的铁律，但是，这样的铁律却管不住低级错误的一再发生。原因何在？媒体不妨认真自查。

十、李佳薇和李湘前夫李厚霖结婚

【刊播媒体】《成都晚报》

【发表时间】2008 年 10 月 7 日

【作　者】舒　强

【"新　闻"】

新加坡乒坛一姐李佳薇于上月末在北京扯证结婚。昨日，记者从有关渠道获悉，迎娶京城美女李佳薇的，竟然是著名娱乐明星李湘的前任老公李厚霖。据悉，两人今年 3 月经人介绍认识，李佳薇年初与前男友苏西洛结束恋爱关系，北京奥运会后她结束恋爱财产纠纷，9 月底就在北京闪电般与李厚霖扯证结婚。李厚霖是个新闻界争议很大的人物，两年前与李湘离婚，目前 35 岁的他经营的恒信钻石宫殿，在北京、哈尔滨、天津和上海共有 5 家旗舰店。李佳薇之前就曾透露很希望自己的孩子也能姓李，甚至有过自己生两个孩子，一个跟夫姓、另一个跟自己的"李"姓的念头。如果不临阵更换男友，她的一个孩子将肯定姓"苏"了。但老天最终撮合了这一对"李"氏爱侣，李家无论将来有多少孩子，都能随李佳薇之意统统姓李。

【真　相】

《成都晚报》社 2008 年 10 月 8 日发表《致歉声明》："本月初，新加坡媒体率先报出李佳薇女士已与北京圈外男友在北京注册结婚的消息，随后国内媒体相继对此进行了报道。

昨日，本报在 17 版刊登了主体内容为'李厚霖与李佳薇九月末在北京结婚'的文章，文章中关于李厚霖先生结婚的报道未能与当事人正面求证，在李厚霖先生发表否认声明后，本报认真调查核实，

证实该新闻报道内容失实。为此,本报本着新闻的真实性原则和实事求是精神,特就因本报记者的工作失误而给李佳薇女士、李厚霖先生带来的伤害和不良影响表示诚挚的歉意!并向广大读者真诚致歉!"

【点　　评】

如今的传媒,不知为何,对于名人的婚姻越来越有兴趣,有时皇帝不急急太监,于是情急之下,便胡乱点起鸳鸯谱来:今天说这对天造地设一双,赶快成婚;明天说那对鲜花插在牛粪上,还不分手?就在这则假新闻发生的同时,还有假新闻传来:著名演员王刚已奉子成婚,女方是中央电视台主持人罗晰月。依据为何?无非一个是男,一个是女;一个离婚单身,一个老大不嫁;一个主持北京电视台的"天下收藏"节目,一个主持中央电视台的"鉴宝"节目。王刚为此气得咬牙切齿:"这假新闻连赝品都不如!"可是,我们的媒体却年年要炮制出这些"连赝品都不如的"假新闻来!奈何?

2009 年不完全备忘录

●《新闻记者》2009 年第一期发表编辑部文章《八年新闻打假，留下五大困惑》。

新闻打假八年来，虽然过程有曲折有风波，尽管其中有忧愁有苦涩，但我们义无反顾。令我们感到欣慰的是，我们的行动得到各级领导和众多读者的关心和支持，而且，前七年评出的年度十大假新闻，没有一件事后证明是我们评错了，更没有一回被诉至法院。当然，前来胡搅蛮缠者有之，发来律师函者有之，威胁要将我们送上法庭者有之，但真正敢动真刀真枪的，到头来一个也没有。但是，这八年的打假过程中，的确也有不少困惑如影随形，一直搅扰、苦恼着我们，让我们难以排遣、释然。适值第八年的"十大假新闻"推出之际，特坦陈心迹，和盘托出，求教于广大同仁。

困惑一：假新闻的判定标准究竟是什么？

在八年的新闻打假实践中，认定一则新闻为假新闻，我们认为首先必须满足这几个条件：一是要有权威信息源的认定；二是要有当事方的确认；三是发布媒体事后更正和道歉；四是新闻的主要事实严重失实；五是全国媒体所表达的主要民意。最后还要根据责任的大小、所造成后果的程度、媒体的社会影响力等一系列因素，经综合考量后最终确认。但是，近年来新闻界有人认为，只要是没有主观故意，也不是凭空捏造，即使新闻内容严重失实，也不能认定为假新闻。如果按照这样的标准，那么是否除了"纸箱馅包子"外，就没有假新闻了？对此，我们困惑不已！

困惑二：只要能产生良好的社会效果，即使造假也可以容忍？

5 月 12 日汶川大地震发生后，一则疑似假新闻广泛流传："在一位死去的母亲身下，躺着她的孩子，包在一个红色带黄花的小被子里，大概有 3、4 个月大。因为母亲身体庇护着，他毫发未伤，抱出来的时候，他还安静地睡着。他熟睡的脸让所有在场的人感到很温暖。随行的医生过来解开被子准备做些检查，发现有一部手机塞在被子里，医生下意识地看了下手机屏幕，发现屏幕上是一条已经写好的短信：'亲爱的宝贝，如果你能活着，一定要记住我爱你。'看惯了生离死别的医生却在这一刻落泪了。手机传递着，每个看到短信的人都落泪了。"经查，纸质媒体中首先予以报道的是某国家级大报。随后，国内外质疑声不断，有人开始追根寻源，发现此"新闻"来自网络，属典型的"八无新闻"——无时间，无地点，无人名，无作者，无目击者，无证实者，无消息来源，追查至今仍无结果。即使启动网络"人肉搜索"，即使四川一家报纸出资悬赏当事人，最终也不了了之。但是，却有相当多的人包括媒体从业人员对此表示宽容：这个"母爱短信"的报道在当时动员赈灾过程中，发挥了非同寻常的作用，别追究了吧！按此说法，只要能让人们感动流泪，只要能起到积极、正面的效果，新闻的真假就不再重要。难道只要能产生良好的社会效果，即使造假也可以在所不惜？对此，我们困惑不已！

困惑三：转载媒体是否应负核实责任？

八年来，中国新闻界发生过无数回一家"感冒"、百家"吃药"的奇观。以2008年的假新闻《六旬老人考取清华研究生激励儿子》为例，据不完全统计，短短两天内，便有两百多家媒体相继转载。一些媒体还煞有介事地配发评论。无庸置疑，目前我国新闻界的转载行为非常普遍，但殊不知转载同样要承担核实责任——这不仅是新闻学界和业界的共识，主管机关也早有明文规定。而且，1998年《最高人民法院关于审理名誉权案件若干问题的解释》第三条也规定："新闻媒介和出版机构转载作品，当事人以转载者侵害其名誉权向人民法院提起诉讼的，人民法院应当受理。"从而确立了转载者需承担法律责任的原则。但是，近年来"转载媒体应负核实责任"的认识正在逐渐模糊，不少涉假媒体甚至以"本报系转载"为由，不仅不认错，反而振振有辞。对此，我们困惑不已！

困惑四：重大题材的新闻摄影作品是否允许PS？

2007年，新华社中国图片总汇、人民图片网、中国新闻图片网、五洲传播图片库及东方IC图片中心联合发出《五大图片网站抵制虚假图片联合公告》，其中明确规定："不允许摄影师对拍摄的原始数码图像文件的数据做任何修改。

决不允许在照片上随意增加影像或删除局部影像,甚至改变画面内容(剪裁画面中无关部分除外)。"(《中国新闻出版报》2007年9月5日)近年来,我们也据此标准判定一些新闻摄影作品为假新闻。在近年来举行的新闻摄影作品评奖活动中,也是根据这个规定,不少新闻摄影作品落选,有的先被评上后又取消,甚至有摄影记者因此而被媒体辞退。应该说,新闻摄影作品不允许PS,这在新闻摄影圈中早已达成共识。但是,2008年,某国家级通讯社发出的两张报道中国国家领导人活动的新闻照片,被发现明显经过PS处理,造成相当恶劣的社会影响。有人为此辩解:在重大新闻事件中,摄影记者要拍到一张满意的照片实属不易,因此PS早已司空见惯,不必大惊小怪,更算不得假新闻。果真如此吗?对此,我们困惑不已!

困惑五:商业炒作算不算新闻造假?

2008年11月30日,"晋商包机进京抄底团购豪宅""山西煤老板包专机进京购豪宅选购300万至1000万元楼盘"等相关新闻在网络上开始热炒,随之不少媒体纷纷跟进。《山西晚报》记者进行了调查采访,发现事实并非如此——没有一个人是煤老板;也不存在包机,而且买的还是低价折扣票;是看房团而不是购房团……但对于事实的真相,却几乎没有人去追究,记者接触到的当事者除了表示愤慨外,都没有提出要进一步交涉。而"煤老板包专机购豪宅"的传播,却被评价为"一次地产营销的成功案例"。其实,近年来,类似这样由媒体发起、组织的商业炒作不胜枚举,但新闻界却见怪不怪,习以为常,甚至以能分一杯羹为幸事。借媒体平台进行商业炒作所炮制的虚假新闻,难道可以不予追究?对此,我们困惑不已!

我们认为,如果这些困惑无法消弥化解,新闻界不能就这些问题达成共识,那么,长期困扰中国新闻界的假新闻现象将无法得以根治,本刊坚持至今的年度假新闻评选也就失去了实质意义。为此,吁请新闻媒体从业人员、新闻理论研究人员开展深入研讨,明辨是非,求同存异,达成共识,为维护新闻事业的纯洁性和新闻真实性原则而不懈努力!

否则,我们的新闻打假还有必要坚持下去吗?这是我们最大的困惑!

● 2009年1月23日《联合时报》发表李天扬的评论《从"十大假新闻"

说起》。

上海有本杂志，叫《新闻记者》，是新闻专业杂志。这本杂志有句广告语，叫"《新闻记者》不仅仅给新闻记者读"。我是做新闻的，是这本杂志的读者。至于非新闻专业的人，要不要看，我说了不算。不过，每年的第一期《新闻记者》，倒真的适合每一个人看。因为，《新闻记者》每年都会评出上年"十大假新闻"，在第一期杂志发布。至今，八年了。

相信读者诸君会有兴趣，我先做一回文抄公，把"2008 年十大假新闻"抄在下面：

一、巨蟒吞噬中国维和士兵；

二、上海方言"嗲 (dia)"字收入《牛津英语词典》；

三、北京房地产商协会会长赞成炸掉故宫盖住宅；

四、六旬老人考取清华研究生激励儿子；

五、郭晶晶怀上霍启刚骨肉欲离队；

六、济南铁军探路映秀，两人牺牲；

七、比尔·盖茨花亿元租房看奥运；

八、"孙中山是韩国人"；

九、高速列车 3 秒钟可跨越长江大桥；

十、李佳薇和李湘前夫李厚霖结婚。

前面提到，《新闻记者》评"十大假新闻"，已经整整八年。杂志编辑在"编者按"中感慨万千："抗战八年，虽然漫长，终获胜利。然而，本刊评选年度假新闻，也已经整整八年，却尚未见到胜利的曙光。可见新闻打假之难！这是八年前我们不曾想到的。"编者按还说："看来，这场持久战恐怕远无停战之日。"这个判断，我同意。

同样在这八年，我国的新闻传播方式发生了巨变。截至 2008 年 12 月 31 日，我国网民规模达到 2.98 亿人，普及率达到 22.6%，超过全球平均水平；网民规模较 2007 年增长 8800 万人，年增长率高达 41.9%。在这八年间，中国网民从为数甚少快速增长到逼近 3 亿。网络的受众，已经大大超过了报纸。报纸受网络冲击之大之快，也超过了八年前的预期。当然，这个冲击也是"全球化"的。在互联网最为发达的美国，最近有两件事意味深长：其一，百年老报《基督教科学箴言报》宣布，将于今年4月起停止出版纸质日报，改为制作网络版；其二，美国新闻奖普利策委员会宣布，从今年起，网络媒体上发表的新闻报道可以参加所有奖项的评选。看起来，美国传统新闻界已经向网络低下了"高贵的头颅"。

网络传播新闻的意义，自不待言。那么，有没有副作用呢？也有，那就是泥沙俱下，真假难辨。《新闻记者》杂志认为，"2008年出现的假新闻，来源于网络的比例远远高于历年"。"十大假新闻"中，近一半，源自网络。另一个数据，也很说明问题：据日前发布的《世界互联网项目报告2009》称，中国网民最"多疑"，多达70%的中国城市网民认为网上信息不可信，居全球之首。

面对网络的挑战，报纸何去何从，说法、做法不一。《基督教科学箴言报》的选择，是一种极端方式，相信大多数报纸不会这么做。那么，报纸出路何在呢？我看，那就是提高报纸的权威性。在网络上，人人都可以当"记者"，这很诱人，但肯定也会为不实信息大开方便之门。但权威信息，又是人人需要的。如果报纸能够守住"真实性"的底线，就有长久生存的可能。如果报纸也满纸假新闻，甚至去"批发"网络上的假新闻，那么，会上网的人们还有什么理由读报纸呢？

假新闻之害，往小处说，是影响媒体声誉；往大处说，是有损社会公信力。新闻打假，光靠一本《新闻记者》，是远远不够的。

● 2009年第二期《新闻记者》刊载中国传媒大学电视与新闻学院新闻系副教授、复旦大学新闻学院与上海文广新闻传媒集团联合培养在站博士后唐远清的文章《对新闻打假者的困惑的辨析和反思》。文章写道：

从2001年开始，《新闻记者》开始在每年底评选"十大假新闻"，在全国新闻界产生了广泛的共鸣和较大的影响。尽管得到了各级领导和众多读者的关心和支持，但在揭露和鞭挞假新闻的过程中，该刊同仁却是"有忧愁有苦涩"，并"有不少困惑如影随形"，"难以排遣、释然"。为此，该刊在2009年第一期推出2008年"十大假新闻"之际，"坦陈心迹"，以编辑部名义发表了《八年新闻打假留下五大困惑》一文，"吁请新闻媒体从业人员、新闻理论研究人员开展深入研讨，明辨是非，求同存异，达成共识"。

认真拜读该文，笔者感同身受，深感对日趋猖獗的虚假新闻的痛恨和对其严重危害的担忧，有责任感的新闻学界和业界有识之士可谓人同此心、心同此理。诚如《新闻记者》主编吕怡然所言:"坚决揭露和抨击新闻造假现象,锲而不舍地鞭挞虚假新闻报道,是一份新闻专业期刊义不容辞的责任。"笔者认为,这也是新闻学者义不容辞的责任。所以,近年来笔者也一直在自己力所能及的范围内坚持"新闻打假",如撰文揭露一些虚假新闻,在《新闻理论》《新闻写作》《新闻编辑》等课程教学中,选择一些虚假新闻案例在课堂上讨论,并在考试中让学生对一些虚假新闻进行评析,希望学生在学习阶段就形成反对虚假新闻的自觉意识和坚定信念。

作者就其涉及的新闻理论和实践问题做了研讨,对《八年新闻打假留下五大困惑》做了一一回应,并认为,为了减少麻烦,回避压力,《新闻记者》在评选"十大假新闻"时,不能只考虑学术标准,还必须权衡考虑其他因素,这也使得一些虚假程度更甚、不良影响更大、更应入选"十大假新闻"的虚假新闻,却排除在外。就以2008年为例,尽管该刊编辑部已然认定在汶川大地震后频频见诸全国众多媒体的"母爱短信"报道是典型的"八无新闻"(无时间,无地点,无人名,无作者,无目击者,无证实者,无消息来源,追查至今仍无结果),从理论上分析完全应判定为假新闻,按其影响范围无疑应入选2008年度"十大假新闻",但却由于种种原因,该刊只能称之为"疑似假新闻"。这既从一个侧面反映了当前新闻打假的困境,也在一定程度上揭示了虚假新闻猖獗的根本原因。

● 2009年第三期《新闻记者》刊载南昌大学新闻与传播学系副教授、中国传媒大学新闻学博士王卫明的文章《假新闻的认定与预防——对"新闻打假的困惑"的思考》,就关于"如何认定假新闻""如何预防假新闻"阐述了自己的意见。

● 2009年第三期《新闻记者》刊载南昌大学人文学院新闻与传播学系讲师、新闻学博士张振亭的文章《关于新闻真实性教育成效的调查与思考》。

作者在南昌大学新闻专业学生中做了一次小型的、探索性的调查,并就有关问题与学生进行了深度访谈。调查结果表明,在校新闻专业学生对假新闻非常反感,但对假新闻的认定标准等问题同样存在不少困惑。对于"假新闻危害极大"这样的说法，分别有 27.27%、47.40% 同学表示"非常认同"和"比较认同"。57.05% 的学生知道《新闻记者》杂志在每年评选"十大假新闻"，而且年级越高，知道的同学越多。这也表明该刊坚持新闻打假起码在新闻专业学生中是有相当影响的。调查结果使作者认为，目前高校新闻专业关于新闻真实性的教育呈现出泛道德化的倾向，学生认为这一老生常谈的话题虽然重要，但道德说教味太浓，枯燥乏味。作者深感，当前泛道德化的"新闻真实性"教育到了非改不可的时候了。

● 2009 年第九期《新闻记者》刊登吴培恭的文章《假新闻的判定标准之我见》。

判定一篇新闻是否假新闻，应看它所写的内容是否与客观事实相符，是否确有其事，是否准确无误。如果所写的内容客观上是不存在的，是作者凭空捏造的，那就是完全虚假的新闻，最典型的例子是"纸箱馅包子"新闻。如果新闻所写的内容，有点事实依据，但基本的主要事实是假的，那就是基本虚假的新闻。如《六旬老人考取清华研究生激励儿子》，有老滕这个人，但他不是研究生，而是中国画研修班学员。由此可见，判定假新闻的标准，主要看这篇新闻所写的内容与客观事实，包括五个 W，是否准确无误。

近年来，新闻界有人认为，只要是没有主观故意，也不是凭空捏造，即使新闻内容严重失实，也不能认定为假新闻。我反对这种看法。我认为，新闻的主要内容与客观事实不符，如 62 岁的老滕考取清华大学研究生，基本事实是假的，就是假新闻。有人提出这样的观点，实际是纵容假新闻，有害于坚持新闻真实性原则。更有甚者，认为只要能产生良好的社会效果，即便是造假也可容忍。

2008 年 5 月 12 日汶川大地震发生后，一篇"母爱短信"的新闻广泛流传："在一位死去的母亲身下，躺着她的孩子，包在一个红色带黄花的小被子里，大概有三四个月大。因为母亲身体庇护着，他毫发未伤，抱出来的时候，他还安静地睡着。他熟睡的脸让所有在场的人感到很温暖。随行的医生过来解开被子准备做些检查，发现有一部手机塞在被子里，医生下意识地看了下手机屏幕，发现屏幕上是一条已经写好的短信：'亲爱的宝贝，如果你能活着，一定要记住我爱你。'看惯了生离死别的医生却在这一刻落泪了。手机传递着，每个看到短信的人都落泪了。"经查，这条"新闻"，5月15、16日在百度贴吧、浙江在线等五家网站上发布。5月17日，一家权威机关报和两家知名报业集团主办的都市报都转载了。此后，更多网络媒体和主流媒体纷纷介入，"于是，一篇虚假新闻就这样在众多媒体的'共同努力'下，造就了一个感动全国人民的'神话'。"（见2008年第八期《新闻记者》，唐远清《从汶川地震后"母爱短信"报道看媒体的转载核实责任》）

我在文中列出"母爱短信"的内容，是想让大家看看，这到底是真实的还是虚假的。新闻采写要求新闻的内容与客观事实相符，要求确有其事，五个W准确无误。但是，这篇所谓新闻，一个W都没有，纯属典型的"八无新闻"——无时间、无地点、无人名、无作者、无目击者、无证实者、无消息来源、追查至今仍无结果。既然"八无"，就是完全虚假的新闻，但把它判定为"疑似假新闻"而未列入2008年十大假新闻，客观上是对虚假新闻的纵容，是不妥的。也许，这是出于无奈吧。

但是，相当多的人对这篇假新闻表示宽容：这个"母爱短信"的报道在当时的动员赈灾过程中，发挥了非同寻常的作用，别追究了吧。我不同意这种看法，假的就是假的，不能宽容。按照这种看法，只要能产生良好的社会效果，只要能产生正面的积极作用，让人感动流泪，即便是假新闻，也可以宽容，新闻传播界岂不就要乱套了吗！

● 四川在线编委会发来《关于"济南铁军探路映秀，两人牺牲"被贵刊列为所谓假新闻的说明》。

《新闻记者》编辑部：

近日，本网惊悉，贵刊在2009年1月刊上刊发的"2008年十大假新闻"里，将本网记者李和冒着生命危险在地震灾区采访的新闻《济南铁军探路映秀，两人牺牲》也列入其中。本网深感震惊，并对贵刊的轻率行为表示强烈不满。

本网记者李和在地震发生后第一时间即深入灾区现场采访，在灾区第一线发回了一系列广受好评的抗震救灾新闻报道。《济南铁军探路映秀，两人牺牲》一稿，是李和在5月16日大地震后第五天，在震中映秀路遇铁军红二团进行采访时获知的消息。该新闻所提"两人牺牲",是基于红二团官兵的描述,即"先前部队已派出四人小组去探路,只有两人返回,其他两人则'永远都回不来了'"。就官兵们描述的这么一个事实,记者当面采访了红二团团长黄长清,黄团长予以证实,并无异议(有采访笔记及照片为证)。此稿刊发后,引起网友强烈关注,网友对子弟兵冒死救援的英勇壮举给予了高度的评价。

当日稍晚些时候,新华网也发布了署名记者李宣良、黄书波、朱映涛的《映秀:我军王牌部队强行突破"死亡之线"两人牺牲》一稿(此稿至今仍刊登在新华网四川频道中),对"两人牺牲"一事进行了报道。当天的电视新闻也播出了采访红二团的图像,并叙述了同样的事实。

至于济南铁军红二团当时描述的情况与最后的伤亡情况是否有出入,因当时是地震后第五天,部队调度频繁,灾区情况复杂,险象环生,通讯极端不畅,情况不允许予以跟踪报道。从后来披露的情况中得知,事实上,采访当天下午,黄长清即率全团官兵冒着生命危险,徒步两天到达汶川草坡一带抗震救灾,并在那里坚守了两个月之久,本网及当事记者无法与红二团取得联系。从新闻发稿后至今,此稿并未造成任何负面影响,宣传管理部门从未对此新闻给出过任何宣传提示,采访对象包括黄长清团长本人也从未对此新闻提出过任何异议。

1月23日接到有关部门通知后,我们通过网络搜索发现,济南军区司令部曾委托中新网发表过"济南军区抗震救灾部队并无人员死亡"的声明,至此才获悉此稿与济南军区披露的情况有出入。我们对此稿客观上对部队官兵及家属造成的心理压力和可能的伤害表示歉意。

即便如此,将此稿评为虚假新闻也是轻率的行为。因为:

其一,记者在灾区现场采访了当事部队官兵,并向红二团团长进行了核实。映秀位于震中地带,情况异常危急,当时采访到的情况与其后披露的信息有出入,当属新闻提供者在巨大的灾情面前、在巨大的心理压力下主观判断失误所致,绝非记者捕风捉影、胡编乱造所致,这与虚假新闻有本质的区别。

其二,当时灾区采访条件异常艰苦。四川在线记者李和在映秀采访期间,深夜在野外和衣而眠,醒来发现自己身边全是遇难者遗体。这样惊心的经历对每个人都是难以想象的,更何况记者还要冒生命危险,背负巨大的采访压力。至今,李和的心理阴影还没有消除。对这样出生入死的记者过份求全责备,是不公正的。将他列为弄虚作假的记者，更是对这位肩负使命、出生入死的优秀新闻工作者的侮辱。

其三，四川在线在地震发生后第一时间，即组织编采人员投入抗震救灾报道。当时，四川在线办公大楼墙体出现裂缝，机房和天花板出现局部垮塌，并在余震中不断颤抖。编委会成员带领全体工作人员，24 小时坚守岗位，连续发布新闻。因为工作出色，被抗震救灾指挥中心指定为权威信息发布网站，成为及时传递党和政府声音的重要网络平台，并因此受到国务院新闻办公室的表扬和嘉奖。此稿在编发上或有粗糙之处，也是基于当时的紧急、紧张的背景，并非把关不严，更非为追求点击率而哗众取宠。

我们认为贵刊将《济南铁军探路映秀，两人牺牲》一稿列为"2008 年十大假新闻"，是在缺乏调查了解的基础上做出的主观判断。贵刊无视抗震救灾初期灾区报道条件，坐而论道，点评轻率，是不负责任的。

请贵刊本着实事求是的态度，对所刊发的"2008 年十大假新闻"进行调整修改，删除涉及本网的相关内容，尽力避免对四川日报报业集团和本网造成进一步的负面影响，避免对当事记者带来新的心理创伤。

如贵刊不及时消除对本网和当事记者的负面影响，本网将保留采取进一步强烈行动的权利。

此函。

四川在线编委会

二〇〇九年一月二十四日

2009年十大假新闻

编者按：近日，重读著名学者甘惜分教授的名著《新闻理论基础》，颇有感慨。关于新闻真实性问题，甘惜分教授认为："每条新闻所反映的事实必须是完全真实可靠的。"在他看来，"做到这一点并不困难"。（《新闻理论基础》121页）或许，在甘教授那个年代，做到这一点的确不难，但在今天的新闻界，却是天下第一难！本刊评选"年度假新闻"九年，但新闻打假依然长路漫漫。

更令人担忧的是，在我们见义勇为、锲而不舍地对虚假新闻报道不懈鞭挞的过程中，发现有些传媒的管理者、领导者对假新闻的态度却日渐宽容起来，从原先的"零容忍"演变为"能容忍"。近年来随着新闻主管部门加大了核查惩处力度，不时有被曝光的传媒老总亲自或派员前来投诉、指责，甚至扬言要诉诸法律。他们辩解的理由无非是："只有主观故意，而且完全捏造事实，才是假新闻。"或曰："本报的报道只是部分失实，算不得假新闻；即使算是假新闻，也排不上十大假新闻。"这里，本刊有必要加以说明，所谓"假新闻"，只是一种约定俗成的说法，在学术上或许有欠准确和规范，事实上也没有官方的权威定义。我们认为，通常所说的"虚假新闻""失实新闻""不实报道"等，均可归入此列。日本同行采用"误报"一词，似可借鉴。其实，那种故意造假、完全捏造的新闻，目前几乎不存在。2009年3月4日，被国家新闻出版总署认定为假新闻的《剑指黄金水道——中国海军索马里护航》，也很难说完全是无中生有，因为其报道的内容不过是抄袭、拼凑了过去的相关报道。至于"十大假新闻"的说法，也是同一年里相对来说影响较大、后果较恶劣而已，很难有量化的标准。因此，在这些问题上反复纠缠，折射出有些老总对假新闻的暧昧态度。这里，也无需提出更高的标准要求，仅辑录大半个世纪前马星野先生主持制订的《中华民国新闻记者信条》中关于新闻真实的要求，比对一下自己的言行："吾人深信：新闻记述，正确第一。凡一字不真，一语失实，不问有意之造谣夸大，或无意之失检致误，均无可恕。"对如此近乎苛刻的新闻真实性标准，那些主张对失实报道姑息宽容的老总们，不知会作何感想？

言归正传。综观 2009 年的假新闻，与往年相比，有如下若干鲜明特点：

1. 呈现两头多中间少的态势

2009 年的假新闻，年头岁尾较多，而中间几个月份相对较少。这与监管部门重拳出击不无关系。不少虚假新闻一经发现，不等秋后算账，立即曝光处理，没有丝毫的犹豫，且处罚力度加大。如 2009 年 2 月 20 日，四川省新闻出版局、山东省新闻出版局分别对刊登有关我护航编队虚假新闻的《华西都市报》《青岛早报》给予警告、罚款 3 万元等行政处罚，将造假者列入新闻从业不良行为记录数据库，终身禁止从事新闻采编工作。与此同时，新闻出版总署还印发《关于采取切实措施制止虚假报道的通知》，要求各地新闻出版单位采取八项措施，制止虚假报道，切实维护新闻单位的公信力。11 月，新闻出版行政部门又查处四家转载引用虚假报道的报纸，并将采取三大措施进一步加强管理，规范报刊采编活动。同时，各地监管部门也有所行动。如云南省虚假新闻公示制正式启动，在全国可谓首开先河。9 月 15 日，云南《都市时报》以 "红河德宏首现聚集性甲流病例" 为题，报道 "德宏芒市某中学确诊 4 例（甲流病例）" 等内容，引起各方面的关注。当天下午，省委宣传部便发布公告，称该报道为虚假新闻。这种即时揭露、及时制止、严厉处罚的做法，起到了相当有效的震慑遏制作用。但愿今后继续推行，并不断加大力度。

2. 权威信息源未必权威

2009 年有不少疑似假新闻，因消息出自权威信息源，难以将板子打在媒体身上。比如上海 "钓鱼执法事件"，事发后浦东新区有关权威部门立即发布调查结果，信誓旦旦声称依法执行任务，向媒体发布了消息，而几天后即被证实这完全是一派胡言。这种造假的 "新闻"，不能算在媒体头上。又比如，2009年 11 月，南京市儿童医院发生一起患儿死亡的严重医疗安全事件，但事发后江苏省卫生厅和南京市卫生局召开新闻发布会，表示医院存在对该患儿病情的凶险程度估计不足，当事医生已停职处理，但医生不存在玩游戏、发牢骚等情况。而后来卫生部门再次发布调查结果显示，眼科值班医师在值班期间上网玩游戏，在患儿家属多次请求下，未对患儿病情进行及时观察，未能及时发现患儿病情变化并采取相应的救治措施。再比如,11 月 24 日海口市工商局擅自发布农夫山泉饮料总砷含量超标的消息，引起市场恐慌，而事实又一次证明，权威信息源未必权威。因此，友情提醒新闻媒体，不能过于相信权威信息源，而应尽力独立采访，查明真相。

3. 主流媒体的新闻网站尚未"入流"

让人大跌眼镜的是，2009 年不少假新闻都来自主流媒体的新闻网站，如《奥巴马送金正日 iPhone 和苹果电脑》的假新闻，源自环球网；疑似假新闻《今起鸟巢、水立方免费开放 3 天》来自新华网；《杨振宁证实夫人翁帆怀孕 3 个月》的假新闻，产自中国日报网。更为可笑的是，有记者联系中国日报网后，工作人员却说："这个稿子是早上挂的，不过已经删除了，因为该稿来源不详，并不是自己的采访稿。"既然来源不详，又不是记者采写的，怎么会挂到网上去的？而环球网更为发噱，以为抢得了一篇"抢眼"的"新闻"，如获至宝，竟在短短一个小时内连发三篇来源不同而内容一样的稿子,"新闻敏感性"不可谓不强，但发稿流程之失范、内部管理之混乱，由此可见一斑。这与"主流"地位恐怕不太相称吧！

4. 隔年旧闻包装成假新闻再次出笼

《国考最热岗位报录比超 4700：1》，准确的出产年份是 2008 年，却被"翻新"，在 2009 年再次出笼；《中国 0.4% 的最富裕的人掌握了 70% 的财富》的炮制年份是 2006 年；而《电影分级确定，但不允许三级片》，生产年份更早，是 2004 年的陈货。"新闻人"假借"新闻"名义干着捡旧闻的勾当，还有何脸面面对信任我们的广大受众？

5. 媒体群体造假屡屡出现

以往造假，往往是个别媒体"单兵作战";而 2009 年涉假，却是众媒体"协同作战"，真是咄咄怪事！《中国海军索马里护航逼出跟踪潜艇》，涉假者为《华西都市报》《青岛早报》；《石家庄积雪比人还高》，涉假者包括《新快报》《西部商报》《黑龙江晨报》；《中国 0.4% 的最富裕的人掌握了 70% 的财富》，涉假者有《人民政协报》《时代周报》《青年时报》;《陈永贵之子陈明亮涉赌涉毒被刑拘》,涉假者为《收藏人物》《书报文摘》《生活文摘报》……其实,几乎每条假新闻后面,都能排出一长串的涉假媒体名单!

岂有此理? 竟有此事!

末了,还要作一点说明。连续八年来,承蒙业内同行和社会各界对我们评选"年度十大假新闻"的关心、支持,本刊的专题文章每次都被广泛转载,影响不断扩大,对此我们深表感谢,并以"社会效益第一"为重,对"版权所有"也忽略不计。不过,希望诸位在转载时将本刊专题文章的全文,即包括编者按(或编后话)、十大假新闻的原始材料、事实真相、点评等一并考量,统筹安排。因为评选是一个整体,其中有前因后果,有内在的逻辑关系,倘只转载案例,不刊发本刊的主张和点评,甚至以实用主义的态度任意取舍,将整体肢解、割裂,有意无意间就会歪曲了我们的原意,误解了我们的初衷。拜托、拜托!

一、中国海军索马里护航逼出跟踪潜艇

【刊播媒体】《华西都市报》《青岛早报》

【发表时间】2009 年 1 月 18 日、19 日

【作　　者】童其志（化名长歌、淡薄、田园）

【"新　闻"】

我军赴索马里水域执行护航任务的舰队遭到不明身份潜艇的跟踪，我军舰与之斗智斗勇，最终成功逼其浮出水面逃走。该报道并未指出潜艇的国籍，但许多网站在配图时均配上了"印度海军基洛级潜艇"的资料图片。更有消息称，《印度时报》《印度教徒报》等报纸也对该事件进行了报道。一时间，中印之间的这次军事较量成为"铁血""强国""新浪军事"等各大论坛上网友热议的焦点。

【真　　相】

3 月 9 日《中国新闻出版报》报道：2009 年 1 月 18 日、19 日，《华西都市报》《青岛早报》刊登了《深海围"鲨"》《猎"鲨"行动》（《"海口"猎"鲨"》）等有关我舰艇编队索马里护航情况的稿件，稿件均为社会自由撰稿人个人杜撰。两报未遵守《关于加强军事新闻宣传管理的通知》相关规定，擅自刊登军事新闻，也未按照《报纸出版管理规定》对稿件严格把关，致使虚假报道见报，并经网络转载、改编后在国内外造成了严重不良影响。对于以上虚假报道，新闻出版总署要求四川省新闻出版局、山东省新闻出版局对相关媒体和责任人做出处理。目

前,《华西都市报》《青岛早报》分别刊发了更正致歉声明,并对相关责任人做出辞退、停职等处理。杜撰该虚假新闻的社会自由撰稿人将被禁止从事新闻采编工作。

【点　评】

假新闻炮制者童其志交代:"我分别从新华网、腾讯网、中国新闻网等网站上下载当天的最新相关新闻,进行篡改整理成为一篇篇假纪实报道稿子,每天都发到《华西都市报》。如果当天没有新闻更新,我就搜索以前有关舰队出访的一些纪实报道进行整合。从 2008 年 12 月 28 日开始一直到 2009 年 1 月 25 日结束,我共发给《华西都市报》26 篇稿子,《华西都市报》全部采用刊发,其中包括《深海围"鲨"》和《猎"鲨"行动》稿件。这两篇稿件完全是我个人将 2008 年 4 月份某杂志刊登的一篇中国海军舰艇反潜纪实的稿子改头换面、杜撰拼凑出来的。"由此可见,《华西都市报》《青岛早报》所发的这一系列报道,都是假新闻,这恐怕也创下了"持续时间最长的假新闻"的世界纪录。但不知为何,有关监管部门只拿其中两篇开刀?

《华西都市报》在这组假新闻的结尾处均注明:"随舰军事记者专供华西稿件,转载必究。"因为是"独家新闻",这样做理所当然,毕竟同行如冤家。然而,该报特稿部却慷慨地将"独家新闻"倒卖给《青岛早报》。难道每年有数亿广告收入的《华西都市报》的记者编辑的成本意识也这么强,千方百计地要摊薄采编成本?抑或搞一点"自留地"创收?

可悲的是,许多权威新闻网站如凤凰网、央视网、中国网在转载此文时,都标明来源于《青岛晨报》。其实,这是一张世界上根本不存在的报纸,因为只有《青岛早报》而无《青岛晨报》。自古有"锦上添花"一词,如今又有"假上添假"之说。

二、《电影促进法》及电影分级制度将出台?

【刊播媒体】《北京商报》

【发表时间】2009 年 2 月 2 日

【作　者】吴　颖

掉一掉……旧闻又变新新闻!

2009电影促进会

【"新　闻"】

国家电影局局长童刚表示:"今年内我们会拿出具体的电影分级意见。电影分级涉及社会的方方面面,还要和中国的具体国情相结合,不是一件很容易的事情。但是,分级是国际惯例,也是社会经济文化发展的需要,是创作人员的要求,也是规范电影市场的手段之一,我们会积极推进。但大家也要有一个清醒的认识:分级并非'救市'良药。中国电影的现状不尽如人意,绝不是简单的因为电影没有分级,也不是说分级了就能对中国电影或者电影市场起到多少决定性的作用。"

【真　　相】

2009年2月7日,《北京青年报》记者张玉洪报道,指出这是一条"拷贝"五年前旧闻的假新闻。该记者从电影局了解到,童刚局长最近并没有对电影分级接受过任何采访。另据查证,此报道与《江南时报》2004年2月24日相关报道主要内容完全一致,堪称"双胞胎"。

【点　　评】

五年前的"陈货",略施粉黛,化腐朽为神奇,转眼就成了一篇新鲜出炉的"新闻",引起市场轰动。《北京日报》的评论,可谓一针见血:"此事不仅让人大跌眼镜,也引起我们对媒体责任的深思。如今,媒体市场竞争激烈,有些媒体过分追逐社会热点以吸引读者眼球,一旦热点不足竟不惜弄虚作假,这种蓄意炒作的方式,不仅违背了媒体的基本职业操守,也给自身的公信力造成了损害。岂不知,媒体的公信力就是媒体的生命线啊!"

三、老板手头紧让五情妇 PK

【刊播媒体】《半岛都市报》

【发表时间】2009 年 2 月 15 日

【作　者】栾　磊

【"新　闻"】

2008 年 12 月初，212 省道崂山龙王庙附近发生一起交通事故，酿成了一死五伤的惨剧。这起原本看似意外发生的交通事故，最终却因死者于某留下的一封"遗书"，让一段错综复杂的隐情暴露于大庭广众之下：城阳某公司老板范某在资产缩水后，为了节省开支，让他所包养的 5 名情妇进行了三轮"竞赛"，以争夺最后一个被包养名额。然而，事件的结局却超出了范某的预料。记者从崂山交警大队获悉，因惨被"淘汰"，与他交往时间最长的情妇于某假装约所有人一起游玩，途中开车冲下悬崖。于某当场死亡，其他人都不同程度地受伤。近日，本案以范某协议赔偿于某家人 58 万元告一段落。

【真　相】

2009 年 2 月 18 日，《半岛都市报》发表《致歉声明及解聘公告》："2 月 15 日，本报在 A3 版刊登了《老板手头紧让五情妇 PK》一稿，后经查证，该稿系本报记者栾磊剽窃加工《知音》杂志励志刊 2009 年第 4 期 2 月版《1 死 5 伤！花心老板紧急'裁减'二奶酿惨祸》一文而成，该记者的做法严重违反了本报关于采编队伍作风建设的有关规定，损害了报纸公信力，误导了广大读者。经本报编委会和采编队伍作风建设领导小组联席会议研究，决定对记者栾磊给予解聘处理，自即日起，栾磊不得再以《半岛都市报》记者名义从事任何采访活动。"

一编就编出崂山龙王庙……

【点　评】

青岛崂山市民在网上投诉："我是一名青岛崂山市民，在崂山生活了 20 年，还从来没有听说过崂山有个叫龙王庙的地方。《半岛都市报》记者为什么要捏造假新闻陷害我们崂山，给我们崂山抹黑，给我们崂山人抹黑，给青岛抹黑？"青岛市民想不明白，我们更想不明白：这些年来，新闻打假越来越严，处罚力度越来越大，却偏偏有人飞蛾扑火，屡屡以身试法。说穿了，就是为了哗众取宠，以求增加报纸销量。有些甚至为此不惜铤而走险，用荒诞离奇的绯闻故事误导读者。顺便提一句，这个胆大妄为的造假者当时不知是如何进入《半岛都市报》社当上记者的？是否经过专业训练？是否知道真实是新闻的生命？尽管已被解聘，但这个造假案教训深刻啊，着实需要举一反三，引以为戒！

四、中国 0.4% 的最富裕的人掌握了 70% 的财富

【刊播媒体】《人民政协报》等

【发表时间】2009 年 6 月 19 日

【作　者】雷　新

【"新　闻"】

收入问题牵动人心，财富问题则牵动着每个人的神经。近几年，随着富豪榜的纷纷出台，中国财富的"集中度"在政协十一届常委会第六次会议专题讨论会上受到常委和委员的热切关注。"我国在社会财富增长加速的同时，出现了财富向少数人手中集中的倾向。中国权威部门的一份报告显示，0.4% 的人掌握了 70% 的财富，财富集中度高于美国。这种大部分社会财富集中在少数人手中的格局，导致了我国消费的不足，甚至产生了畸形的消费。根据调查显示，中国已经成为国际上奢侈品最大的市场。"蔡继明委员说。

大家一道唱，大家没责任……

【真　相】

经查，2006 年 10 月 20 日，《上海证券报》刊登的这篇文章采用的部分数据系境外反华网站刻意编造。2009 年 6 月，某专家在一次专题讨论会上称，"国外一家研究机构估计，中国 0.4％的最富裕的人掌握了 70％的财富"。《人民政协报》未经核实，将此虚假数据在 6 月 19 日《调整收入分配格局不是"杀富济贫"》报道中刊出，并将"国外一家研究机构"改成"中国权威部门"。6 月 25 日，广东《时代周报》网络版刊发题为"贫富分化急遽扩大的危险"的报道，此文以《人民政协报》《上海证券报》报道中的虚假数据等为基础展开述评。《时代周报》的报道刊发后被浙江《青年时报》及一些网站引用或转载。新闻出版部门对上述 4 家报纸刊登虚假新闻提出严厉批评，下达警示通知书，并责成报社对相关责任人作出处理。

【点　评】

虽然新闻出版总署点名批评了这 4 家报纸，但只要上百度搜索一下，就会发现，近年来刊登过类似报道的，绝非这 4 家报纸，我们可以开出一长串的名单。只不过这 4 家报纸被监管部门抓了"现行"，只能束手就擒，"就地正法"。但反思一下，为什么新闻媒体对这类所谓的"调查数据"深信不疑，不加调查核实就轻率引用？除了采访不扎实外，最关键的还在于我们的记者编辑缺乏主见和学养，盲目相信某些专家学者，对那些貌似非常精确的调查数据深信不疑，拿来就用。近年来本刊评出的假新闻中，这类假新闻占据不小的比重，几乎年年都有。其实，调查数据未必准确，深入采访、认真核查才是捷径。

五、奥巴马送金正日 iPhone 和苹果电脑

【刊播媒体】环球网

【发表时间】2009 年 8 月 10 日

【作　者】李雪　唐娜

【"新　闻"】

据英国《卫报》10 日消息，奥巴马不仅创造了美国第一位非洲裔总统的历

史，而且是第一位在职期间收发私人邮件的美国总统，他还是黑莓手机的使用者。在一项特别的"民主透明度"试验中，奥巴马也选择性地公开一些高度机密的私人邮件内容。以下是最近公布的一些邮件，收件人包括朝鲜领导人金正日、前美国总统克林顿、美国"第一夫人"米歇尔·奥巴马和美国副总统拜登。这些邮件显示，奥巴马将向金正日赠送苹果电脑、iPhone 手机。

【真　　相】

《南都周刊》344 期以"假作真时真亦假"为题，披露了事情真相：一篇名为"奥巴马私人邮件曝光"的报道被国内媒体大肆转载，原文来自于《卫报》一个恶搞专栏。文中金正日的邮箱是 dearleaderNK@reclusivemail.com（亲爱的领导者·朝鲜 @ 闭关锁国邮件 .com），讽刺克林顿再也别想重回白宫，还顺带笑话副总统拜登没文化。这样一篇"洋葱"文章，国内媒体不仅大规模转载，还煞有介事地加上说明"奥巴马的私人电子邮件会定期公开"。另据《南方都市报》报道，"奥巴马邮件"的杜撰者是《卫报》专栏作家奥利弗·布克曼 (Oliver Burkeman)，他目前是《卫报》驻美国纽约记者。他表示，英国人对奥巴马大选获胜有着浓厚兴趣，这促使他开始写这个专栏。奥巴马总统是第一个使用电子邮件的美国总统，这让人立刻想到一个有趣的问题：那些邮件写的是什么？这种幽默的写法是英国媒体的悠久传统。

【点　　评】

环球网对这条"国际新闻"似乎特别钟情，半天之内连发 3 篇相同内容的稿子。8 月 10 日 10 点 48 分，刊载了署名"环球时报特约记者李雪"的稿件《奥巴马将向金正日赠送苹果电脑、iPhone 手机》；10 点 55 分，又转载了中国网上相同的稿子；11 点 48 分，再次刊载"环球时报特约记者唐娜"内容相同、文字略有不同的稿件。好热闹好带劲!

其中李雪、唐娜两人均冠以"环球时报特约记者"头衔,估计在国外见过大世面。两位可谓"英雄所见略同",但却都被忽悠了。你想,见多识广的老记都被蒙骗,平头百姓更是防不胜防。无怪乎有人戏改《雾里看花》的歌词:"雾里看花,水中望月,你能分辨这变幻莫测的新闻? 你知哪句是真哪一句是假? 借我一双慧眼吧,让我把这新闻,看得清清楚楚明明白白真真切切。"真让我们新闻人无地自容!

六、陈永贵之子陈明亮涉赌涉毒被刑拘

【刊播媒体】《收藏人物》

【发表时间】2009 年总第 4 期

【作　者】肖 湘

【"新　闻"】

6 月 5 日,随着重庆市公安局对位于重庆解放碑大世界酒店一次突袭行动的结束,重庆市传出一条爆炸性的新闻:重庆市最大的古玩商、重庆泰古三峡古玩城老板、重庆江州集团董事长陈明亮涉毒涉赌,被警方当场抓获。陈明亮何许人也? 此人乃是毛泽东主席当年亲自树立的全国农业学大寨的样板、中国农民的典型代表和标志性人物、曾任国务院副总理的原大寨党支部书记陈永贵之子!

【真　相】

《生活文摘报》9 月 22 日在网上发布更正启事:"《生活文摘报》刊登的《陈永贵之子陈明亮涉赌涉毒被刑拘》一文,见报后接到陈明亮先生打来的电话,反映此陈明亮非彼陈明亮,两个名字相同,

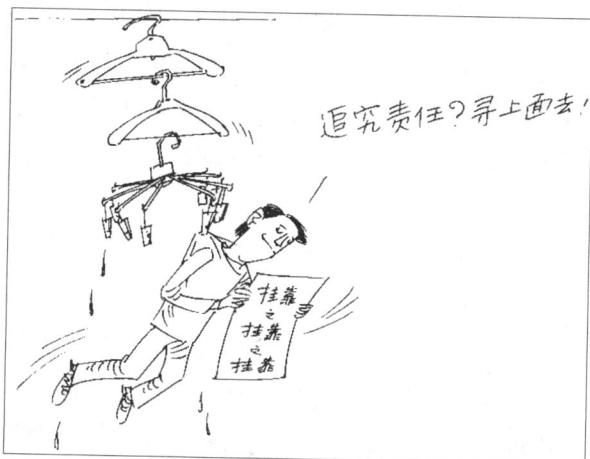

追究责任?寻上面去!

并非一人。经查，此稿出自《收藏人物》，《书报文摘》于9月14日转载，本报又转自《书报文摘》，造成以讹传讹。在此，本报郑重予以更正，并向陈明亮先生及其家人诚恳致歉。"

【点　评】

两个陈明亮，一个是山西商人，一个是重庆商人，却硬生生地被记者"张冠李戴"。其实，也并非山西陈明亮一人蒙冤。涉嫌受贿29套房产的上海浦东外高桥规划建设处原处长陶建国出庭受审，多家媒体在刊播这则报道时，却集体误用了另一位上海市民的照片。无他，只因此人与这个"炒房处长"同名同姓。中国人同名同姓者极多，长此以往，岂不人人自危？据《三晋都市报》追踪报道，《收藏人物》是"层层挂靠在某杂志名下的某刊物的正副刊"。我们从事新闻工作多年，但无论如何也想不明白，所谓"层层挂靠在某杂志名下的某刊物的正副刊"，究竟算是哪门子事？

七、女黑老大包养16个年轻男子供自己玩乐

【刊播媒体】《时代周报》

【发表时间】网络：2009年9月24日，报纸：2009年9月28日

【作　者】沈　厚

【"新　闻"】

谢才萍，江湖上人称"谢姐"，是重庆目前已逮捕的19个黑恶团伙首犯中唯一一位女性，江湖地位甚高。在这次打黑成果展中官方首次披露她与文强是"亲戚关系"：她是文强的弟媳。让人瞠目的是，谢才萍在个人生活上极度荒淫。重庆市打黑成果展信息称，她长期包养16个年轻男子供自己玩乐。

【真　相】

此前有消息称，在重庆打黑除恶阶段性成果汇报展上展览了谢才萍包养16个年轻男子的内容。不过，重庆警方新闻发言人13日称，打黑成果展上从未出现过这样的内容，该报道是假的。一位曾观看过同样展览的人士则告知，参观时并未看见所谓"包养16个男子"的信息，他看到的是，"谢才萍包养了一个比自己小20多岁的26岁男青年罗某"，但不知民间为何出现16个的传闻。

【点　评】

前些年坊间流传一本书，名为"一个女人和七个男人的故事"，买来一看，原来是迪斯尼童话《白雪公主和七个小矮人》。后来又出了一部电影，名叫"三个女人和一百零五个男人"，借来碟片一瞧，

原来是《水浒传》(水浒108将正好是3个女人和105个男人)。当时也就一笑了之，毕竟人家是搞文学艺术的，语不惊人死不休，可以理解，但新闻人借用这套玩意吸引眼球，玩弄受众，未免太下三滥了。光明网上有篇评论，极有见地："从谢才萍包养16个年轻男子的假新闻中可以读出无良媒体职业操守的缺失，社会公众消费心理的畸误，以及职能部门的懒政与不作为。谢才萍包养情人的假新闻如此，其他形形色色的假新闻，又何尝不是如此呢？"

八、国考最热岗位报录比超 4700：1

【刊播媒体】《京华时报》

【发表时间】2009 年 10 月 16 日

【作　者】赵　鹏

【"新　闻"】

昨天是 2010 年度中央机关及其直属机构考试录用公务员网上报名的首日。此次招考有 130 多个单位计划招考 1.5 万余人，比 2009 年多近 2000 人。记者昨晚 9 时登录搜狐公务员频道看到，其竞争最激烈的职位排行榜显示，从计划录用人数与资格审查合格人数之比来看，目前排名前三位的分别是：中国残疾人联合会组联部的基层组织建设岗，竞争比例达 1：4723，无锡海关的监管岗为 1：4653，厦门地区隶属海关办事处的现场监管岗为 1：3490.3。

【真　　相】

人力资源社会保障部网站当日就刊登考试录用司声明：近日，有部分媒体对中央机关及其直属机构 2010 年度公务员招考工作大肆渲染，对广大考生和社会造成误导。经查，《京华时报》10 月 16 日刊登的"国家公务员报名首日最热岗位报录比 4723：1"中所描述的竞争最激烈职位排名及其他相关数据系 2009 年度中央机关招考数据，该报道属虚假宣传。

【点　　评】

足球比赛中，将球踢进自家球门，被称为"乌龙球"，那是低级错误，不仅让本方球员责骂，更让对方球员耻笑。新闻报道中，将旧闻当成新闻发布，也属低级错误。虽说低级，但是犯错的频率却很高，几乎年年可以查到。要彻底杜绝这种低级错误，别无良方，唯有：认真认真再认真，谨慎谨慎再谨慎，确认确认再确认！话虽这么说，但我们敢保证，明年此时，肯定还有"乌龙球"。不信？拭目以待。当然，最希望看到的结果是事实证明我们杞人忧天。

九、杨振宁证实夫人翁帆怀孕 3 个月

【刊播媒体】中国日报网

【发表时间】2009 年 10 月 28 日

【作　　者】不　详

【"新　闻"】

杨振宁先生向新闻媒体证实，翁帆小姐已经怀上了。当时面对镜头，杨先生高兴之情洋溢于表，头颅骄傲高昂。而翁小姐也在旁边娇羞证实，孩子的确是杨先生的。这件事情的出现，引起的震动不亚于我国爆炸了第一颗原子弹，具备了划时代的意义。现在时间过去了近 3 个月，经多方打听，翁帆

小姐确已有 3 个月的身孕，并正在家中静养保胎。

【真　　相】

2009 年 10 月 30 日，《广州日报》记者陈正新、通讯员仇年摄影报道：近日，一篇《杨振宁向媒体证实翁帆怀

孕 3 个月》的文章煞有介事地出现在互联网上并引发转载。翁帆在潮州老家的姐姐昨日接受记者采访时明确告诉记者，翁帆没有怀孕。她介绍说，今年国庆期间，杨振宁和翁帆夫妇还应邀到北京人民大会堂出席国庆庆典活动，"翁帆有没有怀孕，家里人最清楚。"她同时称，家里人都留意到了网络上的流言，认为在网络上的造谣者"十分可笑"。更可笑的是，有记者联系中国日报网后，工作人员告诉记者，这个稿子是早上挂的，不过已经删除了，因为该稿来源不详，并不是自己的采访稿。

【点　　评】

据说地球上每秒钟就要诞生 3 个人，那么每天出生的婴儿数以万计，由此判断生孩子也不算什么新闻。当然，这指的是草民，名人就不同。当年王菲生女儿，闹出多大动静？80 多岁的杨振宁博士，新娶的夫人又足以做他的孙女，如果要生孩子，那肯定是天字号新闻。果然，见多识广的中国日报网断定其"引起的震动不亚于我国爆炸了第一颗原子弹，具备了划时代的意义"。一个婴儿的诞生，竟具有如此重大的意义，古今中外，能有几人？新闻中"翁小姐也在旁边娇羞证实，孩子的确是杨先生的"这句话，究竟是别有用心还是另有所指？一家国字号主流媒体的新闻网站，刊出这样乱七八糟的八卦新闻，是否有玷污《中国日报》鼎鼎大名之嫌？

十、石家庄积雪比人高

【刊播媒体】《新快报》等

【发表时间】2009 年 11 月 12 日

【作　　者】不　详

【"新　闻"】

图片说明是："11 日，石家庄市民清扫楼顶积雪。"（见图 1）

【真　　相】

11 月 13 日 15 时，环球网发布了署名"记者高友斌"的消息："网民曝国内网站移花接木，以假照片报道石家庄大雪。"环球网称，网民"鸡蛋壳"经过查询，发现"石家庄降雪比人还高"的照片是一家国外网站今年 7 月刊登的照片。循着"鸡蛋壳"提供的原始网址进行查询，这张照片果然是一家名为"TheChive"的国外网站在 7 月 15 日发布的一组照片中的一张。由此证明，国内网站刊登的"石家庄降雪比人还高"的照片不是石家庄市的照片。按图索骥，发现这张照片最早是由名为"少女时代张含韵"的网民以"晒晒我曾遇到的特级暴雪，石家庄别害怕"为名，发在百度石家庄贴吧的。再按原图

图 1

图 2

地址，这张照片是 2008 年 12 月 20 日发在一家名为"cmexota"的俄罗斯网站关于意大利大雪系列照片中的一张——去年 12 月，意大利与奥地利接壤地区曾降过积雪厚度达 2 米的大雪（见图 2）。

照片来源虽然找到，但奇怪的是，《西部商报》和《黑龙江晨报》也在同一天刊登了这张照片，究竟是这三家报纸联手造假，还是从同一网站下载，或是由谁统一发稿，有待大家提供确切证据。

【点　评】

网民思宁在西祠胡同发帖《石家庄雪灾假照片的编辑分析》，指出：《新快报》刊登的假照片并非照搬 http://thechive.com 网站上的原照片，而是斜着剪裁掉原照片画面上的"PISTED AT"和"theCHIVE.com"标识，剪裁掉大窗户下面的窗户所在的那一层楼外貌的画面，以及左下方的树的部分画面。可见，这不是误用，而是明知照片出处的故意剽窃造假。

就这样，去年意大利的雪，飘落在今年的石家庄，令中国新闻界蒙羞！

附注：

此稿刊发后，《新快报》公开发表声明表示异议，并向广州市天河区人民法院提起名誉权诉讼。这起因新闻打假而引发的媒体状告媒体的新闻官司，历时一年，截至本书付梓前尚未作出一审判决。为客观披露此案概况，特将《新快报》的声明、原告《新快报》社的诉状和被告的答辩状等，刊于"2010 年不完全备忘录"中，以期关注新闻真实性问题的学界和业界同行共同深入研讨。

2010年不完全备忘录

●陈力丹在《2009年我国的新闻传播学研究》（中国新闻传播学评论网2010年5月13日）中涉及2009年新闻传播研究中"新闻真实与客观性"问题时写道：

《新闻记者》每年首期开设的"×年十大假新闻"专栏八年了。2002年，该刊开辟这个专栏本来只是一次性的栏目策划，不料此后全国各种揭发假新闻的材料涌向该刊编辑部，于是栏目连续办了八年。栏目按语就此写道："整整八年，却尚未看到胜利的曙光。可见新闻打假之难！这是八年前我们不曾想到的。……如今反思，我们过于善良，高估了媒体人的自律力；我们过于天真，低估了假新闻的生命力。现在方知，因为毒草的孳生，离不开合适的土壤，光拔草而不除根基，必定如春韭，割了一茬又一茬。看来，这场持久战恐怕远无停战之日。"编辑部为此留下一文，对现在关于假新闻的"标准"提出五大困惑：(1)没有主观故意，也不是凭空捏造，即使严重失实，不能判定是假新闻。(2)只要产生良好效果，造假可以容忍。(3)"本报系转载"，故新闻之假与我无关。(4)重大题材的新闻照片PS司空见惯，算不得假新闻。(5)商业炒作不算假新闻。该文最后提问："我们的新闻打假还有必要坚持下去吗？"

北京一中院曾在2008年终审驳回河北晋州某棉织厂对央视"每周质量报告"名誉权侵害的控告，认定生产者应容忍对其做出的苛刻批评。这一具有标志意义的判例，使宽容新闻失实获得了法律生存空间。2009年，新闻学界对此类认识提出批评。一位研究者指出："法律责任同道义责任是不同的两个概念。法律是道义的最低标准，道义是法律的最高目标。任何媒介、任何新闻工作者，都不能仅仅满足于自己的行为不违法，而应有更高的行为标准。即使新闻媒介或记者对于某些一般过失造成的轻微失实可以不承担法律责任，也决不意味着可以心安理得、若无其事了。从道义上说，在新闻必须真实的问题上，不存在宽容的余地。"另一位研究者也指出:"任何虚假新闻,不管是负面报道,还是正面报道,只要是谎言,都足以造成人们的认识错误,产生误导。……应树立起对失实'零容忍'的态度与机制。"

在传媒与司法的关系中,新闻事实遭遇到法律真实的挑战。这年的研究中有数篇文章涉及这个话题。研究者认为,新闻报道事实≠法律真实。记者不是司法人员,不可能运用法律手段获得确凿的证据;即使是事实,未必能够被证明,而法律要求事实必须有明确的证据。现在关于这类情形的司法解释,提出"基本属实"和"没有侮辱内容"两条,即考虑到传媒的工作特征。因而,传媒报道一般新闻,可以按照日常生活中对事实的理解办,对涉及他人名誉的新闻,则需要采用普通人原则(不要以法官的姿态评判事实)、平衡原则(兼顾各方,不要偏听偏信)和证据原则(保存采访笔记和音像)。

● 《新快报》发布《关于〈新闻记者〉杂志和新民网严重损害〈新快报〉名誉权的声明》。

2009 年 12 月 30 日,上海《新闻记者》杂志透过新民网发布"2009 年十大假新闻"的报道。该报道引用西祠胡同的帖子作为点评,指《新快报》刊登《石家庄积雪比人高》的照片"不是误用,而是明知该照片出处的故意剽窃造假"。

《新闻记者》及新民网所刊登的上述内容与事实严重不符,已对《新快报》名誉权造成严重损害。本报特声明如下:

一、网站刊登假照片在先,纸媒转载在后。去年 11 月 11 日,各大门户网站纷纷报道了河北省会石家庄市暴雪的情况,12 日见报的《新快报》A05 版报道转载了某网站新闻中心转发中国广播网的新闻报道。同一天(去年 11 月 12 日),国内多家报纸也转载了这一报道及相关图片。不幸的是,其中一张表现屋顶积雪很厚的图片,事后被证明是假的。为此,本报在 18 日《新快报》A26 版刊登了"更正说明"。本报只是误用该图片的媒体之一,而非如《新闻记者》所指为"故意剽窃造假"。对本报不慎转载该虚假图片带来的不良影响,我们深感愧疚,并向广大读者深表歉意。

这张假照片从何而来?去年 11 月 18 日出版的《人民摄影报》第 13 版披露了网民赵查理的调查:"这张图片据查理追踪,应该是某网站首先放到首页上说是石家庄大雪的，我个人认为应该是编辑把关不严，把网友的图片当成所谓的新闻图片了。其后其他网站和媒体包括央视在内，都引用了这一张图片。"据《新快报》记者调查，目前国内一些知名网站至今仍挂着去年11月11日刊登这张假照片的网页，比如南方网 http://news.southcn.com/c/2009-11/11/content_6286847.htm（注：本报对相关网页已做了公证）。

二、《新闻记者》作为新闻专业类杂志，从未向《新快报》调查核实有关情况，轻信不负责任的网帖，没有表现出应有的专业水准，令人深感失望。本报认为，网民思宁从未向本报核实有关情况，妄称《新快报》"故意剽窃造假"，应该为自己的不负责任言论担负相应的法律责任。

三、国内部分网站已自行删除了有关《新快报》的不实内容，本报深表感谢。我们要求，凡是转载了上述有关《新快报》不实内容的网站都应尽快删除，不希望各网因为不明真相转载《新闻记者》的不实报道而卷入法律纠纷之中。本报将保留追究法律责任的权利。

特此声明。

广东《新快报》社

2010年1月13日

●《新快报》对《新闻记者》提起诉讼。

民事起诉状

原告：广东《新快报》社

法定代表人：黄斌

住所：广州市天河区天河路533号

被告：文汇新民联合报业集团

法定代表人：胡劲军

住所：上海市威海路755号

诉讼请求：

1. 请求判令被告立即删除题为"2009年十大假新闻"之第十条，题目是"石家庄积雪比人高"中有关《新快报》之内容；

2. 请求判令被告向原告赔礼道歉；

3. 请求被告赔偿原告损失 50 万元；

4. 由被告承担本案的诉讼费用。

事实与理由：

2009 年 12 月 30 日，被告主办的新民网（www. xinmin. com) 发布了题为"2009 年十大假新闻"的文章。该文称，《新闻记者》2010 年第一期将公布 2009 年中国十大假新闻，新民网独家首发。不久，同为被告主办的《新闻记者》月刊在其 2010 年第一期刊登了标题、内容相同的文章。该文第十条为"石家庄积雪比人高"，刊播媒体为《新快报》等。该文称"网民曝国内网站移花接木，以假照片报道石家庄大雪"。网民经过查询发现，"石家庄积雪比人还高"的照片是一家国内网站今年 7 月刊登的照片。照片来源虽然找到，但奇怪的是，《西部商报》和《黑龙江晨报》也在同一天刊登了这张照片。该文章在没有经过任何调查或向原告及另外报纸核实的情况下，竟然主观臆断地称："究竟是这三家报纸联手造假，还是从同一网站下载，或是由谁统一发稿……"

更为恶劣的是，该文在"点评"栏目中，引用网民思宁在西祠胡同发帖《石家庄雪灾照片的编辑分析》，指出原告使用的照片并非照搬国外网站上原照片，而是经过了剪裁处理，可见，这不是误用，而是明知照片的出处故意剽窃造假。被告所谓的点评，没有经过任何查证，完全是捕风捉影，恶意诋毁原告的名誉。同时，被告在该报道中加了一张漫画，漫画中有一句话："造假，过去用浆糊剪刀，现在用电脑！"其恶意讽刺显而易见。被告在没有经过任何查证的情况下，引用网民不当评论，刊登漫画恶意讽刺，对原告的名誉造成极大的伤害。

而实际情况是，原告使用的照片来源是网易，在原告刊登前，国内有多家网站发此照片，而不是被告所称的原告从欧洲网站剽窃并故意造假。原告已于 2009 年 12 月 18 日发表声明，说明误用该照片的真相，原告使用这张照片完全是误用。误用与造假是完全不同性质的问题。真实性、严肃性是新闻的生命，故意造假已经突破了法律与新闻道德所能容忍的底线，也突破了广大读者所能容忍的底线，而被告将误用说成是造假，被告完全是打着维护新闻真实性的旗号践踏新闻的真实原则，对原告的声誉造成了致命的伤害。

事件发生后，原告紧急发函向被告阐明事实真相，并派人专门到被告处协商处理此事，要求被告立即删除相关文章，消除影响，并要求其作出更正，但被告置之不理，任由对原告的损害进一步扩大。目前，"2009年十大假新闻"一稿在网络上仍被肆意转载，经谷歌搜索，截至2010年1月7日16:25，相关转载网页达11500000个之多，不良影响不断扩大。

综上，被告的文章在刊登事件经过时，严重失实，主观臆断原告及其他报社联手造假或者是统一发稿，或是从同一网站下载。而且作出不适当的评论，恶意诽谤原告并非误用，而是明知照片的出处（出自国外网站）的故意剽窃造假，已经严重伤害了原告的名誉权，给原告造成重大损失，使原告在社会上的评价降低。故恳请贵院纠正被告不当行为，支持原告诉请。

　　此致
广州市天河区人民法院

具状人：广东《新快报》社

法定代表人：（原件空缺）

2010年3月11日

　　●被告《新闻记者》的答辩状。

广州市天河区人民法院：

　　贵院受理的广州《新快报》社诉文汇新民联合报业集团名誉权纠纷一案，案号（2010）天法民一初字第766号，起诉状副本已收悉。被告认为，《新闻记者》撰写、新民网转载的《2009年十大假新闻》内容真实客观，无侮辱原告之内容，并未侵犯原告名誉权。现根据事实和法律初步答辩如下：

　　一、被告系正常的舆论监督行为，并无名誉侵权之故意

　　《新闻记者》杂志是新闻传播学学术期刊，发表的主要是专业论文，并得到了行业内外的认同。1990年以来，《新闻记者》一再被北京高校图书馆期刊工作研究会评为"中文核心期刊·新闻核心期刊"。2001年，在中国记协新闻学术委员会全国新闻专业期刊协会主办的首次全国新闻专业期刊优秀论文与栏目评选中，《新闻记者》获二金一铜。

　　随着我国新闻传播事业的蓬勃发展，这一事业本身越来越需要更有效的监督，媒介批评受到学界与业界的广泛重视。进入21世纪，业界逐步展开媒介批评的实践。《新闻记者》杂志率先开设"媒介批评"专栏。同时，在此专

栏开始刊登年度"十大假新闻",至今已是第九个年头。2003 年,在中国记协新闻学术委员会全国新闻专业期刊协作会主办的第二届全国新闻专业期刊优秀论文、优秀栏目评选中,《新闻记者》的"媒介批评"栏目获金奖,论文《2001年十大假新闻》获银奖。

年度"十大假新闻"没有丑化媒体,发表之后多次受到中宣部新闻阅评小组的肯定。在"十大假新闻"的评选过程中,《新闻记者》每次都在编者按中申明自己的态度,一再表明新闻打假在根本上是为了维护新闻真实性原则,其初衷和目的一如既往:批判从严,与人为善。2005 年,新闻战线"三项学习教育"活动领导小组办公室针对新闻真实问题开展专项治理活动,对《新闻记者》刊登的《2004 年十大假新闻》进行核实,并对刊登假新闻的媒体通报批评。通报按语指出:"上海《新闻记者》杂志 2005 年第一期刊发的'十大假新闻'是 2004 年新闻界发生的一些典型案例,涉及 3 家中央新闻单位、7 省市的 10 余家新闻单位和 1 家商业网站。现予以通报批评。"

综上,《新闻记者》十大年度假新闻旨在对媒体的新闻真实进行舆论监督,绝无侮辱、诽谤任何媒体单位之意图。

二、对《新快报》进行舆论监督的必要性

1.《新快报》在办报过程中,出现假新闻并非偶然事件。

对《新快报》进行监督批评,这并不是第一次。2007 年 12 月 12 日,《新快报》刊登《韩中文化战》的报道指出,韩国试图向联合国申请汉字为该国的世界文化遗产。次日,中新社转发韩国通讯社韩联社的消息,称《新快报》的报道毫无根据,"这种闹剧一般的煽风点火,影响到两国人民之间的感情。"在去年刊登的《2008 年十大假新闻》中,《新快报》以一则"孙中山是韩国人"的假新闻名列其中。该报道传播广泛,社会影响恶劣,曾被中宣部点名批评。

前不久,暨南大学董天策教授也在他的文章中对《新快报》提出批评。在一次《新快报》记者对董教授的采访报道中,为了把报道做得有看点,能够吸引眼球,报纸竟然不顾他的本意,完全从报纸自己的需要出发,对他的看法随意剪裁、断章取义。

2. 在"石家庄积雪比人高"的虚假照片发布过程中《新快报》确有剽窃造假的嫌疑。

（1）该照片分别刊登在《新快报》和新快网。两处均未注明图片来源，而且新快网上的图片还特别打上了"新快网"字样的水印。两处均足以使读者认为该图片是《新快报》自行拍摄。若该照片并非《新快报》自行制作，则属剽窃无疑；若该照片是《新快报》自行制作，则属造假无疑。

（2）《新快报》现声称该照片系转载自网易新闻中心。首先，这只是一面之词，在没有证据的情况下，完全有理由怀疑虚假照片是《新快报》自行制作；其次，媒体转载报道，同样应尽核实之责，《新快报》应当核实而没有核实，同样难辞其咎。

3.《新快报》面对批评未能端正态度。

孟子曰："行有不得者，皆反求诸己，其身正而天下归之。"如前所述，《新快报》屡屡出现报道不实的现象，不首先从自身的办报理念、发稿规范、记者的职业道德等方面寻找原因，相反，对于其他媒体的监督批评不但不能做到虚心接受、认真改过，而是反咬一口、对簿公堂，甚至称《新闻记者》是举着"打假"的旗号制造虚假报道。

三、《新闻记者》的《2009年十大假新闻》并未侵权

1.《新闻记者》对文中所称"假新闻"的内涵和外延有明确的界定。

本文编者按专门说明：所谓"假新闻"，只是一种约定俗成的说法，在学术上或许有欠准确和规范，事实上也没有官方的权威定义。我们认为，通常所说的"虚假新闻""失实新闻""不实新闻"等，均可归入此列。日本同行采用"误报"一词，似可借鉴。其实那种故意造假、完全捏造的新闻，目前几乎不存在。

所以，《新闻记者》有言在先，无论故意还是过失，只要新闻内容不实的便是假新闻。作为新闻媒体，只要有假，便要坚决打假，绝无姑息之理。

2.全文均有确定的信息来源，内容属实，无侮辱原告的内容。

正文的真相部分引自环球网，内容真实。评论部分引自思宁在西祠胡同的发帖，该评论有真实的新闻来源且分析合情合理。全文用词规范，逻辑清晰，无虚构造作之内容，无侮辱诽谤之言辞。

文中附有漫画一则，漫画虽有夸张的性质，但其内容均有事实依据，被告也未丑化画中人物，并且该画中人物并非特指原告。

3.通篇都没有说《新快报》是始作俑者。

首先，开头就写明"刊播媒体：《新快报》等""作者：不详"，讲明《新快报》只是刊播的媒体之一，而非作者。

其次，文中说：我们发现有三家媒体同一天刊登了这张假照片，因此希望广大读者提供确切证据，求证究竟是三家媒体联手造假，还是从同一网站下载，或是由谁统一发稿。可见并未断言是《新快报》造假，至于究竟是谁造假，还有待求证调查。

再次，文中所附漫画系《新闻记者》创作，其中所画之造假者也并非特指《新快报》，一方面是泛指一切利用电脑技术制造假新闻的单位和个人，另一方面也是特指杜撰出"石家庄积雪比人高"照片的造假者。如网民思宁所言，此造假者必有其人，但本文存而不论。

最后，网民思宁指出：《新快报》刊登的假照片与俄罗斯网站的原图比对，进行了刻意的剪裁，可见并非误用而是故意剽窃造假。思宁的分析既有事实依据，又有逻辑基础，分析严谨、推理有效。值得注意的是，思宁的表述是《新快报》刊登的假照片，而非《新快报》炮制的假照片，并未指摘《新快报》就是故意剽窃伪造者。请法庭和原告方注意，刊登和炮制是有本质区别的。

综上，虽然事实上有足够的理由怀疑是《新快报》剽窃伪造了假照片，但出于谨慎，《新闻记者》并未在文章中指出这一点，而是以客观的态度予以分析和求证。显然未有虚构事实、侮辱原告之行为。

四、无损害结果发生，原告社会评价的降低与被告无关

首先，《新快报》承认"石家庄积雪比人高"的照片确系误用，但坚持认为"误用和造假是完全不同性质的问题"，"被告将误用说成是造假"，"对原告的名誉造成了致命的伤害"。如前所述，被告的文章中从未说过是原告故意造假，编者按也特别强调，"那种故意造假、完全捏造的新闻，目前几乎不存在"。原告对被告的指责显然并无依据。

其次，有关法律和《中国新闻工作者职业道德准则》规定，新闻机构转载报道的，应当注明出处。但被告转载假照片不但未注明出处还打上自己网站的水印，等同于署名的行为。根据《著作权法》规定：如无相反证据，在作品上署名的即是作者。新闻出版总署《关于采取切实措施制止虚假报道的通知》第五条规定："……转载新闻报道必须事先核实，报刊出版单位要建立健

全新闻转载的审核管理制度。报刊转载新闻报道事先必须核实，确保新闻事实准确无误后方可转载，不得转载未经核实的新闻报道、社会自由来稿和互联网信息……"可见，即便如原告所言，其假照片确系"误用"，但其未注明出处、未严格审核之责却不应轻描淡写、一笔带过。

事实上，原告强调是"误用"而非"造假"，无非是想强调其主观要件是过失而非故意。首先，无论故意还是过失均应承担相同的民事责任。其次，所谓"造假"可分为故意造假和过失造假两种，被告在使用造假一词时，一般并不加以细分，而是笼统而言，《新快报》认为"造假"特指"故意造假"的说法不能成立。最后，故意是指明知自己的行为会造成危害结果仍然实施，而其中所谓"明知"是指知道或者应当知道。原告作为专业新闻机构，有审核转载报道内容之义务，应当知道其所转载报道真实或虚假，故依此推理，《新快报》所谓"误用"的主观要件仍应为故意。

最后，《新快报》认为："真实性、严肃性是新闻的生命，故意造假已经突破了法律与新闻道德所能容忍的底线，也突破了广大读者所能容忍的底线，而被告将误用说成是造假，被告完全是打着维护新闻真实性的旗号践踏新闻的真实原则，对原告的声誉造成了致命的伤害。"从这段文字中我们似乎可以得到这样一个结论，《新快报》认为"过失造假"是为法律和新闻道德的底线所容忍的，也是广大读者的底线所能容忍的。被告认为，《新快报》所谓"过失造假"行为，已经突破了法律和道德所能容忍的底线，已经突破了广大读者所能容忍的底线，已经对其声誉造成了致命的伤害。原告未清楚认识到其中的因果关系，因而将其虚假报道行为所造成的社会评价降低迁怒于被告，实为不智之举。

综上所述，《新闻记者》年度十大假新闻是以维护新闻真实性为目的，针对一年中有影响的假新闻加以总结和分析的专业论文，其公开发表是针对整个新闻行业的监督和警示，宗旨是坚持道德诚信、弘扬社会正气。具体在《石家庄积雪比人高》一节中，内容真实，引述全面，用词准确，表述严谨，没有侮辱原告之内容，并未侵犯原告名誉权。恳请贵院对原告的全部诉讼请求不予支持。

上述意见，谨供参考。

文汇新民联合报业集团

特别授权代理人：上海市新文汇律师事务所

富敏荣 张移 律师

2010 年 4 月 6 日

● 《新快报》指责《新闻记者》，西祠胡同论坛网友思宁发帖回应。

2010 年 1 月 7 日，网友"新快报人"在西祠胡同"记者的家"发表《〈新快报〉关于〈新闻记者〉报道严重失实的声明》(以下简称"《新快报》声明")，指责《新闻记者》杂志透过新民网独家首发的《2009 年十大假新闻》中的《石家庄积雪比人高》是"未经采访核实就发布的虚假报道"，批评《新闻记者》杂志"仅凭一个网民的言论就断定《新快报》'故意剽窃造假'，这是极其不负责任、令新闻界蒙羞的恶劣行为"，并"敦请"新民网"撤除'2009 年十大假新闻'第十条"。

鉴于《新快报》声明涉及思宁发表的《石家庄雪灾假照片的编辑分析》(http://blog.sina.com.cn/s/blog_53aa89170100frtr.html) 一文，思宁特发表如下声明予以回应：

一、《新闻记者》杂志《2009 年十大假新闻》一文选用了思宁的点评，内容为："网民思宁在西祠胡同发帖《石家庄雪灾假照片的编辑分析》，指出：《新快报》刊登的假照片并非照搬 http://thechive.com 网站上的原照片，而是斜着剪裁掉原照片画面上的'PISTED AT'和'theCHIVE.com'标识，剪裁掉大窗户下面的窗户所在的那一层楼外貌的画面，以及左下方的树的部分画面。可见，这不是误用，而是明知照片出处的故意剽窃造假。"点评出自思宁的《石家庄雪灾假照片的编辑分析》一文，其中有关的三段原文是：

11 月 12 日《新快报》A05 版刊登的假照片并非照搬 http://thechive.com 网站上的原照片，而是斜着剪裁掉原照片画面上的"PISTED AT"和"theCHIVE.com"标识，剪裁掉大窗户下面的窗户所在的那一层楼外貌的画面，以及左下方的树的部分画面。经过剪裁的画面，从摄影技术角度看，是不大协调的，可以感觉下方被不适当地剪裁了。

可见，这不是误用，而是明知照片出处的故意剽窃造假。

编辑采用照片理应认真审核出处。凡是新闻报道性质的照片，均须核实摄影者。是本媒体记者拍摄的，应当注明记者的姓名或笔名。是其他媒体来的，也应当注明照片是何媒体何人所拍摄。根据《中华人民共和国著作权法》关于署名权的规定，著作权人有"表明作者身份，在作品上署名的权利"；"为报道时事新闻，在报纸、期刊、广播、电视节目或者新闻纪录影片中引用已经发表的作品"，"应当指明作者姓名、作品名称……"《新快报》编辑在该照片下注明"11日，石家庄市民清扫楼顶积雪"，说明编辑认定该照片是新闻照片。即使是《新快报》有关记者提供的，编辑也必须依法核实拍摄者。如果按照规则去做，原则上就可以发现该照片不是记者11日拍摄的。该照片不注明拍摄者，既说明《新快报》有关责任人故意剽窃造假，也说明《新快报》缺乏起码的编辑规范。无视法律和编辑规范，正是此类新闻造假的法律和技术根源。

二、思宁说《新快报》"刊登的假照片""不是误用，而是明知照片出处的故意剽窃造假"，并不等于指《新快报》本身"故意剽窃造假"，而是指假照片的剪裁者"故意剽窃造假"，《新快报》刊登的假照片是剪裁者"故意剽窃造假"的。《新快报》声明把思宁上述三段原文的第一段和第二段的语法关系理解错了。《新闻记者》杂志明明说的是"《新快报》等"，还说"但奇怪的是，《西部商报》和《黑龙江晨报》也在同一天刊登了这张照片，究竟是这三家报纸联手造假，还是从同一网站下载，或是由谁统一发稿，有待大家提供确切证据"，可见，《新闻记者》杂志也没有"断定"《新快报》"故意剽窃造假"，而是期望"大家提供确切证据"。《新快报》声明指责《新闻记者》杂志"断定《新快报》'故意剽窃造假'"是神经过于敏感。

三、《新闻记者》杂志未引用的思宁上述三段原文的第三段中说"该照片不注明拍摄者，既说明《新快报》有关责任人故意剽窃造假，也说明《新快报》缺乏起码的编辑规范"，是特指"不注明拍摄者"，"说明《新快报》有关责任人故意剽窃造假"。这里不是从剪裁角度说明"故意剽窃造假"，而是从著作权角度批评对拍摄者的劳动成果的"剽窃"且"造假"为《新快报》的劳动成果。《新快报》的版面上确实没有注明照片的拍摄者或者提供者，甚至也没有注明转载自什么地方。《新快报》现在才承认是转载了网易新闻中心转发中国广播网的新闻报道，但去年11月12日《新快报》A05版并没有注明转载，而且在电子版该照片上打上"新快网"及相应字母的水印标识，当然有"剽窃"且"造假"

的意思。况且，思宁也只是指"《新快报》有关责任人"，没有指《新快报》这个单位。

四、即使剪裁造假不是《新快报》的"首创"，《新快报》违反著作权法刊登假照片的行为也才是"极其不负责任、令新闻界蒙羞的恶劣行为"。《新快报》声明中除了表示"不幸"，没有对《新快报》有关责任人的"极其不负责任、令新闻界蒙羞的恶劣行为"及"法律责任"作出任何检讨，反而神经过于敏感地指责《新闻记者》杂志有"极其不负责任、令新闻界蒙羞的恶劣行为"，还要追究网上发表《2009年十大假新闻》的新民网的"法律责任"。可见，《新快报》至今没有认真反省自己的失误，没有真正吸取经验教训。虽然《新快报》声明称"本报在18日《新快报》A26版刊登了'更正说明'"，但思宁查询去年11月18日的《新快报》电子版，发现其中从A26版开始被删除了五个版，倒是刊登假照片的去年11月12日A05版仍可以原版查阅。这能说明《新快报》"更正"的诚意吗？

五、经查询《新快报》电子版，2010年1月7日和2010年1月8日的《新快报》均未刊登《新快报》声明。再参考《新快报》声明中的"贵网"和"特此函告"的说法，估计《新快报》声明只是发给新民网的。如果《新快报》声明的底气足，勇于面对读者，为什么不同时在报纸上公开刊登，而要"私下""敦请"新民网"撤除'2009年十大假新闻'第十条"，即试图私了呢？据思宁前两天电话询问《新快报》众多采编等工作人员，除了总编室一位编辑承认《新快报》声明中的交涉事项外，其他人对《新快报》声明完全不知情。可见，《新快报》声明甚至瞒着自己的多数员工。

六、对《新快报》新闻造假问题，思宁早在2002年就发现并写文章批评了。详见《真假证券新闻辨析（之一）：新三板是真的吗？》（http://blog.sina.com.cn/s/blog_53aa8917010002uy.html）和《真假证券新闻辨析（之二）：证监会是否推荐模范股？》（http://blog.sina.com.cn/s/blog_53aa8917010002uw.html）。由于思宁当年的批评属于《新快报》看不起的"只是一个网民的言论"，《新快报》可能看不到或者看到了也不屑于回应。等到《新闻记者》杂志把《新快报》假照片列入《2009年十大假新闻》，《新快报》才发现原来有一个网民思宁在批评《新快报》的假照片。希望《新快报》今后注意思宁的新闻批评，如果发现思宁对《新快报》的批评，请及时回应。当然，思宁并非只挑《新快报》的失实新闻来批评，可能只是《新快报》失实新闻碰巧让思宁比较常见到而已。对发现的大陆许多媒体的新闻造假，思宁是一视同仁地予以批评的。

七、《新快报》近年在舆论监督报道方面比较勇敢，令人钦佩。比如，关于福建网民诬告陷害案的报道。对《新快报》做得好的，思宁是予以赞扬的。

八、希望《新快报》负责人认真端正新闻理念，自觉反省新闻造假的问题，撤回《新快报》声明。

九、思宁与《新闻记者》杂志以及新民网的采编等工作人员此前没有任何联系，《新闻记者》杂志以及新民网也没有委托思宁作出任何回应，本声明纯属思宁个人的声明。

（载 www.xici.net 2010-01-14 及思宁的博客 2010-01-14）

● 西祠胡同网友对"《新快报》事件"的评论。

网友我心西悲发表于：10-01-15 18:27

看了思宁指责《新快报》造假的原帖和回复，作为一个知情人，如鲠在喉，不得不说几句。

第一，《新快报》误用了假的石家庄大雪图，实为国外大雪图，这是《新快报》之耻，亦是相关编辑不专业不规范的体现，《新快报》须诚恳检讨。

第二，《新快报》误用假图，应当承担相应后果，但并不意味《新快报》必须承担"造假"的指责。理由很简单，同样是造成人死亡，故意杀人致死和交通肇事致人死亡性质是不一样的，所承担的后果也是不一样的。

第三，《新快报》此次"涉假"，定性为误用，应无疑义，他不可能把自己造假的照片提前一天发给网媒，另外，造假的风险很大，却看不到所收获的利益。

第四，思宁是西祠资深网友，很多帖子深得我心，但这次发的《石家庄雪灾假照片的编辑分析》漏洞百出，甚是遗憾。如果他做的工作更细一点，稍稍搜索一下，就会发现，涉假照片已经在网上广为流传，而且已没有了原照片的水印，他的专业分析失去了基本的基础。《新快报》只是不幸将照片转了角度，便招致其"制假"的指责（以上分析，既是对《新快报》造假的谴责，也是对其他媒体因缺乏编辑判断能力而误传假照片的经验教训的总结）。思宁可以玩弄文字游戏，但改变不了"误伤"的事实。

第五，无论《新快报》之前做了多少好新闻，无论多少媒体同时误用了这张假照片，《新快报》都应该自我反省，杜绝此类错误；同理，无论思宁此前发了多少好帖，他也要反省自己，正视自己是否真正做到了严谨、专业。（时间关系，下次再补。）

网友思宁 发表于：10~01~16 20:01

答我心西悲：

您可能没有认真看思宁的声明。

思宁并没有直接认定是《新快报》本身通过剪裁"故意剽窃造假"的，而是指假照片的剪裁者"故意剽窃造假"。至于剪裁者是谁，当时无法判断，现在也还没有定论。不过，思宁从著作权角度批评对拍摄者的劳动成果的"剽窃"且"造假"为《新快报》的劳动成果，是有依据的。因为，去年 11 月 12 日《新快报》A05 版并没有注明转载，而且在电子版该照片上打上"新快网"及相应字母的水印标识，当然有"剽窃"且"造假"的意思。

再解释一下，造假有两种含义：一是剪裁原照片伪造成自己的照片；二是把别人的照片谎称为自己的照片。我心西悲网友把这两种混淆了。

● 《新闻记者》杂志主编吕怡然发表在 1 月 10 日《新民晚报》上的文章《揭露虚假新闻岂能视作儿戏？》

一年一度盘点全年的虚假新闻报道，已经连续 9 年成为《新闻记者》杂志的年终"功课"，也成为一个热点话题。由于网络传播的力量，这个评选结果传播面更广、速度更快，影响力也就更大。不过即便影响力再大，身为《新闻记者》主编的我实在高兴不起来，面对年复一年持续新增的虚假新闻"代表作"，心情是沉痛的。新闻本姓"真"，9 年前当第一次评选"十大假新闻"时，我就表示愿是第一次也是最后一次，祈盼"客里空"尽快绝迹。孰料，自打那年以后，虚假新闻报道接踵而来，致使我们欲罢不能。

其实我们绝非要充当"法官"，评选的"十大"案例也不可能是假新闻的全部，本来只是为了倡导新闻求真、呼吁鞭挞虚假，有些问题也尽可进一步商榷。我们的初衷和终极目的，是中国的新闻越来越纯洁、真实。除此之外，别无他意、别无所求。

但每次年度假新闻评选后的一些不良反应，令人遗憾，主要表现在几个方面：

一是不以为意。一些媒体在转载"十大假新闻"时将其娱乐化，当作一种"好玩""有趣"的事炒作。有的媒体认为既然评选出来的虚假新闻中，本报本台本网"榜上无名"，便与己无关。事实上，这些"入选"的虚假新闻，只是数十条上百条虚假报道、疑似假新闻中的极少一部分，不过这些案例都有一定的代表性，倘能举一反三，从中汲取教训，大家都能获益匪浅。

二是强词夺理。一旦"榜上有名"，有的媒体便以各种理由为己辩解、开脱，一口咬定受"冤屈"了。应该说，对"虚假新闻"概念的界定，对"虚假新闻"的认定，目前尚无严谨的定义和标准。但既然新闻本质是"真"，那失实的就是"假"新闻了，倘严以律己，对偶然失误引以为戒，比起文过饰非、兴师问罪来，总要理智得多，实在得多。

三是幸灾乐祸。有的媒体以实用主义的态度，"各取所需"，甚至将其作为攻击竞争对手的"炮弹"；见到同城媒体"上榜"，便抑制不住兴奋，以邻为壑，落井下石，在转载"十大假新闻"时，有意将竞争对手的案例放大，编排于突出位置，制作成特大标题，恨不得藉此机会置其于死地。殊不知出了虚假新闻，同行都不光彩、都是教训，如此得意忘形，岂不是太缺德？

凡此种种，都表明不少传媒人尚未意识到，虚假新闻是新闻界的共同耻辱，抨击鞭挞虚假新闻也是共同责任。切不可使揭露虚假新闻娱乐化，或随心所欲、视作儿戏。

当然，我们也欣慰地看到，不少媒体面对"十大假新闻"案例主动地联系新闻业务的实践，思索虚假新闻产生的缘由，寻求防止虚假新闻的良方。近日，好些媒体刊发评论，对"2009年十大假新闻"作了评析解剖，进行较为深入的思考。确实，面对新闻界的共同耻辱，正确的态度是共同反思，重温并践行《中国新闻工作者职业道德准则》中的规定：坚持新闻真实性原则。要把真实作为新闻的生命，坚持深入调查研究，报道做到真实、准确、全面、客观。唯此，中国的新闻事业才会大有希望。

2010年十大假新闻

编者按： 十年，在时间长河中，不过弹指一挥，何须惆怅；十年，坚持新闻打假，历经艰辛坎坷，遑论毁誉。对于一家地方新闻学术期刊而言，新闻打假，虽是责任使然，却也难以承受之重。毋庸讳言，十年间，我们也曾犹豫彷徨，几度萌生退意，但是我们挺了过来，虽然有时不被理解，虽然时而蒙受委屈，虽然还被告上法庭……但我们坚信，真实是新闻的生命，作为媒体人，为生命而战，无怨无悔。

十年苦战，并非徒劳。新闻打假，越来越成为同仁们的共识，"客里空"成老鼠过街之态。2010 年 11 月 15 日，中共中央宣传部、中共中央对外宣传办公室、国家广播电影电视总局、新闻出版总署、中华全国新闻工作者协会联合下发《关于深入开展"杜绝虚假报道，增强社会责任，加强新闻职业道德建设"专项教育活动的通知》，定于 2010 年 11 月至 2011 年 4 月在全国新闻单位开展为期半年的"杜绝虚假报道，增强社会责任，加强新闻职业道德建设"专项活动，并指定《三项学习教育通讯》《中国新闻出版报》《中国记者》《新闻战线》《新闻记者》及各地主要新闻期刊组织相关讨论并刊登系列文章。欣慰之余，更感到责任重大，鞭策我们一如既往地评选 2010 年度十大假新闻。

盘点 2010 年的假新闻，特点真不少：

1. "产量"缩减"质量"不高

往年，我们收集到的虚假新闻，一年总有百把条，因此评选时左挑右拣，有时竟难以取舍，最后只能"忍痛割爱"。或许是近年来主管部门不断加大新闻打假的力度，或许是媒体管理层强化了把关意识，或许是从业人员加强了自律,2010年我们虽四处收集,也不过数十条,是十年来相对最少的一次,而且"质量"平平,缺少"领衔"之作。故而评选时难为少米之炊,只好矮子里拔长子,虚应了"十大"之名。不过这也令人有点开心,因为从中可看出,杜绝虚假报道,维护新闻真实,乃大势所趋,人心所向。

2. 涉假者多为职业记者

2010年所查实的虚假新闻,涉假者几乎是清一色的新闻记者,而过去,大多为职业写手和网络写手所为。可谓喜忧参半。喜的是,新闻单位亡羊补牢,加强管理,少用或不用职业写手、网络写手的稿件,以此防范假新闻孳生;忧的是,媒体管理层疏于对记者的培训和管理,按下葫芦浮起瓢,致使假新闻仍然屡禁不止。

3. 新品惊现——微博参与造假

值得注意的是,2010年微博首次入围我们的打假之列。微博,即微博客(MicroBlog)的简称,是一个基于用户关系的信息分享、传播以及获取平台,用户可以通过WEB、WAP以及各种客户端组建个人社区,以140字左右的文字更新信息,并实现即时分享。2009年8月,中国最大的门户网站新浪网推出"新浪微博"内测版,成为门户网站中第一家提供微博服务的网站,微博由此正式进入中文上网主流人群视野。也因此,2010年微博造假"异军突起",如影响恶劣的"金庸被去世""鲁迅作品大撤退"等假新闻都来源于微博。

4. "标题党"大行其道

所谓"标题党",百度百科解释为:"标题党"是互联网上利用各种颇具创意的标题吸引网友眼球,以达到各种目的的一小撮网站管理者和网民的总称。其主要行为简而言之即发帖的标题严重夸张,帖子内容通常与标题完全无关或联系不大。其实,不仅在网络上,在传统新闻媒体上,如今也成了"标题党"的天下。2010年9月6日,网友刘毅看到了一个网帖,里面说"各地教材大换血",便据此写了一条微博,随便说了一句"鲁迅大撤退"。9月8日,某媒体报道了这条微博,题为"网友热议高中课本大'变脸'"。然后,某门户网站置顶推荐了这篇新闻,并把标题改为"各地语文课本删除大量经典文章 鲁迅作品大撤退",随即被众多媒体所引用。查看原帖,只有"各地教材大换血,将网络文章、武侠小说引入教材,撤换掉一批经典课文"寥寥数语,根本未提及"鲁迅大撤退"。

光明网就此抨击:"一些媒体在报道和转载新闻时,越来越喜欢'标题党',无非是想让新闻更具权威、更吸引眼球,但是,'标题党'往往歪曲事实,误导公众,实为新闻报道之大忌。"

5."善意的错误"频频发生

2008 年汶川地震,最大的疑似虚假新闻是"母爱短信",但许多媒体人士(包括一些媒体老总)至今宁信其有,并为之辩护:只要能起到正面、积极的作用,虚假又何妨。对此高论,我们实在不敢苟同。2010 年,玉树地震,央视 4 月 22 日又报道了《一只救了 32 条人命的搜救犬牺牲了》:"20 号下午,一只军用的搜救犬在玉树震墟当中发现了一位大爷,便立刻钻了进去。可是,没想到废墟坍塌了。战友们把它挖出来的时候,这只搜救犬的内脏已经被压烂了。负责那只搜救犬的战士一直抱着它,就像抱着自己的孩子一样。虽然他没有哭出声音,但是泪水早就已经流了出来。当地的志愿者说,这只搜救犬几天来搜救出了 32 名被压的群众。"经四川媒体查证,玉树地震抢险中并无搜救犬牺牲,新闻报道中牺牲的搜救犬及其"动人事迹",其实是发生在 2008 年汶川地震映秀灾区的旧闻。当然,也有人为之辩解,称之为"善意的错误"。4 月 26 日《新民晚报》刊发白峰的评论,可谓一针见血:"或许报道此新闻的记者是想进一步提升玉树抗震救灾的信心,是一个善意的错误,但错误毕竟是错误,谎言终究是谎言。谎言用在新闻报道上,就是毒药,会伤害媒体的公信力。在抗震救灾报道中出现假新闻,更会伤害公众关注玉树、援助玉树的善良之心,让人对相关报道心存怀疑,最终伤害的无疑是玉树的受灾同胞。震后的玉树需要信心,需要救援的力量,更需要事实的真相。在第一时间将真相及时传递给公众,也是将温暖和信心传递给受灾的玉树群众,玉树会因此增添信心和力量。玉树要让虚假新闻走开,不能让臆测和谎言取代事实。"

6.涉假老总主动辞职

十年来,我们一直关注对新闻造假者的问责,但遗憾的是,鲜见媒体老总为之丢乌纱帽,更不用说主动引咎辞职了。而在国外,媒体老总因假新闻而引咎辞职,已成业内惯例。《中国新闻周刊》官方微博 2010 年 12 月 6 日发布"金庸去世"假新闻,当天深夜,《中国新闻周刊》副总编辑、新媒体总编辑刘新宇即在新浪微博上承认"编辑未作任何核实草率转发,这暴露了该编辑缺乏应有的新闻素养，也暴露了我们管理上的漏洞"，并"代表周刊新媒体真诚接受大家批评，并力求以此为戒"。7日上午，刘新宇提出辞去《中国新闻周刊》副总编辑、新媒体总编辑职务，当天下午获准。同时，负有责任的编辑邓丽虹被解聘，新媒体内容总监汤涌则被罚款、降职。此举获得好评："我们看到了什么是新闻的职业精神，什么是对虚假新闻的零容忍、零宽恕。"尽管如此，目前这还是孤例，对虚假新闻的问责能否落到实处，尚须拭目以待。

在此，重申一下我们的期望，即欢迎各种媒体转载本刊评选的年度"十大假新闻"，以形成对"客里空"的围歼讨伐之势；但是务请全文转载，最好连同编者按在内，而千万不要任意割舍，断章取义，更不要以实用主义态度摘其一条不及其余。再次拜托了！多谢！

一、中国作协作家团入住总统套房

【刊播媒体】《重庆时报》《华西都市报》

【发表时间】2010 年 3 月 30 日

【作　者】张晓禾　杨万亮

【"新　闻"】

中国作协第七届九次主席团会、七届五次全委会昨日就开始在重庆举行，而作协主席团委员陈世旭、舒婷、赵本夫等也陆续到渝。记者从接待人员处获悉，这次来渝开会的作家入住的是一家五星级酒店，有的作家还住总统套房。吃的是 2000 多元一桌的宴席，接送车辆是奥迪车。

【真　相】

中国作协新闻发言人陈崎嵘回应，该报道是失实的。事实真相是：重庆申基索菲特酒店在 27 层确有一间"总统套房"，但没有任何人入住。全体与会人员用的都是宾馆平日标准的自助餐。会议期间，组织与会人员参观渣滓洞集中营旧址、"打黑除恶"资料展览和到重庆烈士陵园祭奠扫墓等活动，都是集体乘坐大巴、中巴车往返。

4 月 7 日，《华西都市报》刊发致歉声明："本报于 3 月 30 日 20 版摘要编发《重庆时报》提供的失实稿件《住总统套房、坐奥迪 文人有点高调》，把关不严，未经核实，违反了新闻真实性原则，造成不良社会影响。本报特向中国作家协会和广大读者诚恳致歉。"

随后，2010 年 4 月 11 日，《重庆时报》以头版头

条刊发《致中国作家协会的致歉信》，开了中国新闻史之先河。致歉信说："3月30日，本报28版刊登的《作家团:先订了总统套房 张信哲:只好住普通套房》一稿严重失实，使中国作协和与会作家受到无端指责，给中国作协造成了极大伤害，也严重影响了重庆形象和我市媒体声誉。在此，我们向中国作协和与会作家郑重道歉！""经认真调查核实，对相关责任人作出了严肃处理:主要撰稿记者予以解聘；联合署名的另一记者给予严重警告处分；文娱新闻室主编予以免职；分管副总编辑停职检查；总编辑作出深刻检查。"

【点　评】

中国作协召开主席团会和全委会，与歌星张信哲开演唱会本是风马牛，只因恰巧同一日到达重庆，又住同一家酒店，于是被"新闻敏感性超强"的记者扯到一块进行"关公战秦琼"，而且非得要在出场方式、衣食住行上分出高下。结果这一比就比出事来。细读报道，标题和报道中的内容互相矛盾。比如，标题是"住:选择总统套房"，而文中却称"作家团对酒店设施的要求很简单"。如今，"娱乐至死"已成为新闻报道的痼疾，有话不好好说，有事不好好写，非得要语不惊人死不休，一定要炒成轰动新闻才满意，不摔跟头才怪！而"标题党"大行其道，危害甚烈，也由此可见一斑。

二、中国每年有220万青少年死于室内污染

【刊播媒体】中新社

【发表时间】2010年5月16日

【作　者】刘长忠

【"新　闻"】

一项权威机构最新调查显示，中国每年有220万青少年死于因室内污染所引发的呼吸系统疾病，因此被中国国家科技部列入"十五"科技攻关重大项目"室内空气污染控制措施的研究"科研课题。记者从中国疾病预防控制中心今天下午举行的新闻发布会上了解到，中国标准化委员会中国青少年卫生健康指导中心最新调查结果表明，中国每年有220万青少年死于因室内污染所引发的呼吸系统疾病，其中100万是5岁以下幼儿。

【真　　相】

5月18日,卫生部在其官方网站挂出关于"中国疾控中心举行新闻发布会"不实报道的声明。声明说,疾控中心近日未以"中国疾病预防控制中心"名

义举办过新闻发布会,中心也未发布过任何关于空气污染导致人群死亡的具体数据。同日,中新社总编室发出《关于〈中国每年有220万青少年死于室内污染〉一稿的说明》:"我社记者于2010年5月16日依据中国疾病预防控制中心环境与健康相关产品研究所'十五'科技成果'室内空气重点污染物健康危害控制技术'推广会上提供的材料,播发了《中国每年有220万青少年死于室内污染》一稿,受到一些读者的质疑。现接到会议承办方北京海曼普环保科技有限公司给我社总编室发来的致歉函,称'该数据我公司未经核实,对于可能给读者造成的误解我公司深表歉意'。中国疾病预防控制中心环境与健康相关产品研究所科技成果推广办公室对此表示认可。"

【点　　评】

这则假新闻的来龙去脉算是搞清楚了,但中新社的说明实在看不明白!核实新闻事实,本是媒体的职责,怎么变成提供材料的公司之责任? 明明应该是中新社向广大读者致歉,怎么变成提供材料的公司向中新社致歉? 更看不懂的是该新闻的最后一段:中国科技部、卫生部、中国疾病预防控制中心、中华预防医学会、中国保健协会、中国卫生监督协会等部门今天在此间举行"国家'十五'重大科技攻关项目——室内空气污染控制措施研究成果发布会"称,由中国疾病预防控制中心环境所研制的以海曼普滤芯为主要净化材料的海曼普快速除甲醛空气净化器,成功为解决中国普遍存在的家装污染和室内空气污染提供了一种有效的手段(原文如此——本刊注)。文字诘屈聱牙且不说,怎么看都像是植入式广告啊!

三、炒蒜高手掷千万买走百斤金条

【刊播媒体】《北京晚报》等
【发表时间】2010 年 6 月 1 日
【作　者】杨　滨
【"新　闻"】

黄金市场近期的耀眼表现不仅招来了炒房客，现在又引来了"炒蒜人"。中国黄金旗舰店昨天再现单笔购买 56 公斤投资金条的大单，而这笔大单的资金就"来源"于炒蒜。据该店张经理透露，这位客户自 2006 年起开始定期投资实物黄金，每个季度入手一批，基本上每次都是 5 公斤，还为此特意购买了保险柜用来储金。但此后好长一段时间这位客户竟"消失"了。昨日，这位客户突然现身，刷卡 1501 万购入 56 公斤金条。原来这位大客户消失的这段时间，是去炒农产品了。他之前炒过大豆、绿豆，近期炒蒜又小赚了一笔，现在又转而购金。"炒蒜高手"说，高回报伴随的是高风险，所以还是想通过黄金来平衡资产配置、分散风险，"把鸡蛋放在不同的篮子里更保险"。

【真　相】

继《北京晚报》之后，6 月 2 日，北京多家媒体如《新京报》《京华时报》《北京晨报》《法制晚报》纷纷刊发相同的报道。看到报道后，国家发改委立即责成北京市发改委调查核实此事。经核实，虽然各报记者署名各不相同，其实原作者只有一个——中国黄金集团营销有限公司某工作人员，正是此人编撰了该报道的原稿，并以电子邮件形式发送给了北京

各报。而记者们未经核实，于 6 月 1 日起先后刊发了该报道。6 月 11 日，新华社发通稿《"炒蒜高手掷千万买走百斤金条"发改委称其为不实报道》："现已查明，《新京报》关于'炒蒜高手掷千万买走百斤金条'的报道没有任何事实基础，完全是凭空编造出来的。""有关媒体记者没有经过采访核实，仅凭有关人员编撰的材料，就以记者采访的形式发布消息，见诸报端，造成了一定的负面影响。"不知为何，新华社报道只点了《新京报》的名，或许是因为《新京报》的影响大，而且一向注重声誉、立志办"百年大报"？

【点　评】

值得一提的是，《新京报》没有鸣冤叫屈，更没有自我辩解，而是认真反思。《新京报》首席编辑、评论员曹保印为此撰文《真实是新闻的生命——从〈新京报〉一则失实报道谈起》，其中一段话可以共勉："这则报道失实的原因，就是相关采编人员对'真实是新闻的生命'这个常识，没有做到足够的敬畏，质疑的意识不强，核实的力度不够，新闻源过于单一，缺乏多方面的实证，以及记者'不在新闻现场'等。什么时候将'真实是新闻的生命'视为最低的也是最高的标准，并且恪守这个标准，什么时候才能最大限度避免失实报道，什么时候才能做到最大限度地还原事实真相，什么时候才能具备'百年大报'的品质和风范。"

四、70% 举报人遭打击报复

【刊播媒体】《法制日报》

【发表时间】2010 年 6 月 18 日

【作　者】杜萌

【"新　闻"】

据最高人民检察院材料显示，在那些向检察机关举报涉嫌犯罪的举报人中，约有 70% 的举报人不同程度地遭受到打击报复或变相打击报复。其中，各类"隐性打击报复"举报人的行为，因其手段"合法"，行为隐蔽，难以界定，一直处于法律救济的"边缘死角"。在近日召开的"2010 年检察举报论坛"上，有专家认为，我国对举报人的保护在立法领域存在明显

不得了，70％受到打击哉……

的缺陷和疏漏。专家建议应制定完善各种单行法律法规，以构建完备的公民举报权保护体系。

【真　　相】

《中国青年报》6月22日报道《最高检："七成举报者遭打击报复"报道不实》："最高人民检察院举报中心主任王晓新在通报'12309'举报电话的运行情况时，驳斥了此前'70％的举报者遭到打击报复'的说法。……这一数字被最高人民检察院举报中心主任王晓新斥为'不客观'、'不准确'。……王晓新说，根据最高人民检察院的统计，举报人遭受打击报复的案件很少，每年不会超过200件。"

【点　　评】

作为国内最权威的法制媒体，理应比一般媒体更懂得证据的重要性。《法制日报》的报道中明白无误地告诉读者"据最高人民检察院材料显示"，但立马被最高人民检察院当头一棒"报道不实"。其中是非曲直，外人难以评判。但从新闻报道角度来分析，《法制日报》明显有疏漏之处。首先，没有明确指出"70％的举报者遭到打击报复"究竟是出自最高人民检察院的哪份材料？其次，所依据的材料是否权威可靠？当然，最纠结的还是第三个问题：最高检的这份材料是否可以公开？如果涉密而公开报道，则成为泄露国家机密，那就罪加一等。因此，媒体报道此类敏感问题，必须慎之又慎！

五、西安市已被确定为国家第五个直辖市

【刊播媒体】《甘肃日报》

【发表时间】2010年7月7日

【作　　者】张　鹤

【"新　闻"】

要知道，国家规划的三个国际化中心城市中，就有西安，而且，西安已被确定为国家第五个直辖市。这更能够印证一个命题，那就是，天水、甘肃融入陕西后，将会得到更多的发展机

遇。反之，则很可怕——西安、陕西面朝东部发展时，天水、甘肃就会成为少人问津的背部，经济盲区也会由此产生。

【真　　相】

7月9日，《甘肃日报》刊发《重要更正》："7月7日本报三版刊登的《智者的声音》一稿存在严重错误。稿件中关于'西安已被确定为国家第五个直辖市'内容失实，系记者在某论坛采访时对演讲者的演讲内容理解和文字表述有误，值班编辑审稿不严。见报后在社会上产生了误导，造成不良影响。特此更正，并向读者致歉。"新闻出版行政部门依法对《甘肃日报》下达《警示通知书》。《甘肃日报》社通过网络和《甘肃日报》刊发了更正声明；同时，对相关责任人分别作出调离工作岗位、停职检查等处理，有关部门已责成社长、总编辑作出深刻检查并处罚款。

【点　　评】

正应了那句老话"自己的事别人先知道"！西安被确定为国家第五个直辖市，这么大的新闻，陕西媒体却没有一点动静，反倒让千里之外的兰州媒体抢了先，岂有此等好事？况且，作为一家省级党报，披露这么重大的新闻，没有官方文件，没有权威新闻源，仅凭一个专家的演讲，而且未经采访核实便仓促见报，未免匪夷所思。

六、喀什房价两个月就翻倍

【刊播媒体】《新疆日报》等
【发表时间】2010 年 7 月 20 日
【作　　者】周　婷
【"新　闻"】

站在喀什市的高点向四下望，只见脚手架林立，街道上车来人往，整个城市都沉浸在一场大建设的热潮之中。喀什如家快捷酒店员工林红上下班经过的市区，几乎每天都会有一堵墙被推倒，一天变一个样。"喀什的房子一天一个价，两个多月，房价就快翻倍了。"林红感受格外深刻：在喀什东湖的一套高层住宅，5 月初的报价为 2200 元 / 平方米，7 月初的价格已经涨到 4100 元了。

【真　　相】

在《新疆日报》报道之前，《都市消费晨报》已于 7 月 1 日刊发记者于江艳的报道《喀什"特区"效应催热房地产》，结论大致相同。对此，新闻出版总署通报批评："经查，两报的报道与事实严重不符，刊发虚假新闻造成了房价在短时间内将成倍增长的心理预期，严重扰乱了房地产市场，造成严重不良影响。新闻出版行政部门依法对《都市消费晨报》《新疆日报》分别作出警告并处 3 万元罚款的行政处罚，责成两报进行公开更正，消除负面影响，并进行通报批评，追究相关责任人的责任。"

【点　评】

当今中国，房价问题时刻牵动着老百姓的心。因此，无论涨跌，都不可避免地带来人心的波动。当然，不是说房价问题就不能报道，关键是如何准确地报道。在上述两报的报道中，只报道了消费者个人对房价的感受，而没有采用政府部门的统计数据；只看到特定地区房价的上涨，而没有顾及到整个地区的平均房价。因此，记者四处转转，便草率地得出房价两个月就翻倍的结论，很可能是以偏概全，难以客观、全面、准确地反映喀什市的房价。要知道，即使请专业的评估机构来评估一座城市的房价，也不是三五天就能搞定的，何况走马观花的记者呢？

七、一女生世博排队被强奸怀孕

【刊播媒体】四川新闻网、荆楚网等

【发表时间】2010 年 7 月 22 日

【作　　者】不　详

【"新　闻"】

6 月 11 日，上海康桥派出所接到了一起报案，报案者是受害人何婷的母亲陈女士，称其女儿在世博展览馆展览期间（原文如此——本刊注）被一男子强奸怀孕。据陈女士描述，何婷 5 月 30 日去世博展览馆看 Super Junior 的演唱会，当时大家挤着去领票，就在那个时候发生的。当记者问："当时周围都没人吗，你为什么不求救？"何婷回答："不是没人，是人太多了，当时我被挤的时候，感觉背后有个人用一只手抱住了我，然后另一只手褪下了我的内裤，我当天穿的是裙子，然后就那样了。我也求救了，可是没用，大家都挤着抢票，就算看到了他们也不会管，而且现场那么挤，想管的人也无能为力，我想推开那男的，可是现场实在太挤了。当时那男的做完后就走了，现场那么挤，我连他长什么样、几岁都不知道，怎么报案？"（《新民晚报》记者李嘉、刘静）

【真　相】

东方网记者刘轶琳、桑怡 7

月 22 日报道：康桥位于上海市浦东新区。东方网记者立即向浦东新区公安分局求证该消息的真实性。但据该分局宣传科的工作人员表示，经查证，该帖内容纯属虚构。据悉，康桥派出所并无接到这样的报案。与此同时，公安人员已向《新民晚报》查实，也不存在"李嘉、刘静"两位记者。经查，"5 月 30 日上海世博会一女生在世博展览馆被人挤怀孕"一文于 6 月 14 日在北大未名站上发布，随即百度贴吧首先转载，此后天涯、宽带山、猫扑、红网论坛、东方纵横等虚拟社区纷纷转载，22 日，四川新闻网、山东新闻网、荆楚网、西部网、中国日报网、大众网等新闻网站作为新闻转载，给上海世博会带来很大的负面影响。

【点　　评】

虚拟社区造假者纵然可恶，但明眼人一看便知是恶搞，因为情节太过荒唐，而且发帖者故意将上海写成"下海"，因此很多网友当即指出该消息涉假。但是，众多网站的管理者却不以为然，自作聪明地将"下海"改为"上海"后在网上疯传，显然是想赢得更多的点击率。或许网站的点击率上去了，但是，网站的品位、声誉必定下跌。

八、传我军数百战机青岛上空军演

【刊播媒体】环球网

【发表时间】2010 年 7 月 27 日

【作　　者】朱盈库

【"新　闻"】

美国世界新闻网（华文报纸《世界日报》所办的网站——本刊注）7 月 27 日引用台湾"中央社"的报道称，美韩联合军演正在日本海如火如荼举行，中国人民解放军在黄海已"先发制人"，26 日晚上，在濒临黄海的解放军北海舰队的总部所在地山东青岛，全体市民都目睹了空前的一幕：数百架战机呼啸着飞过上空，持续时间长达 40 分钟。该文章引述香港《明报》报道称，中国这种大规模的军机调动，若不是大规模军事演习的前兆，就是对内对外的强烈警示。

【真　　相】

7 月 30 日，国防部新闻发言人耿雁生在新闻发布会上表示，近年来中国军队加大对有关军事演练活动的报道，主要目的是体现中国军队更加开放、务实和透明，希望新闻媒体不要过度猜测和解读。最近一段时间，新闻媒

体对中国军队的军事演练活动非常关注。"有报道称 26 日晚间数百架战机飞越青岛的上空，并且时间长达 40 分钟。据我了解，根本没有此事。"耿雁生说，在这些媒体报道中国军队军事演练的消息中，"有些是子虚乌有、以讹传讹。"

【点　　评】

全世界任何媒体和记者，都以报道原创、独家消息为己任。想当年，美联社和合众社的记者为了抢发肯尼迪总统被刺的消息，不惜斯文扫地、大打出手。而作为一家权威媒体的新闻网站，在报道中国大陆新闻时，居然连环套般地采用了三家境外媒体不靠谱的报道，而且未经过任何核实就予以报道，简直令人难以置信。环球网的宗旨是："秉承环球时报新闻理念，实时报道国际风云，真诚直面敏感话题，力求及时、客观、真实、准确、深刻地报道新闻、还原事实真相。"若以此标准来评判这篇报道，不知该打多少分？

九、"偷菜"游戏或被取消

【刊播媒体】《西部商报》

【发表时间】2010 年 10 月 12 日

【作　　者】李东朝

大家听清楚了吗……

【"新 闻"】

　　天水妇女李某受网上"偷菜"游戏误导，上演现实版偷菜闹剧因违法被拘留罚款。案发后，9月29日、9月30日，本报率先连续刊发大规模报道披露此事，引起了社会各界强烈反响。昨日，文化部文化市场司回应本报采访时，首肯本报报道和本报及专家提出的建议和良策。文化部文化市场司工作人员称，等文化部会商研究后，"偷菜"的游戏功能或将取消或将在现有基础上进一步改良。

【真　　相】

　　《西部商报》有关文化部称偷菜游戏"或"被取消的报道在网上引起强烈反响，大部分网友均反对文化部对"偷菜"游戏下禁令。13日上午，文化部专门主管网游的部门——文化部文化市场司网络文化处一名负责人表示，文化部从来没有对是否禁止或改良"偷菜"游戏开过会，更没有说过"禁止或改良偷菜游戏"的话，称文化部要禁止"偷菜"游戏纯属误读。

【点　　评】

　　可靠、权威的消息源，是采写新闻的不二法门。按照西方客观报道的要求，还必须有两个以上各自独立的消息源互相印证。但是，这篇报道的消息源不过是文化部文化市场司执法监督处"一位姓李的值班人员"。记者连对方的名字、年龄、相貌、职务都不知道，要想不出假新闻，难！

十、金庸去世

【刊播媒体】《中国新闻周刊》官方微博

【发表时间】2010 年 12 月 6 日

【作　者】不　详

【"新　闻"】

金庸，1924 年 3 月 22 日出生，因中脑炎合并胼胝体积水于 2010 年 12 月 6 日 19 点 07 分，在香港尖沙咀圣玛利亚医院去世。

【真　相】

报道甫出，香港《明报》发言人立即表示，"该传闻为假消息。"事实上，香港并没有一家名为圣玛利亚的医院，名字相似的圣玛丽医院位于湾仔。当天深夜，《中国新闻周刊》副总编辑、新媒体总编辑刘新宇在新浪微博上承认"编辑未作任何核实草率转发，这暴露了该编辑缺乏应有的新闻素养，也暴露了我们管理上的漏洞"，并"代表周刊新媒体真诚接受大家批评，并力求以此为戒"。7 日上午，刘新宇提出辞去《中国新闻周刊》副总编辑、新媒体总编辑职务，当天下午获准。

【点　评】

都说名人难当，可怜金庸老先生"被去世"已非首次。2010 年 6 月，就有媒体爆炒金庸去世。当时，金庸的好友倪匡、潘耀明曾痛骂媒体"没牙齿"（无耻）。资深媒体人吕怡然在东方网发表评论《为虚假报道担责的勇气可嘉》："尽管这则'客里空'并非出现在《中国新闻周刊》的正刊上，尽管总监、总编们事先并不知晓那个编辑之作为，但是因《中国新闻周刊》乃隶属于中新社，

而'金庸去世'的消息又出现在其官方微博上，借助长期积淀的品牌公信力，致使虚假消息被'当真'，以讹传讹，影响更为恶劣。在这个意义上看，老总难辞其责。"总编辑引咎辞职固然可敬，但是，对于微博这个新媒体来说，如何设置审核机制，怎样有效把关，却是一个艰难的挑战。

<u>2011 年不完全备忘录</u>

● 2011 年第一期《新闻记者》在"媒介批评"专栏刊发上海交通大学人文艺术研究院新媒体与社会研究中心教授谢耘耕、博士研究生王平的文章《从"金庸去世"看微博假新闻的传播与应对》，就"金庸去世"假新闻从产生到消亡的过程，对微博时代的假新闻现象作了解析，并对如何遏制微博假新闻的产生提出思路和建议：应加强微博虚假信息监测及预警机制；主流媒体应担当起引导舆论的责任；网友需理性分析，提高自身媒介素养，不传谣，不信谣；除法律监督外，还需要媒体自律及政府引导。

● 2011 年第一期《新闻记者》在"传媒观察家"专栏刊发曹鹏的文章《反对假新闻要标本兼治三管齐下》。文章说：

作为在全国最早以评选"年度十大假新闻"的形式，长期、系统地对假新闻予以揭露抨击的《新闻记者》杂志，已经连续十年刊发专稿，对杜绝虚假报道、反对制造假新闻，可谓筚路蓝缕，有开创之功，尽管刊物也曾因此而付出了陷于法律纠纷等代价，但是，成绩与贡献有目共睹。不过，对于面向新闻工作者的专业刊物的一个专栏，不可能也不必要每期每篇都要别出心裁标新立异，更重要的是发现、提出、思考、探讨中国新闻业的实际问题，促进新闻工作的进步与发展。

● 2011 年 1 月 21 日《文汇报》报道《新闻记者》杂志 10 年打假历程。

10 年剑指"客里空"
——《新闻记者》杂志"新闻打假"之路

去年 12 月 6 日，一则"金庸在香港尖沙咀圣玛利亚医院去世"的新闻在《中国新闻周刊》官方微博上出现，随即被各大网站疯狂转载。事后证实，这是一条不折不扣的假新闻。"金庸被死亡"事件由此进入《新闻记者》杂志评出的2010年"十大假新闻"之列，其他入选的假新闻还包括"中国作协作家团入住总统套房""西安市已被确定为国家第五个直辖市"等等。

从2001年起，每年年初，文汇新民联合报业集团《新闻记者》杂志都会对虚假新闻展开一场围剿讨伐之战，迄今已坚持10年。10年来，他们始终站在捍卫新闻真实性的立场上，手持利剑，无情劈向"客里空"。《新闻记者》也是目前全国唯一一家坚持评选假新闻的媒体。

将100条假新闻钉在耻辱柱上

《新闻记者》杂志并非全国第一家举起"新闻打假"大旗的杂志，但机缘巧合的是，它却无意中接过了这面旗帜。2000年，由新闻出版总署主办的《中国报刊月报》中断了连续多时的年度假新闻评选工作，《新闻记者》于2001年"继往开来"。

"当时我们在讨论新的一年编辑工作的时候，大家议论起近来的虚假新闻报道愈演愈烈，让人难以忍受，于是萌生出评选十大假新闻的念头，以示我们捍卫新闻真实性的态度。"《新闻记者》前任主编吕怡然还记得第一次在"编者按"上写的壮志雄心：本刊拟每年评选当年的十大假新闻，但愿我们的"阳谋"会落空，这次评选是第一次也是最后一次。

这个"天真"的愿望并没有实现，这一评选，一路走过了10年。

在《新闻记者》的"假新闻库"里，存放着无数条大大小小的假新闻证据，对于每一条假新闻的筛选，都认真对待，努力将事实搞清楚，并建立起一套规范严谨的流程，除了平时关注虚假新闻的出笼、澄清、纠错的过程与结果，还由专人负责收集原始证据，追踪流传路径和演变的走向。"每年年底，我们都会从100多条假新闻中筛选出最有典型意义的'十大'，并对当年的假新闻特点予以点评总结。"吕怡然说，10年里，《新闻记者》已将100条假新闻钉在耻辱柱上。

重压之下几度想打"退堂鼓"

最初在评选"十大假新闻"的时候，《新闻记者》毫不犹豫地将假新闻的炮制者、媒体指名道姓地亮出来，并没有意识到它将会带来些什么后果。随着政府有关部门的重视和网络传播的迅速发展，2003年，"十大假新闻"评选的影响力突然爆发式地呈现出来，各种反馈接踵而至。

"我们10年刊登了100条假新闻，同时也得罪了全国八九十家媒体。"吕怡然说，每年"十大假新闻"推出后，元旦假期一结束，各种困扰就来了，打电话谩骂骚扰者有之，在网上发帖质疑指责者有之，相关媒体派人前来交涉者有之，托关系前来打招呼者有之，发律师函扬言要控告者有之，更有甚者，掉转头来质问《新闻记者》"有什么资格评假新闻"，讽刺编辑组"爱出风头""想捞好处"。

"至今，我们身上还有一单被控名誉侵权的官司未了。"十年来执笔撰写"评选"结果的高级编辑贾亦凡告诉记者。更多的时候，强大的媒体集团会通过繁复错杂的关系网络对《新闻记者》施压，要杂志"道歉""更正"，实在顶不住了，《新闻记者》只能退一步，选择"来函照登"。他们认为，所选假新闻每一条都是铁板钉钉的，那些辩解词软弱无力，正义之气绝不能低头。

重压之下，《新闻记者》深感作为一家地方新闻专业期刊，同"客里空"斗争委实力不从心，几度想打"退堂鼓"停止这项"吃力不讨好"的评选。一度，他们也想过将这面"打假"大旗交托给主管部门、权威机构，而自己提供"炮弹"。他们曾尝试过和有关新闻网站和新闻院校合作开展评选，最后因种种缘由无疾而终。《新闻记者》便继续义无反顾地扛着这面大旗，一路走过10年。

各方支持让评选产生积极影响

支撑着《新闻记者》一路走来不放弃的，是评选所带来的正面力量。

每年的"十大假新闻"一经发布，各种报刊、网站纷纷转载转摘，让假新闻无所遁形。"年度假新闻"评选同时引起了主管部门的高度重视。近年来，全国新闻战线"三项学习教育活动"领导小组办公室对"十大假新闻"进行核查，择其典型案例通报批评。2010年末，中宣部等五部门更展开了为期半年的治理虚假新闻报道专项教育活动。"这会在无形中给'不幸上榜'的媒体加一个紧箍咒，促使他们以后的报道更加小心谨慎。"吕怡然说。

社会各界的力量也参与到这场"新闻打假"的战斗中，并肩作战。有些新闻传播专业报刊深入剖析假新闻的成因，探讨防范之策；有些学者对这些案例进行梳理、分析，归纳新闻造假的动机、手法，并提出杜绝假新闻的建议。

也许是对假新闻持之以恒的揭发鞭挞产生了一定的震慑力,《新闻记者》欣喜地发现,2010年虚假新闻的增长势头得到了抑制:"往年'假新闻库'里一年总有百把条,评选时左挑右选,忍痛割爱;去年我们虽四处收集,虚假新闻也不过数十条,产量是十年来最少的一次,而且质量平平无'大作'。"贾亦凡告诉记者,他最大的愿望就是在不久的将来,"十大假新闻"评选再也办不下去了,因为再无假新闻可查。

虚假新闻问责机制尚处空白

评选完2010年十大假新闻之后,《新闻记者》主编刘鹏有些遗憾:"今年有几件社会反响强烈的事件,因为不符合我们评选假新闻的严格标准,最后没能列入名单,比如'名医'张悟本、道士李一等等。但这样的报道、节目,同样在极大地损害着我们媒体的公信力。"

刘鹏常常在各大论坛上看见网民转载的"假新闻""失实报道"揭发帖,许多尖锐甚至偏激的评论让他感到心痛,却又无奈。"对于媒体来说,也许我们关注的是'自己别出假新闻',但是对于读者来说,他们不太会区分假新闻到底源出哪张报纸哪家电视台,他们的感性判断往往是'媒体的新闻都是假的'。这实际上对我们媒体整体的形象、公信力,造成至深的伤害。"正因如此,刘鹏说:"十大假新闻评选虽然是《新闻记者》的一个特色专题,但这只是倡导坚持新闻真实性的一个方式,我们更希望的是整个新闻界同心协力,联手抨击围剿虚假新闻,共同担负起打造和提升媒体公信力的责任。"

站在新闻打假战线的最前沿,《新闻记者》体会得更多:"新闻打假的路走得很艰难,很重要的原因是目前我们还没有一套有效的监督、追查、问责、惩戒机制来处理假新闻的始作俑者,这是一个管理盲区。"据悉,在10年来评选出的100条影响重大的假新闻中,只有报道"纸箱馅包子"的记者受到刑事判决,这也是唯一的一次,更多的"假新闻"处理最后都不了了之。但是它们的影响巨大,比如"香蕉致癌""甲醛啤酒"等假新闻甚至对某一领域的经济造成了摧毁性影响。吕怡然说:"治理虚假新闻不能打一枪警告一下完事,要有顶层设计,要有一套完整的制度,并将其作为一项'长治久安'的系统工程来实施。"

(《文汇报》记者 徐晶卉)

● 2011年1月23日《解放日报》报道上海举办"维护新闻真实性 提高

媒体公信力"论坛。

一起行动起来杜绝虚假新闻

本报讯 （记者白彦平）昨天上午，"维护新闻真实性 提高媒体公信力"高峰论坛暨"十大假新闻"评选十周年研讨会在沪举行。作为上海新闻界深入开展"杜绝虚假报道，增强社会责任，加强新闻职业道德建设"专项教育活动的一项重要内容，论坛向全体上海新闻工作者发出倡议：从每次采访做起，从每篇报道做起，坚守新闻真实性，杜绝虚假新闻。文新集团旗下《新闻记者》杂志因顶住压力，坚持十年新闻打假，为上海新闻界树立追求新闻真实性的标杆，在论坛上受到市委宣传部嘉奖表彰。

本次论坛由市新闻战线"三项学习教育"活动领导小组、市新闻工作者协会、文新报业集团联合主办。论坛上，市委宣传部副部长、市"三项学习教育"活动领导小组组长宋超围绕"维护新闻真实性 增强媒体公信力"主题作主旨讲话，全国记协书记处书记顾勇华、国家新闻出版总署报刊司司长王国庆、全国"三项学习教育"活动领导小组办公室副主任孙兆华等发表演讲。市记协主席贾树枚、文新集团党委书记缪国琴分别主持高峰论坛和专题论坛。中央主要媒体驻沪机构和上海主要新闻单位负责人参加论坛。

参加论坛的专家学者和新闻业界人士一致认为，真实是新闻的生命，维护新闻真实性、提高媒体公信力是新闻工作永恒的话题。当前形势下，要杜绝虚假报道，增强社会责任，新闻传播实践与教学一定要深入研究媒体形态变化与坚守新闻真实性的关系、坚持正确新闻价值观与坚守新闻真实性的关系、推进文化体制改革与坚守新闻真实性的关系。对于上海新闻界来说，要牢牢树立正确的新闻价值观，培养踏实过硬的采编作风，掌握正确的思想方法和工作方法，建立健全机制和制度保障，从根源上铲除孳生虚假新闻的土壤。新闻工作者永远需要警惕"假新闻"被有意或无意地炮制出来，维护新闻真实性永远是我们从业的铁律。

论坛上，市记协青年工作委员会主任李蓉代表全体青年新闻工作者宣读倡议书，倡议上海新闻工作者一起行动起来杜绝虚假报道。《新闻记者》杂志原主编吕怡然，就《新闻记者》杂志评选全国"十大假新闻"十年甘苦、收获，作了主题演讲。

前天下午，主办方还在文新报业大厦举行了专题论坛。来自新闻学术界的专家童兵、陈力丹、陆地、董天策等作了主题演讲。尤莼洁、陆兰婷、吴颖、江胜信、陶健、王勇、丁芳、陆黛、阎小娴等9名上海新闻界的优秀记者编辑代表分别在两天的论坛上发言。

去年年底，中宣部、中央外宣办、广电总局、新闻出版总署、全国记协五单位联合开展全国新闻单位"杜绝虚假报道，增强社会责任，加强新闻职业道德建设"专项教育活动，活动将持续到今年4月。

● 上海市新闻工作者协会青年记者工作委员会倡议书。

一段时期以来，频频出现的虚假新闻损害了新闻媒体的公信力，损害了新闻工作者的形象，损害了新闻宣传工作的声誉，损害了人民群众对党和政府的信任。维护新闻真实性，提高媒体公信力，是党的新闻工作者的责任和使命。今天，上海举行"维护新闻真实性，提高媒体公信力高峰论坛暨'十大假新闻'评选十周年研讨会"。在此，我们向全市新闻工作者发出倡议：

第一，真实是新闻的生命，也是新闻事业的生命。我们要像珍视自己的生命那样，捍卫新闻真实性，恪守新闻职业道德，树立正确的新闻价值观，以真实、准确、全面、客观为新闻报道的首要原则，决不能为了吸引受众眼球、追求轰动效应，忽视新闻真实这一职业生命线。

第二，我们要培养踏实的工作作风，提高职业素养，贴近实际、贴近生活、贴近群众，高举旗帜、围绕大局、服务人民、改革创新，从每次新闻采访做起，从每篇报道的写作做起，从每个版面的编排做起，从每个新闻节目做起，尊重新闻事实，认真核实，严格把关，绝不掺假，绝不虚构，维护新闻的真实性，维护媒体的公信力。

第三，我们要进一步加强规章制度建设，规范采编流程，自觉接受社会监督。对于受众提出的疑问、批评意见要逐一检查，迅速处理，及时反馈。对于查实的问题要主动检讨，自我曝光，以我们的作品和行动维护新闻队伍的形象和荣誉，以不断提高新闻宣传的影响力、吸引力、感染力，以更多优秀新闻作品服务受众，引导受众。

让我们从每次采访做起，从每篇报道做起，坚守新闻真实性，杜绝虚假新闻！

上海市新闻工作者协会青年记者工作委员会
2011 年 1 月 22 日

● 2011 年 2 月 15 日《中国新闻出版报》报道上海举办"维护新闻真实性提高媒体公信力"论坛。

虚假新闻，媒体头上的"达摩克利斯之剑"

虚假新闻是新闻史上一个老话题。在西方，黄色报刊盛行时期，虚假新闻就曾泛滥成灾。在我们党的新闻事业发展过程中，也一直与虚假新闻进行着毫不留情的斗争。比如，解放战争时期，就开展过反"客里空"运动，对假、大、空的新闻进行全方位的纠正。

然而，不可否认的是，时至今日，五花八门甚至令人瞠目结舌的虚假新闻依然会闯入人们的视野。屡禁不止，成为我们在形容虚假新闻时常用的一个词。那么，虚假新闻缘何久治难愈？网络时代，新闻造假呈现哪些新特征？对于这把悬在媒体头上的达摩克利斯之剑，我们在心中敲响警钟的同时，又该采取怎样的措施坚决予以阻击？

新闻失真　究竟原因何在

"与上世纪八九十年代相比，新世纪新闻造假具有不少新的特征，即无所顾忌、无所不为、无所畏惧、无动于衷。"在 1 月 21 日～ 22 日由上海市新闻战线"三项学习教育"活动领导小组、上海市记协、文新报业集团联合主办的"维护新闻真实性 增强媒体公信力"高峰论坛上，复旦大学特聘教授、博导童兵在发言时这样说道。

对于这四个"无"的概括，上海市委宣传部副部长、市"三项学习教育"活动领导小组组长宋超认为，虽然只是一家之言，但也的确反映出当前一些新闻造假者的面目和态度。"再看一看《新闻记者》杂志评出的 2010 年'十大假新闻'，可以说简直是令人发指，新闻业界个别造假者的无知无良，已令世人痛恨。"

分析虚假新闻的产生原因，宋超认为，从目前来看，明显因为利益驱动或外部压力而主观、恶意造假的情况并不占多数，有不少虚假新闻的产生，主要是源于不正确的思想方法和工作方法。综合分析历年来不少假新闻的产生，往往与抢新闻、抢独家、想以批评曝光引起轰动等急功近利的思想意识和行为有关。

中国人民大学新闻学院教授、博导陈力丹也表示，从调研的结果来看，那些明确因为利益收买或外部压力而造成的新闻失实，数量并不多。他认为，大多数失实新闻的例子，只是源于一些微小的原因，如惰性、赶截稿时间、采访不到相关人员，或仅仅为了把报道"糊弄"得好看点。

北京大学新闻与传播学院教授、博士生导师陆地认为，假新闻产生的原因可分为四个方面。一是个人原因。包括因素质不高、被蒙蔽而造成的被动造假，比如，江西电视台都市频道"都市情缘"栏目播发的"史上最毒后妈"事件；包括因急功近利，主动参与甚至导演而造成的主动造假，比如，北京电视台生活频道播出的"纸箱馅包子"事件，中央电视台新闻频道播出的"搜救犬牺牲"事件；包括因记者偷懒、大意或成本控制的需要而导致的造假，比如，中央电视台播出的《控烟难控阻力何在》节目中女主角"变脸"事件。二是技术原因造成的张冠李戴、移花接木。三是组织原因，即政治需要、业绩逼迫、制度缺失。四是社会原因，包括社会诚信和道德水平严重下降、记者心态浮躁、片面的收视率标准逼迫、法制不健全、监督缺位、媒介的社会责任感淡薄等。

童兵认为，新闻失真在新时期还有五个值得关注的特殊原因。一是官场文化催动新闻造假；二是商家发迹诱发传媒造假；三是在"企业化"路径中炮制假新闻；四是重政治、轻业务，放松对新闻造假的监管；五是全民社会道德滑坡，新闻素质下降，"真实报道可贵，新闻造假可耻"的正气得不到张扬。

网络假新闻泛滥为哪般

虚假新闻与互联网并没有必然联系。但随着互联网影响力的日益增强，虚假新闻的来源、传播以及危害有了新的特点，网络也成为虚假新闻的多发地带。

对此，东方新闻网与会代表陆黛表示，随着社区论坛、博客、微博、SNS社交网站等Web2.0互联网应用的兴起，个人不再是传统意义上的受众，而成为新闻的发布者，这使得信息发布主体从新闻工作者，扩大到无记者资格的商业网站编辑，进而再扩大到普通人。信息发布主体的多元化，从新闻发布的源头上留下了虚假新闻的隐患。

"一些商业网站没有专业的编辑、记者，为追求眼球经济，在信息发布、内容把关等环节上问题不少，也为虚假新闻的产生和泛滥埋下了隐患。"陆黛说道。来自东方新闻网的吴颖对此观点也表示认同，认为从业人员素质不齐的确是网络虚假新闻频发的主要原因之一。"网络编辑从业人员的教育背景五花八门，什么专业出身的都有。非新闻类专业的编辑在入职后，非常渴望能够接受专业知识培训，但受制于网站的规模、实际投入产出的压力以及领导的重视程度，相当数量的编辑是凭着个人素养在工作。如果网络编辑水准不达标，那他发布的新闻、调整的页面就很可能存在风险。另外，网站从业人员中实习生、短期合同用工也不在少数，对这部分人员的管理更是薄弱。北京电视台的'纸箱馅包子'事件就出自临时工之手，而网站也存在这样的用工情况，有时一名编辑的一时疏忽，就可能酿成大错。"

"选用虚假信息源也是网络虚假新闻的成因之一。"吴颖分析说，新媒体时代，信息源鱼龙混杂、真假难辨，尤其是论坛、博客、微博的出现，使每个人都成为信息的发布者，这就更增加了鉴别真伪的难度。这其中，一是传统媒体取材自互联网的非可靠权威的信息，纯粹地"复制＋粘贴"，不核实、不求证便发稿，随后网络媒体迅速转载，起到"放大器"的作用；二是目前部分网络媒体在没有采访权的情况下违规采访，报道又没有规范地核实，使发布的"独家报道"严重失实。"目前，由于海量抓稿系统的运用，简单地用机器完成抓稿和发布的流程，完全没有'把关人'的存在，更为虚假新闻的传播制造了温床。海量抓稿是用机器设定抓取的对象，一些网站的抓取对象中不仅把中央、地方重点新闻网站设置其中，商业门户网站也是主要抓稿对象，如此循环往复，虚假新闻经过几轮'洗稿'，来源被洗规范了，堂而皇之地传播扩散。此外，还有一些机构或公关公司为达到炒作目的而有意制造事件，自由撰稿人乃至'草根记者'的涌现，特别是当恶意的炒作和所谓的博客、微博身份认证相结合，更使得网络虚假新闻层出不穷。"

在吴颖看来，过分追求时效性、一味追求点击率也是催生网络虚假新闻的两大原因。与传统媒体相比，网络媒体最大的优势就是新闻的时效性强。一些影响力较大的商业门户网站之间的竞争已经到了白热化的程度，时效性以秒而论。当网站对时效性的追求到达一种过分的程度，就把新闻内容的审核弱化了，对新闻内容不经仔细审核就将其发布，以致新闻的真实性和准确性不能得到保证。提高点击率是每个网站都竭力追求的目标，当一些网站以所谓迎合受众欣赏品位为托词，把发布重心放到吸引眼球的低俗、猎奇新闻上，在看到一条轰动性的新闻时往往先转载再核实，甚至不核实，有时在转载时又添油加醋，也促成了网络虚假新闻的泛滥。

"当然，固然造成虚假新闻频现网络媒体的原因很多，但根本还是网络媒体责任意识不强、把关意识薄弱，往往认为每天海量发稿出现一些问题稿件在所难免；大量稿件转载自传统媒体，如果出错，自身仅承担转载之责。"吴颖坦言道。

与采编实务存在哪些矛盾

从2001年开始，《新闻记者》杂志每年评选全国年度"十大假新闻"。回首10年新闻打假历程，《新闻记者》原主编吕怡然指出，由于采编作风、利益驱动、考核机制、业务能力等方面存在的问题，在采编实务中引发了一些操作难题和现实矛盾，比如，采访深入细致与抢时间的矛盾、核实事实的时间成本和经济成本的矛盾、信源的权威性与真实客观性的矛盾、如实报道与抢夺眼球的矛盾、公开发布的信息与私下谈话透露的信息之间的矛盾等，这些矛盾往往也导致了失实报道、虚假新闻的产生。

对于这些现实问题，宋超提出要正确处理好三个关系。首先是要正确处理抢新闻与确保新闻真实性的关系。新闻工作者都有抢新闻的意识，但抢新闻的前提必须是准确，抢的必须是新闻，而不是最后贻笑大方的假新闻。越是想争分夺秒抢新闻，就越是要重视正确的工作方法和严格的流程管理，各个工种要有效、密切配合，前后方记者、编辑要高度默契、及时沟通，主要领导要慎重把关，要准确判断哪些是在第一时间可能掌握从而可以披露的新闻事实，哪些是需要进一步核实或陆续跟进的。

"其次是要正确处理独家报道与确保新闻真实性的关系。"宋超表示，不少虚假报道往往是"独家报道"，产生问题的原因往往与抢新闻的心理类似，希望独家，希望具有爆炸性，引起轰动。做出精彩的独家报道是每个渴望成功的新闻工作者都追求的，但越是希望做出独家，就越是需要比别人投入更大的精力，需要更加深入和细致地采访、核对，更加正确理解和把握新闻事实。独家的背后是独家的投入、独家的深入、独家的水平，没有这些独家的功夫，即便没有出现事实差错，也难以保证独家报道的精彩。

"再次是要正确处理舆论监督与确保新闻真实性的关系。"宋超表示，舆论监督出现不实报道的情况并不少见。舆论监督首先要坚持正确的立场、正确的出发点，要是善意的、建设性的监督，在此基础上，尤其要坚持正确的工作方法。比如，要与批评对象见面，不能偏听偏信；重要批评稿要与有关部门核对，事实一定要准确；特别重大的舆论监督要与党委部门沟通，从政治上把关。这些思想方法和工作方法对保证舆论监督的正确、准确，非常重要。

上海广播电视台广播新闻中心记者陆兰婷从 1993 年开始从事舆论监督报道。谈到舆论监督报道如何防止虚假，陆兰婷直言，18 年采访工作的最大体会就是一个"勤"字，就是迈开自己的双脚，深入现场，深入采访。"在新闻舆论监督中引起纠纷的不在少数，相当一部分是由于事实不够准确引起的。因此，我们报道的内容必须准确无误，哪怕是所报道的有九分是准确的，有一分与事实情况有出入，也会有悖于新闻的舆论监督的要求。在舆论监督报道的采访中，一定要在深入细致上下工夫，做到事事有出处、件件无出入。只有这样，才能保证舆论监督的真实性，维护舆论监督的尊严，也才能真正发挥出舆论监督的作用。"

泛滥之势应该如何遏制

"假新闻严重损害媒介的公信力，当事人的形象和权利，社会秩序以及真新闻、好新闻的价值。"谈到假新闻的危害，陆地总结道。可如何才能使"真实是新闻的生命"这一观念渗透到新闻采编的每一个环节，使虚假新闻泛滥之势得到有力遏制？

对此，《解放日报》记者尤莼洁认为，首先，要做到恪守自己的报道原则，深入现场，洞幽察微，慎思明辨，把假新闻堵在采访阶段。重视对于事件真实性的现场调查和核实，在对新闻事实本身的采访与观察上，要舍得花时间。其次，要做到不跟风、不炒作，对新鲜事物有自己的判断与观点。再次，要做到严格把关、常敲警钟，对各种消息源都注意核对，对来自网络的信息尤其要注意网下核对，警惕假新闻的产生。此外，还要加强理论修养，提升政策水平，丰富知识结构，开阔眼界视野，做到耳聪目明。这一点，对从事新闻深度报道的记者来说尤其重要。

"目前，我国尚未建立起刚性、长效的追查、问责、监管、惩戒机制。这些年除了'纸箱馅包子'的炮制者受到法律制裁，相关责任者受到查处，最近微博传播虚假消息的责任人引咎辞职外，其他造假者及其相关责任人几乎都没有被彻查，有的根本未受到批评教育。"吕怡然表示，阻击虚假新闻需要综合治理，需要从确立观念到制度安排上有一个顶层设计，将其作为一项"长治久真"的系统工程来组织实施。即时追查、有效问责、强化监管、坚决惩戒的长效刚性机制得以建立健全，能够令"客里空"在中国无藏身、立足之地，中国传媒重铸公信力并长久不衰。

宋超对此也表示认同。他指出，良好的采编作风以及正确的思想方法和工作方法都要有机制和制度的保障，制度化才能常态化、长效化。谈到如何健全机制和制度保障，宋超表示，首先要更进一步健全监督机制。目前，上海主要新闻单位都已面向社会公布专项教育活动的监督电话、邮箱等联系方式，同时，进一步健全了内部监督机制。对于社会监督，一定要高度重视反馈工作，有问题及时整改，有误解及时澄清，要第一时间把对监督的回应反馈给监督者，这对于维护新闻单位的良好形象很重要。

其次，要更进一步健全预案、奖惩等各种有效制度。"新闻工作要有预警意识，尤其是对虚假报道的产生，一定要有合理科学的管理流程设计，要有出现问题后的及时纠错机制，要有应对预案。奖励和惩罚也要制度化，要有机制保证，有资金保证，有举措保障。这几年，上海有几家媒体相继完成了ISO9001质量认证体系的建设，这里面有很好的制度设计，但关键是落实。"宋超说道。

"此外，还要注重培训制度建设。"宋超强调说，培训千万不能走形式，要保证实效，要受大家欢迎，而不是被人敷衍。这项工作的展开，也一定要以问题为导向、需求为导向、项目为导向。"这就要求我们要不断了解、认真分析培训需求，结合不同阶段的新闻工作实际，精心设计、不断更新培训课程和内容。比如，多设计案例教育，进行'解剖麻雀式'的分析和研究。"

（《中国新闻出版报》记者　晋雅芬）

●法制网刊出《〈法制日报〉严正声明》。

2011 年 1 月出版的上海《新闻记者》杂志刊文登载由该杂志社自行评出的"2010 年十大假新闻"。其中，将《法制日报》于 2010 年 6 月 18 日刊发的《70% 举报者遭遇打击报复 手段日趋隐蔽难于界定 "隐性打击报复"受害人被置法律救济死角》一文列入假新闻之列。其评价与事实不符。

2010 年 6 月 11 日，最高人民检察院举办"2010 年检察举报论坛"，与会者针对社会上普遍存在着打击举报者的现象，发表各自对完善构建举报人保护制度的建议和看法。因此，《法制日报》报道的基本事实准确，绝非所谓"假新闻"。《法制日报》刊发稿件中提及的"70% 举报者遭遇打击报复"的说法，出自"2010 年检察举报论坛"与会多名检察官及专家的发言，这些发言由最高人民检察院主管的正义网向社会公布。

《法制日报》记者据此采写的报道内容均有正当信息来源，且举报者遭打击报复的基本事实不可否认，无任何凭空捏造。假新闻是指那些无中生有、凭空虚构的"新闻"，而《新闻记者》杂志混淆假新闻标准，主观猜测《法制日报》报道基本事实的准确性及引文来源的真实性，误导新闻界及社会公众。

《新闻记者》杂志所作"2010 年十大假新闻"，评选过程不透明，评选标准不严谨，评选程序不公开，在评选前未向《法制日报》及相关单位作任何调查核实，未经"听证""质证"程序，未审慎甄别即草率下评，妄言《法制日报》报道为假新闻，严重侵害了《法制日报》社及记者个人声誉。《法制日报》社特此严正声明，以正视听，并保留行使法律诉讼的权利。

《法制日报》社

2011 年 1 月 13 日

（载 http://www.legaldaily.com.cn/index_article/content/2011-01/13/content_2439257.htm?node=5955）

●《新闻记者》杂志对《法制日报》"严正声明"的回应。

获悉《法制日报》的"严正声明"后，《新闻记者》编辑部极为重视，立即重新对《2010 年十大假新闻》策划撰写流程及相关文章、相关内容，作了全面细致的调查。我们得出的结论是：《2010 年十大假新闻》中涉及《法制日报》

的有关内容是准确、严谨的，写作之前经过了细致周密的调查取证，写作态度严肃认真、与人为善，并不存在《法制日报》所称"极不负责任""损害法制日报声誉"的行为及动机。

一、"70% 举报者受打击报复"是无可置疑的虚假新闻

众所周知，并非只有故意造假才是虚假新闻，只要报道内容与事实真相不符，即是虚假新闻。

《法制日报》在 2010 年 6 月 18 日刊发的《隐形打击报复受害人被置法律救济死角》报道中，引发轰动效应，也引起多方质疑的，就是新闻开头一段说的："据最高人民检察院材料显示，在那些向检察院举报涉嫌犯罪的举报人中，约有 70% 的举报人不同程度地遭受到打击报复或变相打击报复……"正是这个信息，被广泛转载，影响甚大。

在 6 月 21 日最高检召开的新闻发布会上，最高检举报中心主任王晓新称，《法制日报》报道的事实与实际情况不符，既不客观，也不准确。他说，据最高检统计，2007 年至 2009 年，全国检察机关受理群众首次举报线索 48 万余件，属于检察机关管辖的是 20 万余件，其中实名举报大概占到 30% 到 40%。而他们得到的反映是，举报人遭受打击报复的案件很少，每年的统计也超不出 200 件……

最高检对《法制日报》相关报道的否认和反驳，新华社、《检察日报》《中国青年报》正义网等媒体都做了公开报道。这是来自国家权威机关的权威数据，无可辩驳地证明了《法制日报》报道"70% 举报者受打击报复"是虚假新闻。而这，也正是《新闻记者》杂志《2010 年十大假新闻》将《法制日报》该条新闻列入其中的基本依据。

二、《法制日报》的报道混淆新闻来源，是导致新闻虚假的关键

在《法制日报》给中国记协的《报告》中，称其"有正当信息来源"，并指出其报道所依据的新闻来源，即"中国 2010 年检察举报论坛"中多名与会者的发言。其实，这些材料，在我们策划撰写《2010 年十大假新闻》时，已经注意到了。

据查，在这个论坛上有 4 篇论文引用"70% 举报者受打击报复"这一关键信息。4 篇论文不约而同、口径一致地说到："据某学者统计，在所有检察举报人之中大约 30% 的举报人基本上没有受到打击报复，其余约 70% 的举报人都程

度不等地尝到了打击报复或变相打击报复的滋味。"也就是说，这 4 篇论文都是间接、转手引用其他学者研究的成果。

须知，研究者提交的会议论文，即便观点全部正确，信息完全属实，援引的数据全都可靠，也只能代表其个人的学术研究成果，是一家之言，并不代表会议主办者的意见，更不能等同于国家权威机关提供的官方信息。更何况，就这个导致报道失实的信息而言，本身就存在严重问题（下文将着重分析）。在如此关键的新闻来源上，《法制日报》的报道不交代其信息来源仅为个别学者论文中引用的出处不明的一句话，而是模糊成"据最高人民检察院材料显示"，混淆新闻来源，误导受众，引发不良社会影响，这是导致该新闻虚假的关键所在。

三、《法制日报》的报道对所谓的"学者统计"不加追问、核实，违背新闻专业原则，也缺乏应有的责任意识

有信息来源未必不是假新闻，新闻工作不是有闻必录，核实，是新闻工作者的基本职责。

学术研究无禁区，新闻宣传有纪律。一名称职的记者，一家负责任的媒体，在发布如此重要且敏感的数据时，起码应当采访一下相关论文作者，追问一下他们文章中含糊其辞的信息出处在哪里，核实一下所谓学者的统计数据是不是靠得住。这并非难事。

遗憾的是，《法制日报》这篇报道不仅混淆新闻来源，也根本没有对这 4 篇未注明信息源的论文做进一步追问、核实。我们已经对有关数据的来源做了进一步调查。我们发现，4 篇论文所引用数据的较早来源，是刊发于 2004 年 10 月山东人民出版社出版的《法学家茶座》（第 6 辑）的上海大学法学院汤啸天教授的论文《政治文明建设与〈举报法〉的制定》。在这篇论文中，作者称："就目前的现状而言，检察机关自行发现的贪污贿赂案件线索约占 30%，从举报中获取的约占 70%；所有举报人之中，大约 30% 的举报人保护得比较好，基本上没有受到打击报复，其余约 70% 的举报人都程度不等地尝到了打击报复或变相打击报复的滋味。这样两个非精确统计的'三七开'至少可以说明，举报对检察机关职能的实现起到了重要的作用，检察机关对举报人的保护却很不得力。"

需要说明的是，汤啸天的论文尽管说明这是"非精确统计"，但未说明"非精确"的程度，也没有说明其数据来源。

一篇发表于 2004 年的论文中语焉不详的一段材料,在 6 年后又被翻腾出来,成为新闻,堂而皇之地登上了国家级大报,并成为诸多媒体争相炒作的素材,岂不荒唐、荒谬!

究竟是《法制日报》不专业、不负责任的职业行为损害了自己的声誉,还是《新闻记者》的评选损害了《法制日报》的声誉,还需要赘言吗?

四、《新闻记者》的"点评"客观公正,与人为善

尽管《法制日报》报道中存在如此致命的问题,但在《新闻记者》杂志《2010年十大假新闻》"点评"中,还是语气和缓,留有余地。"点评"首先委婉地批评《法制日报》"作为国内最权威的法制媒体,理应比一般媒体更懂得证据的重要性",希望在最高检指出该报道虚假后,《法制日报》能有所回应;然后,"点评"也客观地指出:"从新闻报道角度来分析,《法制日报》明显有疏漏之处","既没有指出该事实出自哪份材料,也没有指出其所依据的材料是否权威可靠"。最后,"点评"还善意地提醒"媒体报道此类敏感问题,必须慎之又慎"。

综观整段"点评"文字,措辞谨慎,笔下留情,体现了编辑部和文章作者一贯的"对事不对人"的原则和关心爱护新闻同行、与人为善的态度。

五、《新闻记者》开展新闻打假的初衷与期待

在历年发布"十大假新闻"时的编者按中,我们对评选的目的、标准、流程,以及我们对虚假新闻的认识,都做过很多解释、说明。对媒体来说,刊登了虚假新闻是不光彩的事,是丑闻,我们也曾经尝试采取网上公示、网友投票等流程步骤,但受到阻力很大,因此逐步固定下来编辑部初选、专家评定、以个人署名文章形式发表的做法,而未能按照《法制日报》所要求的采取"听证""质证"的程序。其道理,相信新闻界同行能够理解。当然,这并不表示我们认为"年度十大假新闻"的评选策划尽善尽美,无懈可击,我们也真诚希望在中国记协、全国三教办等部门的指导下,在全国新闻界同行的支持帮助下,继续改进完善,更趋合理规范,并建立起科学长效的机制和操作方法。

当前,"杜绝虚假新闻,增强社会责任,加强新闻职业道德建设"专项教育活动正在有声有色地深入展开。《新闻记者》的"十大假新闻"评选策划的初衷,是从新闻专业操作的层面对新闻行业中间存在的比较严重的虚假新闻问题进行剖析,为纯净新闻行业风气、塑造新闻工作者良好职业形象、建设新闻职业道

德尽一份力。相信这既是"三项学习教育"活动、专项教育活动所大力提倡的，也是包括《法制日报》在内所有有良知、有责任感的新闻同行愿意与我们携手努力和践行的共同目标。

● 2011 年第二期《新闻记者》"媒介批评"专栏发表中国人民大学新闻与社会发展研究中心研究员、教授、博导杨保军的文章《认清假新闻的真面目》。作者认为，在新的环境下，认清假新闻的真面目、新特征，是治理假新闻的重要前提。并对虚假新闻关涉的几个重要概念、虚假新闻现象的主体根源、虚假新闻的新特征等问题做了详尽论述。作者最后写道：

认清假新闻的真面目，从根本上说是为了防范假新闻、减少假新闻，甚至是消灭假新闻。而实现这样的目标，并不是一件容易的事情。但正是因为不容易，才需要大努力。我们发现问题的目的，就是为了解决问题。对于虚假新闻现象来说，当前的问题是，发现问题重要，解决问题更重要，找到解决问题的方法最重要。无论多么艰难，我们仍然相信：只要人们共同奋斗，就一定能够逐步找到解决虚假新闻问题的办法；只要人们共同奋斗，就一定能够拥有一个越来越真实、越来越健康的新闻图景、新闻世界。

● 2011 年第二期《新闻记者》"媒介批评"专栏发表《新民晚报》体育部记者徐东海的文章《治一治足坛打黑的虚假新闻》，对足坛扫赌打黑过程中的虚假新闻做了剖析和思考。

● 2011 年 2 月 24 日中国记协网以"坚守新闻真实底线　严厉打击虚假报道"为题，刊发了今年春节前，广东省委宣传部副部长、省"三项学习教育"活动领导小组组长杨健的专访文章。杨健介绍了广东省开展专项教育活动的做法和经验；同时对他总结的由于记者采访作风问题可能导致虚假报道的 12 种"潜规则"和 5 种不良倾向进行了深入分析和思考，为新闻工作者提供了有益的警示和借鉴。在专访中他谈到：

近年来，虚假新闻在广东媒体上仍然时有出现。如《新闻记者》杂志每年评选十大虚假新闻，从 2001 年到今年，10 年共评出 100 条，其中不乏广东媒体的报道。比如"石家庄积雪比人高""广州市面出现注水西瓜"等，都是出自广东媒体的典型虚假新闻。2008年新闻出版总署通报的6例典型虚假新闻中，"哈药集团生产假药被停产""孙中山又成韩国人"等2例是广东媒体的报道。所以，在开展专项教育活动中，我们要求新闻媒体对虚假报道屡禁不止的现状和危害性要有清醒的认识，深刻把握专项教育活动的针对性和重要意义。

（载 http://news.xinhuanet.com/zgjx/2011-02/24/c_13747188.htm）

● 2011年第三期《新闻记者》推出"维护新闻真实性 提高媒体公信力"高峰论坛专辑，汇编了论坛上各方领导同志的讲话、专家学者的演讲和记者编辑代表的发言材料。

● 2011年第四期《新闻记者》发表中国传媒大学客座教授、汕头大学特聘教授魏永征的文章《客观中立是避免新闻失实的良策》，作者写道：

《新闻记者》每年评选十大假新闻10周年，学界和业界很多同行就防治虚假新闻、失实新闻发表了十分精到的意见，备受教益。人们提到新闻发表前必须严格核实，这自然十分必要。核实到什么程度呢？从认识论意义上说，真相是不可穷尽的，有的宣称是"铁案"后来也会翻身，新闻记者不拥有公检法的侦查手段，新闻又具有时效性，如果任何事情要核实到有了结论才报道，那恐怕就没有新闻了。好在新闻专业规范有一个重要的补救，就是客观中立地报道事实。

作者就客观中立的报道问题从案例分析和法理的角度做了阐述。

第三编

新闻打假 任重道远：虚假新闻泛滥现象研究报告

3

作者：吴谷平（文汇报高级编辑）

刘　鹏（文汇新民联合报业集团主任编辑）

一、真实是新闻的生命

我们常说，真实是新闻的生命。这当然是一种比喻的说法，但也非常生动地说明了，真实，是新闻的本质属性之所在，一旦失实，新闻就失去了其存在的价值和意义。

（一）真实，是新闻的起源性要求

人，生就有一种本能，为了生存、交往、繁衍、发展，想要了解周围发生了什么。随着社会的发展，这种本能的需求催生了新闻和新闻事业。因此，真实与否，直接关系到人类能否有效地认识世界、改造世界，直接关系到人类的生存发展。

从媒介发展历史就可以发现，对新闻真实性的要求，是从现代传媒诞生的那一刻就被认识并特别强调了的。一般认为，新闻性小册子是现代报刊的前身。在1607年出版的一份描写洪水的新闻小册子上使用了这样的标题："近日在英国萨默塞特郡和诺福克郡等地洪灾肆虐，泛滥的洪水夺取了成千上万人的生命，淹没了许多城镇、村落，吞噬掉了难以计数的牲畜，以下报道绝对真实。"请注意最后一句话，这充分说明，从一开始，人们就意识到新闻传播与其他传播形式的区别重点，就是新闻传播具有真实性这一要求。

1631年，法国创刊了第一份报纸《法国公报》，其创办人、被誉为"法国报业之父"的雷诺多特说："报纸只要故意编造一个谎言，就会令人望而生厌。"

1689年，美国出版的第一份报纸形式的印刷品——《新英格兰当前形势》中，明确提出出版此报是为了"以正视听"。

1690年，第一份美国报纸《国内外公共事件》出版时，也声称以"杜绝不实报道"为其办报宗旨。

1868 年在上海创刊的《万国公报》主编林乐知说："公报为何而作哉，选西国之新闻，登中原之事实，不假修饰，务在率真，奚事铺张，惟求核实。"

1872 年创刊的《申报》在第一期《本馆告白》中提出，该报"足以新人听闻者，靡不毕载，务求其真实无妄"，"不为浮夸之词，不述荒唐之语"。

……

种种表述，都说明了真实性是新闻媒介的起源性要求。

（二）真实性原则是新闻定义的内在规定

真实性原则，也是新闻定义内在规定了的。

所谓真实性，也就是要求新闻报道与客观事实相符合。尽管对于新闻的定义，一百多年来，中外新闻界争论不休，一百个学者几乎有一百个定义，但是，所有新闻的定义都离不开"事实"。

李大钊《在北大记者同志会上的演说词》中提出："新闻是现在新的、活的、社会状况的写真。"

邵飘萍在《新闻学总论》中提出："新闻者，最近时间内所发生的，认识一切关系社会人生的兴味实益之事物现象也。"

萨空了在《科学的新闻学概论》中提出："凡世界上新发生的新发现的与人类生存有关的事实与现象，都是新闻。"

李公凡在《基础新闻学》中提出："所谓新闻，就是在最近的期间所发生而被认识的，并能影响及社会，正确地报告出来的事实。"

当过《申报》董事长的潘公展在《新闻概说》中提出："最近发生的事实，能引起多数读者兴味，能给予读者以实益，方是新闻。"

徐宝璜在《新闻学》中提出："新闻者，乃多数阅者所注意之最近事实也。"

胡乔木在《人人要学会写新闻》一文中提出："新闻是一种新的、重要的事实。"

范长江在《记者工作随想》中提出："新闻，就是广大群众欲知、应知未知的重要事实。"

而被引用得最多的新闻定义当数陆定一提出的："新闻，是新近发生的事实的报道。"

王中在《论新闻》中提出："新闻是新近变动的事实的传布。"

这里列举了十位中国著名报人、新闻学家给"新闻"下的定义，虽然表述方式有所不同，但无一例外都强调了新闻的本源是事实。

同样，严肃的西方新闻学者和新闻工作者也强调新闻报道的是事实，先有事实，后有报道：

美国学者约斯特在《新闻学原理》一书中强调："新闻是已经发生或正在发生的事情的报道。"

美国学者阿维因在《宣传与新闻》中提出的观点是："新闻就是同读者的常态、司空见惯的观念相差悬殊的一种事件的报道。"

美国学者 D. 勃列德莱在《你的报纸》一书中的表述是："新闻就是大众注意和大众有关之事的老实、公正、完整的报道。"

德国学者道比法特的定义是："新闻就是把最新的现实的现象在最短的时间内介绍给最广泛的公众。"

日本学者小野秀雄在《新闻学原理》中给出的定义是："新闻是根据自己的使命对具有现实性的事实的报道和评论，用最短时间、有规律地连续进行广泛传播的经济范畴内的东西。"

即便是博加特臭名昭著的"狗咬人不是新闻，人咬狗才是新闻"，瓦克尔的"新闻是女人、金钱和罪恶"，强调的也还是事实。

正因为事实是新闻的本源，人们对新闻的期望是了解"周围发生了什么"，因此，中外莫不强调新闻必须是真实的，而不是"烽火戏诸侯""狼来了"这样的假新闻。

（三）真实性是新闻职业道德的第一要求

尽管真实性是新闻的本质属性，是其生命力之所在，但另一方面，从专业的新闻传媒诞生开始，新闻失实现象就如影随形，成为一个不容回避却又难以杜绝的问题。因此，世界各国新闻职业道德规范无不把真实性作为最基础、最重要的追求。有研究者对世界 81 个国家（地区）、7 个国际组织的新闻职业道德准则进行研究，发现其无一例外地要求保证新闻的真实性、完整性、准确性、客观性、合法性。而且大多数国家、地区以及国际组织的新闻职业道德准则都把真实性要求置于首位。

比如：

联合国新闻自由委员会所拟国际报业道德规则第一条规定："不得歪曲或隐瞒事实。"第二条是："不得以谣言当作事实。"

美国记者协会制订的"新闻道德准则"中规定："凡报道不正确，不完整者，非任何借口所能辞其咎。"

美国报纸编辑人协会制订的"报业准则"第四条规定："凡一切新闻事业，当以对读者之诚信为其基础，故必须诚挚、忠实与正确。报纸为争取读者之信任，不论任何情形，都要力求正确。"

美国新闻自由委员会的决议规定："社会要求新闻事业对当前的事件，作真实、综合而明智的报道，并赋以意义。这是说：传播媒介应做到正确而不说谎，不但要忠实地报道事实，还要报道事实的真理。"

日本新闻协会制订的"日本报业准则"第二条规定："报道新闻之基本守则，对于所叙述之事，必须正确与信实。"

世界中文报协所订"道德公约"第五条："正确：报纸应努力作正确的报道，每一则新闻都应完整和客观，不可偏颇、歪曲、夸大或故意隐瞒及遗漏。"

在中国，民国时期制订的"中国新闻记者准则"第四条规定："新闻记述，正确第一。凡一字不真，一语失实，不问为有意之造谣夸大，或无意之失检致误，均无可恕。""报业道德规范"第二项第一条："新闻报道以确实、客观、公正为第一要义。在未明真相前，暂缓报道。"

改革开放后，新闻职业守则的制订被重新提上议事日程。2009年第三次修订的《中国新闻工作者职业道德准则》第三条要求："坚持新闻真实性原则。要把真实作为新闻的生命，坚持深入调查研究，报道做到真实、准确、全面、客观。"其中提出具体要求：

（1）要通过合法途径和方式获取新闻素材，新闻采访要出示有效的新闻记者证。认真核实新闻信息来源，确保新闻要素及情节准确。

（2）报道新闻不夸大不缩小不歪曲事实，不摆布采访报道对象，禁止虚构或制造新闻。刊播新闻报道要署作者的真名。

（3）摘转其他媒体的报道要把好事实关，不刊播违反科学和生活常识的内容。

（4）刊播了失实报道要勇于承担责任，及时更正致歉，消除不良影响。

（四）真实性原则也是中国共产党的党性要求

中国共产党人历来强调新闻的真实性。早在1925年，毛泽东在写《〈政治周报〉发刊理由》时就明确提出："忠实地报告我们革命工作的事实。""《政治周报》的体裁，十分之九是实际事实之叙述，只有十分之一是对于反革命派宣传的辩论。"毛泽东在1959年6月20日作出批示："广东大雨，要如实公开报道，全国灾情，照样公开报道，唤起人民全力抗争。一点也不要隐瞒。""工业方面重大事故灾害，也要报道，讲究对策。"

刘少奇在《对华北记者团的谈话》中提出："你们的报道一定要真实，不要加油加醋，不要戴有色眼镜。"1956年5月28日在《对新华社工作的第一次指示》中指出："新闻报道要客观、真实、公正，同时要考虑利害关系。"

江泽民1989年11月在新闻工作研讨会上的讲话《关于党的新闻工作的几个问题》中指出："新闻的真实性，就是要在新闻工作中坚持党的一切从实际出发、实事求是的思想路线。""不仅要做到所报道的单个事情的真实、准确，尤其要注意和善于从总体上、本质上以及发展趋势上去把握事物的真实性。"

2009年10月9日，胡锦涛在世界媒体峰会开幕式的致辞中说："要切实承担社会责任，促进新闻信息真实、准确、全面、客观传播。当今社会，媒体对国际政治、经济、社会、文化等各领域的辐射日益加强，对人们思想、工作、生活等各方面的影响日益深入。正因为如此，对各类媒体来说，树立和秉持高度的社会责任感比以往任何时候都更为重要。各类媒体要被公众广泛接受，受社会广泛尊重，不断提高公信力和影响力，就应该遵守新闻从业基本准则，客观报道世界多极化、经济全球化、文明多样性的现实，充分反映世界各国发展的主流和趋势，热情鼓励发展中国家发展进步。"在2002年1月11日，胡锦涛在全国宣传部长会议上的讲话中也曾强调："要坚持讲真话、报实情，实事求是地反映情况，坚决反对弄虚作假。"

二、党的新闻事业史上三次反虚假新闻运动

在我们党领导的新闻事业史上，有三次大规模的反对虚假新闻运动：一次

是在上世纪 40 年代中期到 50 年代初的反"客里空"运动；一次是上世纪 80 年代初，粉碎林彪、"四人帮"反党集团之后的新闻界"拨乱反正"运动；第三次是新世纪以来持续到今天的反对"四大公害""三项学习教育"活动等等。

（一）解放区及新中国建立初期的反"客里空"运动

1941 年 5 月 16 日，中国共产党在延安创办了《解放日报》。在整风运动中，中央决定对《解放日报》进行改版，毛泽东主持召开座谈会，亲自指导改版。1942 年 8 月 8 日，党中央任命陆定一为《解放日报》总编辑。1943 年 9 月 1 日，陆定一在《解放日报》上发表了《我们对于新闻学的基本观点》，鲜明地提出了，"辩证唯物主义就是老老实实主义，这就是实事求是的主义，就是科学的主义"，"在新闻事业方面，我们的观点也是老老实实的观点"，并系统地阐述了"新闻的本源是事实""新闻如何能真实"的问题。虽然在战争年代，革命任务压倒一切，但陆定一特别强调："事实与新闻政治性，二者之间的关系，万万颠倒不得。一定要认识事实是第一性的，一切'性质'，包括'政治性'在内，与事实比起来都是派生的、被决定的、第二性的。"陆定一的这些观点经受了六七十年的考验，今天依然是我们新闻工作的指导原则。

1945 年 3 月 23 日，延安《解放日报》发表《新闻必须真实》的社论。社论论述了新闻真实性对革命工作、对党的事业的重要性："如果我们的报道是实事求是的，把真正好的说成好的，真正坏的说成坏的，有一分说一分，有两分说两分，那么读报的人就不会在工作中走错路。反之，如果我们的报道错误，把坏的说成好的，好的说成坏的，或者报道有了夸大，把一分说成二分，八分说成十分，那么读报的人就会在工作中走错路，有时甚至发生很坏的影响，影响到某项工作，也影响到报纸的威信。"5 月 19 日至 26 日，《解放日报》连载了萧三翻译的苏联剧本《前线》，讽刺一个惯于弄虚作假、胡编乱造的战地特派记者客里空。客里空没有到过前线，但写将军戈尔洛夫的儿子牺牲时，却写了"目击记"："我亲眼看见他牺牲了。""透过大炮隆隆的轰响，我听见了他最后的壮烈的几句话：'转告我父亲，我死去是安心的，我知道，他会向那些血腥的卑鄙者为我报仇的。'"又绘声绘色写了老将军得知爱子阵亡时的神态："垂下头来，久坐不动。然后抬起头来，他眼睛里没有眼泪，没有，我没看见！他的眼泪被神圣的复仇火焰烧干了。他坚决地说：'我的孩子，安眠吧，我会报仇的，我用老军人的荣誉发誓。'"当有人批评客里空："你在电话里怎能看见总指挥的眼睛呢？"他竟恬不知耻地答道："假如只凭我所看见的，那我就不能每天写文章了，我就一辈子也休想这样出名了。"

1947 年春，中共中央工作组到晋绥解放区深入了解土地改革的情况和问题，发现土改中有右的偏向，同时也发现农民不大相信解放区的报纸，原因是报纸存在严重失实问题。同年 6 月，中共中央晋绥分局召开地委书记会议，开始纠正右的偏向。《晋绥日报》着手检查新闻报道中的问题，1947 年 6 月 25 日至 27 日，发表编辑部文章《不真实新闻与"客里空"之揭露》，公开揭露了 13 条失实新闻。紧接着，一些记者、作者、通讯员也对自己采写稿件的失实之处作了自我揭露与检查。8 月 28 日，新华社发表署名总社编辑部的专论《锻炼我们的立场与作风——学习〈晋绥日报〉检查工作》，指出"《晋绥日报》这次反对'客里空'运动，在人民新闻事业建设过程中是有历史意义的"。9 月 1 日，新华社又发表社论《学习〈晋绥日报〉的自我批评》，从此，反对"客里空"运动，由一般现象的检查，进入检查立场与作风问题，并和当时的整风运动结合，开展"三查"（查阶级、查思想、查作风）、"三整"（整顿组织、整顿思想、整顿作风）。9 月 18 日，《晋绥日报》创刊 7 周年纪念之际，报纸编辑部和新华社晋绥总分社联合发表《关于"客里空"的检查》材料，连载四天。"九一"记者节那天，各解放区主要报纸全文刊登了新华社的两篇学习《晋绥日报》的评论，全文或摘要刊登了《晋绥日报》的两次系统检查材料。由此，反"客里空"、反虚假失实报道从晋绥解放区走向各解放区。

根据《新闻失实论》（蒋亚平、官健文、林荣强著，中国新闻出版社 1986 年出版）一书收集的"资料"，解放区新闻失实的表现主要有以下几种：

1. 向壁虚构，凭空编造。如 1941 年 9 月 4 日《解放日报》刊登消息《郿县城内家家户户纺纱声》，说："该县数月来发动民众纺纱，颇著成效，从前在本县很难找到纺纱者，现在每家妇女都在摇着纺纱车。本县生产合作社借车给民众，以两斤棉花向群众换一斤纱，故民众皆愿从事纺纱。又该社织布产量渐增，以前每人每天只能织布两丈五尺，现已能织布五丈。"后来发现，这个县城内一架纺纱车都没有。据说，这是党的新闻史上第一例完全虚构出来的新闻。

2. 文艺手法，拔高典型。为了突出"英雄""模范"人物，把不是英雄模范做的事集中到他们的头上。如 1944 年 11 月 5 日、9 日和 11 日，《晋绥日报》连续三天刊登劳武结合的"典范"温象栓的新闻稿，说他如何指挥民兵埋地雷，地雷炸中敌人时，"老温和四个民兵咧开嘴笑了"。事实上，率领民兵埋地雷炸敌人的是村干部温国柱，温象栓只不过看了一下地雷，即带领妇女儿童转移了，而写稿的人硬把这些功劳加在温象栓身上。

3. 添枝加叶，虚报成绩。1947 年 4 月 23 日《晋绥日报》刊登的《忻县某村得地农民组织翻身游击队　保卫土地抢耕抢种》消息中，讲得地农民如何组织翻身游击队。但读者来信揭露："这并不是由得地农民组织的翻身游击队，而是县上从七区和四区抽调的干部民兵组成的参战队。该村只有少数干部和民兵参加。"消息中还说该村"实行劳武结合抢耕抢种，三天内浇地三千亩"，事实上最多浇地两千亩。

4. 道听途说，捕风捉影。如关于陇海路通车的报道，当地老百姓看了报纸说，路都没有修好，怎么通车？后来问那个写稿的通讯员，说是听一个人讲的，他想火车应该通了，便写了稿件寄给报社。再如 1947 年 6 月 14 日《晋绥日报》刊登的《地主杀人要偿命》一文中说到的枪毙了的人，却还活着，报道说放回去了的人，其实已经死了。

40 年代解放区的反"客里空"运动，检查纠正了解放区新闻工作中一些报道失实、政策宣传右倾等缺点错误，维护了新闻必须完全真实的原则，从而使解放区的报纸赢得了读者更多的信任。

中华人民共和国成立初期，反"客里空"运动在党领导下的媒体中仍然持续开展。其中影响特别深远的，是围绕"黄继光报道"展开的对新闻报道"合理想象"的讨论。

1952 年 12 月 21 日，新华社发表长篇通讯《马特洛索夫式的英雄黄继光》，报道抗美援朝上甘岭战役中，黄继光去爆破敌人的火力点。稿件这样写道：（黄继光中弹倒下后），"他回过头来望了望，看见他的两个战友都一声不响地躺在那里，爆破的任务就完全落在他的身上。""一阵的冷雨落在黄继光的颈子上，敌人的机枪仍然嘶叫着，他从极度的疼痛中醒来了。他每一次轻微的呼吸都会引起胸膛剧烈的疼痛。他四肢无力地瘫痪在地上。""四十分钟的期限快到了，而我们的突击队还在敌人的火力压制下冲不上来。后面坑道里营参谋长在望着他，战友们在望着他，祖国人民在望着他，他的母亲也在望着他，马特洛索夫的英雄行为在鼓舞他。这时，战友们看见黄继光突然从地上一跃而起，他像一支离弦的箭，向火力点猛扑过去，用自己的胸膛抵住了正在喷吐着火焰的两挺机关枪。"这篇通讯当时在全国引起了强烈的反响，黄继光的英雄事迹、伟大的牺牲精神鼓舞了正在建设新中国的全国人民。然而，当人们冷静下来之后，就有人提出质疑，既然黄继光已经牺牲了，他在扑向敌人的火力点之前内心的想法和感受，记者是怎样采访到的？很有意思的是，新华社当天还发了一则编者按，说："十一月二十日发《马特洛索夫式的英雄黄继光》，系前线通讯员在战斗中仓猝写成，与实际战斗情节略有出入。此稿是经各方仔细核实最后判明的情节。"正是"此地无银三百两"，再怎么核实，也不可能核实到黄继光牺牲前的想法了。

报道发表后，在全国新闻界引起激烈的讨论，最后达成共识："合理想象"不符合新闻真实性原则。由此，全国各报也展开"客里空"作风自我检查，如上海《解放日报》1953年3月24日发表本报的检查，披露了自我检查出的或读者揭露出的失实报道，并刊登社论《反对"客里空"，反对假报告》。

考察从20世纪40年代中期到50年代初，从解放区扩大到新中国的反"客里空"运动，一个总的精神，是反对正面宣传中的拔高倾向。再深入考察其政治、社会、文化背景，可以发现：

第一，当时处于中国共产党由反对党、革命党向执政党转变的过程。在这期间，有效的政治宣传对共产党取得政权、稳固政权，起到了至关重要的作用。而政治宣传的力量在哪里？正如1945年12月13日延安《解放日报》发表的《从五个W说起》所说："世界上最有效的宣传，莫过于事实。""而要做好事实宣传，就要实事求是，做到绝对确实。五个W，是把事实弄清楚的最起码条件。"

第二，在整体舆论格局上，党的传播事业正在从较弱势的、边缘化的地位向较强势、中心地位转变。特别是在战争年代，国民党控制了主要的舆论机关，党的新闻报道一旦失实，或有一点夸大，都可能被敌人利用，成为其造谣破坏的借口，因此，对新闻真实性原则就要特别重视。

第三，在人员队伍上，正在从文化水平较低的、业余的、临时性的党的新闻工作者队伍向专业化队伍转变。在解放区，许多刚刚参加革命的青年知识分子、原先从事文艺工作的同志转行搞起了新闻。在"全党办报"的号召下，许多干部、战士、农民当起了通讯员，他们甚至没有受过一点新闻 ABC 的训练，分不清新闻与文艺的界线，不了解"新闻必须真实"的道理，也不知道新闻的五个 W，往往仅凭道听途说，不作深入采访就写稿子，加上战争年代，编辑部收到稿件后核对比较困难，造成新闻失实。因此，反复强调新闻专业特点，提高新闻工作者素质，也是开展反"客里空"运动的重要方面。

（二）拨乱反正时期的反虚假失实报道

从"大跃进"到"文革"，中国新闻事业遭到极大破坏，新闻造假之风愈演愈烈。

1958 年全党全国出现的大跃进浮夸风，作为党的喉舌的报纸起了推波助澜的坏作用，新闻真实性原则荡然无存。当年 6 月 8 日的《人民日报》刊登河南遂平县卫星农业社五亩小麦创纪录的消息，标题是："卫星社坐上了卫星，五亩小麦亩产 2105 斤"。此后，"卫星"越放越高，到了 9 月 5 日新闻"报道"："广东穷山出奇迹，一亩中稻六万斤。"15 日还登了一张照片："这块中稻田里的稻谷像金黄色的地毯一样，十三个人站在上面也压不倒。"真是荒诞之极。

毛泽东在当年年底一次谈话中说过，"新华社和人民日报要始终保持冷静头脑，要实事求是，反对浮夸作风"，"宁可少说，不可多说"，"粮食翻一番，在全世界是少有的，现在有些人就是不相信"，但从这个谈话的基调来看，还是以为粮食翻番是事实，仅仅是为了"留有余地"而"宁可少说"。因此，浮夸之风并没有也不可能在党内消除。第二年的庐山会议上，上"万言书"对大跃进、人民公社提出批评意见的彭德怀被打成"右倾机会主义分子""反党小集团"，于是党内鸦雀无声，说假话得以盛行。到了"文化大革命"时期，林彪、"四人帮"反党集团把持媒体，颠倒黑白、混淆是非，更是毫无新闻的真实性可言。

粉碎"四人帮"以后，媒体拨乱反正，在肃清"四人帮"流毒的过程中，纷纷把反对"假大空"当作一件十分重要的事情来抓。1979 年 7 月 24 日，《人民日报》发表题为"捍卫真实性 反对假报道"的评论员文章，列举了三类虚假失实报道。《人民日报》评论员文章还把虚假失实报道比作"绿茵茵稻田里混杂的稗草"。

1981 年 1 月 29 日，中共中央发布了《关于当前新闻报刊广播宣传方针的决定》，明确强调"不论表扬和批评，必须事实证明，真实可靠"。同年，中宣部新闻局拟定记者守则（试行草案）十条，其中第二条为"深入调查研究，掌握第一手材料"，第三条为"严格尊重事实，严禁弄虚作假"，第四条为"掌握唯物辩证法，切忌主观主义"。

1984年6月26日至7月1日，中华全国新闻工作者协会召开了全国新闻真实性问题座谈会，中央、省市的通讯社、报社、广播电台、电视台、新闻教育和新闻研究机构共63家参加了会议。会议提出："当前，要在新闻界开展一个维护新闻真实性的活动，把杜绝失实报道，坚持新闻真实性原则，作为新闻单位整党的重要内容之一，并把这个问题是否解决好，作为衡量整党工作质量的一个重要标志。"与会的同志分析了新闻失实的表现："添枝加叶，浮夸拔高；'合理想象'，情节失实；以点代面，以偏概全；猎奇轻信，以讹传讹；导演摆布，弄虚作假；颠倒黑白，混淆是非；甚至子虚乌有，通篇捏造"。会后，中宣部转发了这个纪要，并提出"解决新闻失实问题，也不仅仅是新闻界的事，各级党委、宣传部门和社会各方都有责任，要大家一起动手，同心协力，才能收到综合治理之效"。

但是，新闻失实现象远未就此绝迹，重大失实事件仍时有发生。江西省发生了一个欺世盗名的骗子被拔高宣传为"自学成才"的重大"典型"。就凭骗子自吹自播，记者偏听偏信妙笔生花，多家媒体以讹传讹造成恶劣影响。时任中共中央总书记的胡耀邦同志作了重要批示："这样的丑闻何年何月能大大减少，如何不让其发展到十分荒唐的地步，请有关部门商量，列出几条措施。"于是，中宣部又于1985年1月15日发出《新闻单位应在整改中认真解决新闻失实问题的通知》，强调"最重要的还在于我们没有从思想上对真实性问题引起高度重视，过去那种'事实为政治服务'以及'三突出'等'左'的流毒影响没有肃清，加上采访作风不深入，工作制度不健全等，使得失实问题成了一个'顽症'"。

从"大跃进"到"文革"虚假新闻泛滥现象，是与党的思想路线背离实事求是这一基本原则这一大的政治、社会背景分不开的，而20世纪七八十年代仍然频发的虚假失实报道，很重要的原因，也在于林彪、"四人帮"的流毒未肃清，存在"左"的影响，认为为了政治宣传需要，思想可以拔高，角度可以变换，强调事实要为政治服务，把事实当作"面团"，要戴什么政治"帽子"就戴什么"帽子"，想怎么"捏拿"就怎么"捏拿"，甚至宣称稿件中"没有的可以加上去"。

对于这一类虚假新闻，中国人民大学陈力丹教授称之为"体制性失实"，也就是为服务于政治需要或者是经济利益的需要，默许和鼓励的某些不实报道。这种失实是一种"主观化的或价值化的失实"。在体制性失实的情况下，记者意识不到失实行为，或者意识到了但无力改变。虽然改革开放已经三十多年了，但坦率地说，"遗风"至今犹存！我们必须对"文革"式宣传报道肆意制造假新闻、颠倒黑白、欺骗群众的法西斯新闻观彻底否定，才有可能确立新闻真实的良好媒介环境。

（三）新世纪以来，虚假新闻出现新特点，抵制虚假新闻运动持续展开

改革开放以来，中国新闻媒体出现大发展、大繁荣的态势，但虚假新闻报道问题逐步抬头，且出现不同以往的新的特点、新的产生原因，影响了新闻媒体的公信力，损害了新闻队伍的形象，损害了新闻宣传工作的声誉，损害了人民群众对党和政府的信任。

2003 年 9 月 23 日，中共中央政治局常委李长春同志在与省以上报纸总编、电台电视台台长座谈时强调："各级各类新闻媒体都要按照'三个代表'重要思想的要求，坚定自觉地着力解决群众反映强烈的有偿新闻、虚假报道、低俗之风、不良广告等问题。"不久，中宣部、广电总局、新闻出版总署、中华全国新闻工作者协会联合发出了《关于在新闻战线深入开展"三个代表"重要思想、马克思新闻观、职业精神职业道德学习教育活动的通知》，强调要"始终坚持新闻工作的党性原则，坚持把正确的舆论导向放在首位，坚持为人民服务、为社会主义服务，坚持新闻的真实性原则，坚持政治家办报办台"。

2005 年 6 月，中宣部召开坚决制止虚假新闻报道座谈会，要求杜绝虚假不实报道，维护新闻真实性，维护媒体的公信力，推动新闻战线深入开展"三项学习教育活动"，保证党的新闻事业健康发展。会后，各地、各新闻单位相继召开会议，分析虚假新闻产生的原因和危害，研究坚决制止和打击虚假新闻的具体措施，展开了专项治理行动。

2009 年 3 月，国家新闻出版总署发出《关于采取切实措施制止虚假报道的

通知》，对虚假新闻报道的处理措施作了严格、详细的规定。

2010 年 11 月 15 日，中宣部、中央外宣办、国家广电总局、新闻出版总署、全国新闻工作者协会联合发出通知，要求全国新闻单位开展为期半年的"杜绝虚假报道，增强社会责任，加强新闻职业道德建设"的专项教育活动。

我们认为，新世纪以来陆续开展的思想教育、专项治理行动，是我们党的新闻史上第三次大规模的反虚假新闻运动。

三、锲而不舍地揭露和鞭挞虚假新闻

鉴于上世纪 90 年代中后期以来虚假新闻越来越多，从 2001 年底开始，《新闻记者》编辑部每年评选"年度十大假新闻"。在这个过程中，对每年所有公开曝光的虚假新闻案例进行收集，建立数据库。这个数据库从最初每年几十条增加到近年的上百条、百余条。而这些，仅仅是所有虚假报道中的一小部分，还有大量的不实报道没有得到揭露。

广大受众对虚假新闻现象也强烈不满。《新闻记者》编辑部和新华社新闻研究所组成课题组，于 2008 年 10 月在新华网传媒频道、中国记协网、新华网发展论坛等设置了统一拟定的网络调查问卷，共有 4152 人参与填答。同时，我们开展线下问卷调查，采取随机拦访的形式获得有效问卷 300 份。调查表明，公众认为如今报纸、电视、广播、网络等媒体上的新闻报道当中，"不真实、不准确的报道太多了"，仅有不到两成的受访者认为媒体的报道"比较真实可靠"（见下表）。

受访者对当今媒体可信度的认知

总体感觉	比例	票数
比较真实可靠	18.63%	769
不真实、不准确的报道太多了	61.26%	2529
无法判断	20.11%	830

（一）虚假新闻的新特点

这一阶段，虚假新闻报道表现出一些新的特点：

1. 关键要素失实占多数，凭空编造的虚假新闻也层出不穷

在新闻实践中，真实性是一个内涵和外延都十分丰富的概念，它包括了准确、客观、公正、全面等职业规范。因此，有必要从新闻学意义上考察新闻真实性与虚假新闻的界定。按照复旦大学《新闻学概论》的说法：新闻真实性指的是新闻报道中的每一个具体事实必须合乎客观实际。即表现在新闻报道中的时间、地点、人物、事情、原因和经过都经得起核对。那么，非真即假，与客观实际不相符的报道，即为虚假新闻。也就是说，无论是五个 W，还是一切细节、数据、引语、场景描述等，都不能失实。在这里，可以借用美国法律界中的一条著名的证据规则："面条里只能有一只臭虫"，其意为：任何人发现自己的面碗里有一只臭虫时，他绝不会再去寻找第二只，而是直接把整碗面条倒掉了事。这有点像我们中国的一句俗话："一粒老鼠屎坏了一锅汤"，对于读者来说，只要发现整篇新闻中有某个要素失实，就足以怀疑整篇新闻的真实性。由此，我们不赞同部分传媒人认为，只有那种恶意造假、全部虚假的报道才是假新闻的说法。

当然，假新闻主要是人们日常语言中的一种倾向泛指的用法，按照不少传媒学者的意见，还可以根据故意与无意、虚假程度的不同，从学术语言进一步严格界定，比如区分为假新闻、失实新闻等。我们也赞成这种区分，并且在每年筛选"十大假新闻"时，大都坚持一个原则：关键新闻要素失实，才被列为假新闻。比如，2004 年《楚天都市报》刊发《大批"毒面粉"流入黄石》，被选入"十大假新闻"。其报道称，"豫花牌"面粉被检测过氧化本甲酰（俗称增白剂）每公斤含 0.089 克，而国家标准含量每公斤不能超过 0.006 克，超标 14 倍。后来发现，其实《楚天都市报》记者把国家标准搞错了，即便检测正确的话，也只超标 0.4 倍。我们认为，这似乎只是细节的疏漏，但是在这篇报道中，国标单位出错，才使"问题面粉"或者说"不合格面粉"升级为"毒面粉"，才引起消费者人心惶惶和面粉生产企业的濒临破产，因此仍然应该定性为关键新闻事实失实。

近年来，在全国产生影响的虚假新闻中，大部分属于关键新闻要素失真的失实新闻，比如 2010 年《成都商报》报道复旦学生黄山遇险时，新闻中提到：直到一名遇险学生联系了自己颇有影响力的"二姨夫"，才引起有关部门的重视，派出救援队伍。由此，引起网友对"官二代""富二代"的联想与抨击。后来证实，所谓有影响力的"二姨夫"，不过是一名普普通通的商人。

与此同时，完全是向壁虚构、胡编乱造的虚假新闻也屡有出现。比如2010年底《中国新闻周刊》官方微博根据网友传言发布的"金庸去世"消息、四川新闻网站等报道的一女生在世博会排队时遭强奸怀孕的消息等，都造成了极其恶劣的社会影响。

2. "软新闻"领域虚假新闻现象最为严重，并逐步出现向政治、经济领域严肃新闻扩散的倾向

娱乐、体育、社会新闻是虚假新闻高发地带。《新民晚报》长期从事文化娱乐新闻报道的记者俞亮鑫曾写道："在演艺圈，明星们纷纷被假新闻所困扰，如赵薇为'罢演'、周迅为'男朋友'、陆毅为'女朋友'、瞿颖为'吸毒'等各种假新闻风波纷纷忙于辟谣。而同样深受其害的明星这里可以开列出一长串名单：郭富城、刘德华、姜文、王志文、陈道明、琼瑶、冯小刚、吕丽萍、张国立、赵本山、张柏芝、张铁林、王刚、蔡明、孙楠、李冰冰、田海蓉……由于记者造假甚多，使一些明星得了'恐假症'，这不仅严重伤害了明星的声誉，更伤害了媒体的声誉。"而在体育新闻领域，2002年世界杯期间，《新闻记者》披露"万乔普服用兴奋剂""国脚涉嫌赌球""厄瓜多尔裁判被杀"等等假新闻8条；2006年世界杯期间，香港媒体公布9篇世界杯假新闻。

社会、娱乐、体育新闻等等，在新闻学上都属于"软新闻"类，它们的特点是与人们当前的切身利害并无直接关系，仅供一般了解或消遣之用。许多传媒人认为，娱乐新闻属于软新闻，本来就是为了博得读者一笑，获得一时的阅读快感，跟大多数受众的切身利益没有太大关系，真一点或者假一点，一般不会对受众造成实际的损害，这是"软新闻"失实严重的一个重要原因。但是近年来，通常被认为属于严肃新闻（硬新闻）领域的政治、经济新闻失实现象也频频出现，比如2010年媒体报道并在全国引起广泛影响的"西安将成为第五个直辖市""70%的举报者受打击报复"等。

3. 造假媒体以都市类报刊居多，但近年来也出现向国家级媒体扩散的倾向

20世纪90年代以来，新兴的晚报、都市报等是虚假新闻现象比较高发的

地带，其中又特别集中于广州、成都、南京、北京等报业竞争非常激烈地区的都市类报纸，在《新闻记者》评选的十年100条虚假新闻中，就有近40条。但是近年来，在新闻真实性上一贯要求比较严格、操作比较规范的省级机关报，国家级大报、大台，国家级通讯社，新闻失实现象也越来越多。比如2010年"十大假新闻"中就有《甘肃日报》《新疆日报》《法制日报》、中新社等名列其中。

4. 从虚假新闻的作者看，通讯员、自由撰稿人造假现象较严重，但专业新闻工作者造假、失实问题也不容忽视

改革开放以来，各级党政机关、企事业单位原先层层设有的宣传报道通讯组基本消解，为数不少的自由撰稿人、新闻线人成了媒体稿件的一个来源。计划经济年代，媒体的稿酬低廉，靠向媒体投稿无法糊口。今天，为应对激烈的竞争，媒体纷纷开出"报料费"，大幅提高稿酬，由此滋生了一批职业写手。这些人大多没有固定职业，基本是靠提供线索、撰写稿件为生。他们又大多没有受过基本的新闻专业训练，也不受管理和约束，在利益驱动下，常常制造耸人听闻的虚假新闻，而且"广种薄收"，一则稿件电邮给十几家乃至几十家媒体，流毒甚广。在新闻竞争激烈的当下，一些媒体开设了报料电话。报料电话为媒体及时掌握新闻线索提供了帮助，但报的料真真假假，虚虚实实，有的线人为了比别人更快地"报料"而获得奖金，还没有了解清楚情况就给媒体打电话，甚至添油加醋，如果媒体不加核对，就有可能让虚假新闻"登堂入室"。比如2009年被新闻出版总署通报的"我海军索马里护航"，就是一个"职业写手"编造的假新闻。

随着新闻工作队伍日益庞大，良莠不齐，一些职业记者造假现象也有所抬头。比如著名的"纸箱馅包子"事件，就是北京电视台的一个聘用记者一手导演的。

5. 虚假新闻传播的全球化特征日益明显

与国际间文化交流日益丰富、传播全球化进程不断加速同步，虚假新闻全球化传播特征也日益明显。

首先，大量国外媒体炮制的虚假新闻通过中国媒体翻译刊载，被更为广泛地传播扩散。比如2001年《南方都市报》曾刊登的《悉尼男子被偷肾脏》是西方传播多年的一个谣言，像吸血鬼的故事一样，不断以改头换面的形式

被报道。再如 2002 年影响甚大的《千年木乃伊出土怀孕》的消息，是一家专门以新闻形式编造奇闻怪事的美国小报刊登的，新浪网不辨真假，转载刊出。

其次，在转译、追踪国外新闻报道中出现偏差，造成新闻失实。传播学研究告诉我们，信息传播链条当中每个环节都会产生"噪音"，传播环节越多、跨度越大，产生"噪音"的几率也越大。在转译、追踪报道国外新闻的过程中，常常发生信息扭曲失真的现象。比如 2007 年弗吉尼亚理工大学发生了美国历史上最严重的校园枪击案，包括凶手在内的 33 人死亡。随后，许多国内媒体报道了凶手是中国留学生的消息。直到警方调查结果宣布凶手是一名韩国学生，方才真相大白。追踪这则新闻的来龙去脉，发现最关键的环节是中新网在编译美国《芝加哥太阳时报》一则专栏文章时，将原文透露的警方"正在调查"一名中国学生翻译成"初步认定"，导致新闻失实。

另外，国内媒体刊播的失实报道也越来越多地传播、扩散到国外，产生不良国际影响。近年来，中国媒体传播力逐渐增长，海外媒体对中国的关注度不断提高，国内媒体出现的虚假新闻也呈现向国外流动的新特点。比如上述美国校园枪击案，国内媒体首先报道了凶手可能是中国人之后，海外媒体纷纷转载，特别是美、加一些华文报纸，以耸人听闻的标题报道此事，给海外华人造成巨大的心理压力。

6. 网络传播技术为虚假新闻"推波助澜"，使虚假新闻呈爆炸式扩散

互联网是个无所不有的平台，在 BBS、论坛、留言板、博客、微博页面上，有各色人等贴上去的各种各样的线索和信息，这些信息未经核实而被转贴到一些网站的页面上，再被权威的网站转贴。由于网络信息的海量，网络编辑不可能对每一则信息都进行核对，因此，网络上的信息有真有假在所难免。一些平面媒体，首先是一些小报小刊从网络上将这些未经证实的信息搬上版面，这些"搬"到版面上的"信息"会又一次被更权威的网络"引用"，最后引起一些严肃的平面媒体的注意而被刊载。在这个过程中，如果平面媒体认真进行核对，就可以将虚假新闻剔除。而事实上，许多媒体为了抢新闻，往往未经核实就将网上的信息"搬"到报纸杂志上。由于人们对平面媒体尤其是对严肃平面媒体的信任，这样一些从网上下载的未经核实的"新闻"一旦被刊载于报章上，就是对其"真实性"的"肯定"。最后，当这些未经核实的"新闻"以某某平面

媒体尤其是以权威媒体刊载的新闻出现在网上时，便被"转正"，不真也变真了。另外，网络传播又有超越时空的无限性特征，许多地方媒体、行业报刊上的虚假新闻一经上网，很快成为全国瞩目的热议话题，影响力和危害性大大增强。

7. 数字时代新闻图片造假成重灾区

近十年来，数码技术发展迅猛，便捷、功能强大的数码相机基本上取代了传统的胶片相机。计算机技术的进步，尤其是软件技术的不断推陈出新，如Photoshop 等软件的广泛应用，使得照片的修改、剪辑、删减、添加、拼接、合成、调色变得十分容易，原本能够真实纪录、真实反映新闻事件瞬间的图片也让人不放心了。

2006 年入选 CCTV 年度十大新闻图片的《青藏铁路为野生动物开辟生命通道》，是《大庆晚报》记者刘为强在可可西里"拍摄"的，画面中上部有一列火车从左向右在铁路桥上飞驰，下方是一群藏羚羊由右向左疾跑。据摄影者称，他是在掩体里苦等了 8 天才拍到这一瞬间的。后来有网友发现："图片的最下方，有一道十分明显的线……仔细观察，这明显是一道拼接的痕迹。"

2008 年，有网友发现，首届华赛（中国新闻摄影比赛）金奖作品《广场鸽接种禽流感疫苗》有造假嫌疑，照片上有两只一模一样的鸽子。华赛奖评委进行调查后确认该照片造假，并向公众道歉。

鉴于新闻摄影造假越来越多，技术手段越来越先进的情况，2008 年，中国新闻摄影学会公布了自律条约——《中国新闻摄影学会关于维护新闻摄影真实性原则的有关措施》，其中明确提出："不接受在新闻现场进行编造新闻事实、重现新闻事实等违背新闻摄影采访规律和新闻真实性原则的作品；不接受在新闻影像的后期制作中，对新闻照片画面内容通过电脑或暗房技术进行增减修改（不损害新闻照片内容真实性的影调、色调调整除外）的作品；不接受在新闻摄影作品的文字说明写作中，新闻要素不准不全的作品，影响新闻事实的图文不符、浮夸拔高、歪曲事实等违背新闻事实描述的作品；对使用拼接、多次曝光、加滤色镜等特殊手段拍摄制作的新闻照片，对传媒创意摄影（指报刊使用的题图、插图等处理或再创作）的图片，均须用文字说明拍摄过程和制作方法。"

（二）虚假新闻泛滥的危害性

新时期虚假新闻的泛滥，造成严重的社会危害：

首先，它增加了社会运行的成本，破坏了社会诚信体系的建设。社会学、政治学的研究都证明，制度的运行是嵌入于基础秩序中的。而虚假新闻和制售伪劣商品、发布虚假广告、伪造各式证件、统计数据泡沫化、学术造假等等一样，严重困扰着社会大众，加重了社会运行成本，破坏着社会诚信体系的建设。

其次，严重破坏了媒体的公信力。复旦大学新闻系老系主任王中曾说过：报纸的生命在什么地方？不在于出版或者停刊，而在于人们的信任。失去了人民的信任，就宣布了报纸的死亡。虚假新闻的泛滥使广大受众对我们媒体的公信力产生怀疑。而且，非常危险的是，刊播虚假新闻的是个别媒体，结果却让受众对媒体整体的公信力产生怀疑。

第三，某些虚假新闻直接造成恶劣的政治、经济损失，给新闻当事人造成困扰。近年来，屡屡出现的涉及韩国的假新闻，比如南方某媒体报道"韩国学者说孙中山是韩国人"等，已经引起韩国官方的重视，并通过外交渠道与中方交涉。再如，2005 年的"甲醛啤酒"、2006 年的"西瓜注射红药水"、2007 年的"吃香蕉会致癌"等假新闻，都让我们的相关企业、农民欲哭无泪。

由此可见，正如新华社原社长郭超人所说，记者笔下有财产万千，记者笔下有毁誉忠奸，记者笔下有是非曲直，记者笔下有人命关天。因此，对于虚假新闻的危害和维护新闻真实性的意义，一定要引起足够的重视。

（三）虚假新闻为什么愈演愈烈？

与解放初以及"大跃进"、"文革"时期的虚假新闻不同，新世纪的虚假新闻愈演愈烈，也出现了新的产生机制。

1. 媒体竞争激烈，市场无序

据《国家统计局关于 1978 年国民经济执行结果的报告》披露，1978 年末，我国共有报纸 186 种，年发行 109.4 亿份；1978 年末，我国有电视台 32 座、广播电台 100 座。而据新闻出版总署出版产业发展司《2009 年新闻出版产业分析报告》显示，2009 年全国共出版报纸 1937 种，平均期印数 2.1 亿份；期刊 9581 种，平均期印数 1.7 亿册。另据国家统计局《2009 年国民经济和社会发展统计公报》披露，2009 年末，全国共有广播电台 251 座，电视台 272 座，广播电视台 2087 座，教育台 44 个。30 年间，报纸数量增加了 10 倍，电台电视台也增加了好几倍。媒体数量翻番，从业人员成倍增加，但信息资源有限，受众和广告量不可能无限量增长，同质竞争、同城竞争加剧。为了争夺受众，扩大发行量，吸引更多的广告，几乎没有一家媒体不想抢首发新闻、独家新闻、可读性强的新闻，这给虚假新闻的出笼提供了可乘之机。

我们发现，造成恶劣社会影响的虚假新闻中，绝大部分都不是媒体有意造假，甚至有许多媒体在刊播时，就已经发现新闻要素失实的蛛丝马迹，但编辑明知其中有诈，却舍不得割爱。比如《北京市民可喝上贝加尔湖水？》《王小丫陈章良携手入围城？》《布什要把夏威夷卖给日本？》，编辑在标题上加上问号，表明信息的不确定性，以便进可攻退可守，但正文却言之凿凿，混淆视听。再如 2005 年在媒体中流传甚广的《"新闻炒作学"长沙开课》，导语称："记者今日获悉，一度备受争议的'新闻炒作学'昨晚在湖南师大新闻与传播学院正式开讲，场面火爆。"但是后面的正文中，却说明课程名称并不是媒体盛传的"新闻炒作学"。类似的新闻失实现象，说明媒体并不是不具备基本的判断力，虚假信息的伪装性并不强，但是出于吸引受众眼球、制造轰动效应的考虑，媒体罔顾新闻真实性原则，刻意夸大炒作，造成信息失真。

2. 信息来源多元化，传播渠道多样化，增加了信息扭曲、变形的可能

社会的发展、技术的进步，媒体的生产方式正在发生并已经发生巨大的变化，媒体生产模式正从"线型"向"米字型"或"蝶型"转变。在"线型"模式下，信息采集（通讯社、本媒体记者、通讯员）→加工（编辑）→传播（印刷发行），媒体生产相对是单一的。而在"米字型"模式下，信息源不仅仅是传统的新华通讯社、本媒体记者，还有许多发稿"单元"（见下图）：

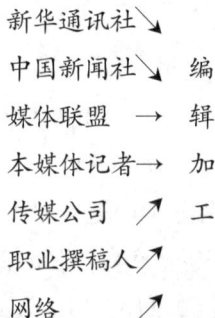

<pre>
新华通讯社 ↘
中国新闻社 ↘   编
媒体联盟   →   辑
本媒体记者 →   加
传媒公司   ↗   工
职业撰稿人 ↗
网络   ↗
</pre>

公关公司。在这样一个信息来源格局下，传媒公司、公关公司、广告公司的许多从业人员是新闻专业、传播专业或媒体出身，熟悉媒体的运作过程，不

只帮助企业安排广告，还帮助企业或联系媒体，提供"消息"，用"新闻"的样式（软广告）包装企业；或是代表企业向媒体高层人士、记者编辑"公关"，潜移默化，让媒体为企业说好话；或是召开新闻发布会，代企业"统发稿"，当然是"以表扬为主，以正面报道为主"；或是当产品或服务出现质量问题时，"危机公关"，消解消费者的投诉和媒体的舆论监督。当然，公关公司做的这些是有偿的，他们发出的"统发稿"，很多都有夸大、虚假的成份。如2010年中新社播发的虚假新闻"我国每年有220万青少年死于室内空气污染"，就是偏听偏信了一家环境净化设备企业召开的新闻发布会上发布的信息。

职业撰稿人。早就有自由撰稿人这个行当，只是过去新闻稿的稿酬很低，难以写稿为生。现今，为应对激烈的新闻竞争，一些媒体对独家报道支付高额稿酬，还有买断写稿人的。自由撰稿人完全可能以写新闻稿为生，有的还成立了工作室。这一类职业撰稿人，有的受过专业训练，有的则急功近利，从网上"扒"素材，拼拼凑凑，新闻的真实性无法保证。媒体推出有偿征集新闻线索后，相应地出现了半职业化或职业化的"报料人"。"报料人"良莠不一，有的为了多得"报料奖"，不惜编造虚假新闻线索。

网络。网络是个新兴的"信息源"。虽然它只是个传播工具，但是网络上"无所不有"。几乎所有的媒体都在网上建立了自己的阵地——电子版或网站，以便更及时更广泛地传播信息。大型的新闻网站和商业网站一天更新几千条新闻信息。利用搜索引擎，每天可以轻而易举地从网上捕捉到几千条上万条"新闻"，而且随时更新，重大事件绝不会遗漏。在网上，还有数不清的个人主页、博客、微博、论坛等等，也在提供海量的未经核实的信息。虽然明令禁止采用网络上的内容，但事实上许多媒体都从网上获取新闻，至少是获取新闻素材或线索。网络是个好东西，一味排斥不是可取的态度，但是，网上的内容真真假假，鱼龙混杂，务必认真核实，去伪存真。

3. 某些新闻工作者追逐名利，媒体机构重效益，轻培训、管理，也是造成新闻失实的重要原因

在激烈的竞争面前，在诱人的经济利益面前，一些新闻工作者时常把新闻的真实性原则抛在一边。有的媒体把记者编辑当作一般的"打工者"，随来随去，只管用人压任务，不愿意在教育培养上下功夫，出了问题辞退了事。改革开放

以来，新闻媒体迅猛发展，从业人员急速膨胀，据《中国新闻出版概览》介绍，1960 年全国新闻从业人员仅为 1 万人左右，而到 2003 年已有 75 万人。许多新闻从业人员没有接受过正规的新闻训练，没有接受过职业道德教育尤其是职业操守教育，思想中没有树立"真实是新闻的生命"的观念。不少从业人员不是把新闻工作作为一项神圣的事业，而是当作一件回报丰厚的职业，见钱眼开，今天为这个企业发"软文"，明天为那个老板当"枪手"。2004 年初查处的一家公关公司操纵媒体刊登假新闻诋毁某家乳业公司的事件中，全国竟然有 30 多家媒体的记者牵涉其中，收受的好处费少的 300 元，多的高达 8 万元！不少记者作风飘浮，不作深入采访，有的干脆从网上"扒"稿，删删改改就变成"独家"报道；有的把"旧闻"拿来，改个时间、地名、人名，变成"新闻"；有的记者双脚不接"地气"，采访不记不录，仅凭印象写稿。在《新闻记者》公布的百条假新闻中，由记者采写的为数不少！加上媒体内部管理不善，把关不严，三审制不落实等等，虚假新闻屡禁不绝也不足为奇了。

4. 某些公权力机构公务不公开，不透明，也是造成虚假信息传播的一个原因

目前，一些党政部门、个别党政领导执政水平较低，不懂得如何善待媒体、善用媒体、善管媒体，一味回避、封杀，对公民依法享有的知悉政府工作情况和社会公共事务的政治权利，也就是公众的知情权，还不够重视，一些公共事务的信息发布不够透明，造成信息"黑箱"，给媒体报道制造人为困难。比如 2011 年 3 月 11 日《华夏时报》报道：一位接近外管局的人士告诉记者，境内居民的购汇总额将由现在的 5 万美元大幅提高至 20 万美元。截至发稿时，外管局未正面回复本报记者的求证。3 月 15 日，《经济参考报》报道：记者 14 日就此事向国家外汇管理局求证，外汇局新闻处未对此信息予以评论。尽管主管部门尚不置可否，但这则消息已被广为传播。直至此时，才给出"说法"。新华社报道称，国家外汇管理局有关负责人 15 日回应表示，某些媒体报道的购汇总额调整的消息完全没有根据，外汇局现阶段无调整的政策计划或安排。这条虚假新闻的产生，固然有媒体采访不到位等问题，但是外管局对先后多家媒体记者的采访、求证不做回应，则是导致虚假新闻出笼产生广泛影响的关键原因。更有甚者，一些党政部门及有关领导为追求政绩发布虚假信息，把媒体当

做谋取个人利益的驯服工具，误导媒体，欺骗公众。最为典型的就是 2003 年"非典"早期一些虚假新闻的传播。

此外，我们也必须看到，虚假新闻这个顽症久治不愈与整个社会大背景有关。这些年来，从党政机关到工厂企业、商店摊贩，乃至在华的国外著名企业，都不乏作假者：统计数字作假、食品作假、商标作假、年龄作假、学历作假、论文作假……连获得国家科技进步奖也有作假的！社会学者孙立平说："假话这种恶疾已经遍布于我们的社会生活，甚至成为我们社会生活的一种惯例。在一些领域中，说假话已经成为一种潜规则，如果有人说了真话，轻则被认为是反常、不懂事，重则会被视为大逆不道。"在社会诚信危机的态势下，我们常常可以看到，诚实守信者没有得到相应的鼓励和收益，失信造假者也没有得到应有的惩罚，这就造成"劣币驱逐良币"的恶性循环。在这样的环境里，要新闻界独善其身也难。新闻打假，任重道远！

四、识别虚假新闻重在"小心"

如前所述，在"线型"的生产模式下，信息的采集基本上是在媒体"可控""放心"的视线下进行的，编辑在加工稿件时，对新闻真实性的判断、鉴别相对容易。而在"米字型"的生产模式下，信息源的多样、信息量的膨胀，使得对真实性的判断和鉴别比较困难。那么，并不在采访现场的编辑应该如何识别、剔除来稿中的虚假新闻？

一要小心 6 要素不全的"新闻"。5W1H 俱全，是新闻写作的基本要求，也是保证新闻真实、能够事后查证的基础。如果 6 要素不全，或者表述模糊，很有可能是虚假新闻。最典型的例子是 2008 年 5 月汶川大地震时"感动全国"的"母爱短信新闻"：抢救人员在废墟中发现一位已经死亡的母亲，她用自己的身体护着一个三四个月大的孩子，孩子的被子里有一部手机，"屏幕上是一段已经写好了的短信：'亲爱的宝贝，如果你能活着，一定要记住我爱你。'"这则"新闻"在各大媒体上广为流传。中国传媒大学唐远清博士发现这条"新闻"完全没有5 个 W 的具体交代，事件中的人物都是抽象的指代；叙述的事实有许多令人难以置信的地方：死去的母亲双手撑地护着孩子，如何能腾出手来写短信，且有

19个字之多？等等。唐远清对这则"新闻"的源头和传播路径进行了追踪，发现这则"新闻"最早出现在百度贴吧，后来被包括《人民日报》在内的诸多主流媒体当作新闻来报道。

再如2005年《苏州广播电视报》报道王小丫与陈章良结婚的假新闻，其消息来源竟然表述为"记者从央视内部获知"，编辑一看，就应当发现其消息来源不可靠。

二要小心奇特的"新闻"。在新闻竞争激烈的当下，媒体为了吸引更多的眼球，都比较重视有轰动效应的新闻。这，本无可厚非。奇特的事常常有轰动效应。要当心的是，有人利用媒体的这种心理编造假新闻。比如，《羊城晚报》曾刊登过一篇题为"错位夫君夜换娇妻30年"的报道，说的是湖南洞口县青龙乡同村青年刘光国、唐红花、周开林、尹珍芳，他们早有婚约，唐红花的父亲早将她许配给周开林，刘光国和尹珍芳还在腹中时两人的父亲就指腹为婚，将他们许配给对方，但四个年轻人却各自爱上了对方的未婚夫、未婚妻。1969年7月，四个家庭的父母宣布同意孩子们自己的选择，并为他们举行婚礼。但两个新娘在揭开红盖头后，惊愕地发现被父母出卖了。两对新人当晚便共谋对策，日间按父母的安排做假夫妻，夜里各自与心爱的人同床。就这样，经过了近30年才被发现。后来查明，这完全是洞口县自由撰稿人谢立军凭空编造而成的。像谢立军这样的自由撰稿人在洞口县还有好几个，而且收入不菲，已经形成了一个"新闻造假产业"。他们深谙读者和编辑的胃口，怎么离奇就怎么写，故而情节曲折，文笔流畅，跌宕起伏。虽然稿件的内容十之八九是假的，但却屡屡得手，每年都有一万多元的稿费收入。

三要小心文艺色彩强的"新闻"。有些稿子所描绘的情节颇多巧合，很有戏剧性，像小说一样，细节、对话栩栩如生。这一类稿件多半有假，尤其是对话、豪言壮语完全可能是写稿人"创作"出来的，要格外小心。

比如，2004年《重庆商报》《现代快报》等媒体刊登的假新闻《180万买辆宝马砸着玩》称：11月6日下午，成都八宝街肯德基快餐店附近，几名男子正用各式工具用力砸着一辆白色宝马760的窗玻璃，直到其玻璃被砸得稀烂为止。原来，6日下午，徐老太带着孙儿宇宇在肯德基用餐，宇宇吃着吃着便跑出去玩了。过了十来分钟，宇宇突然哭着跑了进来，"奶奶，叔叔喊我找你赔钱，还打了我一耳光。"听完孙子的哭诉，徐老太马上怒气冲冲地跟孙子走到店外的一辆宝马前。"这小孩用玩具划伤我的新宝马，这可是宝马760。"宝马车司机说。"你要赔钱是不是？那你等一下。"老太说着拨了一个电话。十余分钟后，徐老太的儿子带着自己公司的6辆奔驰600到了现场。"你这个宝马760买成160多万是不是？加完税180万是不是？那我180万把它买了！"徐老太的儿子向宝马司机说。"好，这个宝马是我的了。儿子，看叔叔们把这辆车砸烂了要哈。"说完，他便和另外几个奔驰司机将那辆宝马的车窗砸得稀烂。

这则假新闻不但有离奇的故事情节，而且有生动的当事人的直接引语，作为编辑，理应问一问，这样生动、详细的对话，不在现场的记者是怎么听到的。其实，这条"新闻"是《天府早报》一名记者根据网络笑话改编的，《天府早报》的编辑看到稿件引起警惕，没有编发，但却通过都市报供稿系统，让外地不少媒体上了当。

四要注意作者的身份与稿件内容的关系。对那些跨地区、跨部门、跨行业作者写的稿件，对那些基层工作的作者写的全局性的稿子，要多加小心：他们的素材是哪里来的？有没有道听途说的成份？有没有向壁虚构的可能？如2010年7月7日《甘肃日报》刊登的稿件中，透露了西安将成为中国第五个直辖市的消息。其实，编辑只要问一句:这么重大的新闻，为什么中央媒体没有报道？为什么陕西本地媒体没有动静，却让甘肃媒体抢先报了？只要打个电话向主管部门核实一下，就能把这条造成重大影响的虚假新闻堵住。

对有些职业写手尤其要小心。一有突发新闻，不用多少时间，这些职业写手便会洋洋洒洒写出几千字的大特写、深度报道。哪里来的这些材料？

五要注意信息提供者与报道内容的利益关系。有不少报道，是利益群体爆料、相关企业提供的，其目的往往是通过媒体报道，来达到他们自己的利益诉求。他们提供的信息中，不真实的成分、夸大炒作的成分会比较高。比如2007年江西电视台报道女孩丁香小慧被后母虐待毒打的消息，其实是孩子的亲人希望通过媒体的报道引起社会关心，为女孩筹钱治病。再如2010年北京不少媒体刊发的虚假新闻《炒蒜高手掷千万买走百斤金条》是中国黄金集团营销工作工作人员杜撰的。

五、思想教育领先，着眼制度建设

党的十六届五中全会提出了"构建民主法治、公平正义、诚信友爱、充满活力、安定有序、人与自然和谐相处的社会主义和谐社会"的要求，在建设诚信社会中，建设诚信的媒体、建设诚信的新闻界是题中应有之义。建设诚信的媒体、建设诚信的新闻界，就要防范杜绝虚假新闻，这内靠自律，加强媒体的责任意识，外靠机制，建立防范假新闻的规章制度，两者缺一不可。

（一）牢固树立真实性原则

首先是加强思想教育，教育媒体从业人员包括领导及普通员工都必须牢固树立"真实是新闻的生命"的原则，不论是政治的理由、组织的理由、经济的理由，新闻报道绝不允许作假。世界所有国家制定的新闻职业道德，都把确保新闻真实性作为首要准则。这是新闻存在的本质规定，也是在长期媒体竞争中，新闻人总结出来的经验之谈。

按照李普曼的说法，媒体报道对于受众来说构成了"拟态环境"——受众不可能对所有新闻事件都亲眼目睹、亲历亲为，他们主要通过接收媒体报道来了解外界环境的变化，作为判断事务和行为决策的依据。因此，他们要求媒体报道必须真实准确，不容许半点虚假。美国最早的新闻伦理学著作之一、利昂·纳尔逊·福林特著的《报纸的良知》在论述新闻真实性问题时指出：报纸发行人向要求了解事实的公众提供错误的信息，就和总是向主顾提供次品的奸商差不多。的确如此，受众阅读、收听、收看新闻，付出了金钱和时间，尤其在我国，群众对媒体高度信任，长期以来，甚至以媒体发布的信息来指导工作、生活，作出决策，因此他们有权利要求获得真实准确的信息。媒体报道虚假新闻，无异于商店出售假冒伪劣产品，应该主动采取补救措施，甚至是赔偿受众损失。一些有远见的媒体已经认识到这一点。比如，2002年6月，因为一位编辑粗心大意，《体坛周报》将前一个星期的联赛报道当成本周的新闻发表。为此，该报总编辑亲自在头版发表道歉文章，并花60万元印制了161万份精美海报赠送给每一位读者以示补偿。

当然，和媒体较真的受众毕竟是少数，"沉默的大多数"会采取用脚投票的方法，不买、不看那些屡屡刊发假新闻的媒体，让这些媒体难以生存。因此在长期竞争中，西方报人也发现一个定律：公信力有助于卖报纸。比如，《芝加哥论坛报》总编辑 Howard Tyner 说：准确度关系到报纸的可信性，是报纸生存的关键，"即使最小的失误，都足以让读者离弃我们。人们看到这些不应该出现的错误时，会感到愤怒，尤其当错误总是得不到改正时。"我国的报业实践也证明了这一点，"左祸"横行的年代，报纸上充满了"假大空"的文字，极少有读者自费订阅报纸，有些报纸，即便公费订阅送到读者面前，他们也不会看。因此，陆定一总结道："新闻工作搞来搞去还是个真实问题。新闻学千头万绪，根本性的还是这个问题，有了这一条，就有信用了，有信用，报纸就有人看了。"

从世界范围看，所有成功的媒体、有影响力的媒体，都对新闻真实性的问题极其重视，对报纸的信誉极其珍视。美国有线电视新闻网（CNN）曾播发一则报道，说美国特种部队在追杀美国逃兵任务行动中使用了沙林神经毒气。后来，这则消息被证实为假新闻，引起观众的不满。CNN 创始人、公司副总裁特德·特纳对此极为伤心，他说："这是我一生所经历的最可怕的噩梦。如果自杀可以减轻痛苦，甚至我会予以考虑。"痛心疾首之情溢于言表。另一份世界级大报《华尔街日报》发行人彼得·凯恩也曾说："我们是美国最重要的商报，我们的读者将根据我们的报纸做出商业决策，一个小数点的错误就可能给读者造成巨大的损失。所以我们必须在准确性上无懈可击。"正是这种对读者神圣的责任感以及对报纸准确性的重视，使它们赢得了读者的高度信任，也确立了在竞争中的优势地位。

但是，我们有许多媒体为了争取更多受众，赢取更多注意力，只顾追求轰动效应，忽视了打造媒体信用。事实上，媒体要赢得更多的注意力，恰恰要在建立诚信上下功夫。历史会证明，只顾追求轰动效应、忽视信用的媒体一定会衰败。媒体人尤其是媒体的领军人物对此要有足够的清醒的认识！

（二）完善切实可行的规章制度

前文介绍了中国共产党历史上三次大规模的抵制虚假新闻运动，这种由上而下的社会动员模式的优点和问题，清华大学王君超教授进行了比较全面客观的总结，他认为，这种做法的优点在于：

（1）利用官方的力量在全社会、全行业进行宣传教育，权威性强，可以起到即时的社会效果。

（2）为了响应有关部门的要求，各媒体一般都会推出固定栏目，形成较大的社会舆论，从而使举报与受理的结果可以获得新闻资源的保证，并得到全社会的支持。

（3）由于是全行业的学习教育运动，对于典型的投诉案例一般都会作公开处理，有的还会提交司法部门解决，效果较好。

而这种机制同时存在的缺点包括：

（1）因为这种机制是以活动为载体，而非日常的长效机制，因此常被社会上理解为"一阵风"，在活动结束或活动的高潮过后，类似新闻界"四大公害"的情况常会反弹。

（2）在这样体制的长期作用下，报业习惯了从上到下的形式的"自律"，而不习惯真正的"自律"，不利于报业自觉的职业道德建设。

为此，我们认为，还是需要从制度建设入手，提高行业自律水准，严格行业监管制度。

近年来，我国各级新闻管理部门先后出台了各种规章和文件，防范媒体传播虚假新闻。其中以 2009 年新闻出版总署印发的《关于采取切实措施制止虚假报道的通知》最为详细、具体，处罚措施也最严厉，其内容主要包括：

——报刊出版单位要完善新闻采编管理制度，采取有力措施，确保新闻报道真实、全面、客观、公正。

——报刊出版单位聘用采编人员之前，必须对拟聘人员进行全面考查，严格审查其从业经历，对存在搞虚假报道、有偿新闻、利用新闻报道谋取不正当利益等不良从业记录的人员，报刊出版单位一律不得聘用。

——报刊出版单位要规范用工制度，建立健全采编人员社会保障制度。

——报刊出版单位要制订采编人员从事采编活动的规范要求，建立健全内部管理监督机制。

——转载新闻报道必须事先核实，报刊出版单位要建立健全新闻转载的审核管理制度。

——报刊出版单位要建立健全责任追究制度。

——报刊主管主办单位要切实履行管理责任，加强所属报刊的导向管理，建立健全报刊管理制度，严肃查处报刊虚假、失实报道，严肃处理刊载虚假新闻的相关责任人，并向社会公开通报处理结果。

——新闻出版行政部门要加强监管，严肃查处损害国家利益和公共利益的虚假、失实报道，责令有关报刊公开更正，并视情节轻重依法对报刊做出警告、罚款、停业整顿的行政处罚；对经查实采写虚假、失实报道的记者，要给予警告，并列入不良从业记录名单，情节严重的要吊销其新闻记者证，五年内不得从事新闻采编工作，情节特别严重的，终身不得从事新闻采编工作。各级新闻出版行政部门要采取有效措施，监督报刊主管主办单位对负有管理责任的报刊负责人做出处理。

除此之外，一些地方新闻管理部门和媒体机构也制定了相应的规章制度，防范虚假新闻以及不准确的新闻报道出笼。

应该说，防范、制止、治理虚假新闻的规章制度已经不少了，关键是要坚决落实、严格执行，把那些恶意炮制虚假新闻者清除出新闻队伍，永不录用；对那些恶意造假的媒体课以重罚，罢免总编辑，停刊整顿直至吊销出版许可证。

1. 严格执行行业准入与退出制度

近年来，新创媒体越来越多，新闻工作者队伍越来越壮大。他们为我国新闻事业带来生机和活力的同时，也不应讳言，由于新闻行业门槛降低，一些没有经过正规新闻职业素养培训，连新闻学 ABC 也不清楚，更谈不上具备马克思主义新闻观，心态浮躁、急功近利的从业者充斥各种媒体，尤其是一些新创媒体。出于名利思想，或者出于完成工作任务的压力，一些从业者作风飘浮，甚至不惜铤而走险，编造假新闻。近几年被披露的虚假新闻报道中，不少就是记者凭空杜撰的。这种行为、这类"记者"，和新闻工作的职业要求背道而驰，也严重损害了新闻工作者的整体形象和声誉，必须坚决清理出新闻工作者队伍。

目前，虽然一些地区针对捏造新闻的问题出台了新闻职业资格一票否决制，但从总体来看，这一制度建设还不完善，执行上并不坚决，无形中助长了虚假新闻的泛滥。比如 2005 年年初，南方一家都市报记者在报道中多处将网上流传的小笑话嫁接到被采访对象身上，被当事人揭露后，版面编辑还振振有词，认为专版文章不妨移花接木。南方一家著名生活类期刊曾发表洋洋洒洒专访著名主持人崔永元的文章，但是崔永元表示，从来没接受过文章作者的任何采访，文章内容无非作者根据其他媒体报道改写和杜撰而来。有人向该期刊编辑部查问此事，有关编辑却不以为然。按照世界传媒业的通例，一旦发现记者造假，必定不容于整个新闻行业。美国《纽约时报》《今日美国》等报纸记者编造假新闻被揭发，都以当事人主动辞职或被开除并退出新闻行业而告终。新闻界也形成一种共识，对这样的造假记者，哪怕是竞争对手也不会录用。这种不留余地的严厉惩罚，看起来有点不近人情，但却是维护整个新闻业生存基石的必要保证。通过设立这样一个行业资格准入制度，也让所有的新闻工作者把维护新闻真实性看成自己职业生命的"生死线"。而在我们这里，有的人被这家媒体解雇了，旋即被另一家媒体聘用，在这种情况下，怎么能刹住虚假新闻？

2. 借鉴西方国家的行业评议会制度

虽然已经出台了对虚假新闻处理的严厉措施，但如果没有一套完善的检举、核查、纠正制度，没有一个完整、可操作的监督机制，就无法澄清混乱的新闻环境，就等于助长了新闻造假的气焰。中国人民大学郑保卫教授认为：造成新闻界公害横行的原因是多方面的，"缺少新闻行业自律的监督与仲裁机构也是原因之一。"他认为："虽然新闻行业内部已制定了不少行规行约，但由于缺少监督与仲裁机构，仅靠媒介机构和新闻从业者个人的自省、自查、自纠，许多违反职业道德、侵害法人和公民合法权益的行为往往得不到有效制止。"为此，不妨借鉴西方部分国家实行的报业评议会制度。

以英国、德国、日本等国家为代表实施的报业评议会具有独立于政府、独立于新闻媒体的地位，委员会成员具有广泛的代表性。比如英国1991年初成立的报业申诉委员会，由10名非媒体人士和7名媒体人士组成，全国报刊总编辑组成的委员会向其提交规范记者和编辑行为的准则，承诺遵守行业行为准则，并为其提供活动经费。

评议会对会员媒体违反职业道德的行为进行审查，也接受读者投诉。任何个人或组织认为某一报道侵害了自己的权益时，都可以向委员会投诉。该委员会接到投诉后，必须迅速展开调查，就被投诉者是否违反行为准则做出公开仲裁。为了避免"暗箱"操作或敷衍塞责，英国报业申诉委员会还对处理读者投诉做了规定：

第一，对公众的投诉或投诉意愿要迅速做出反应，正式投诉在接到后的 3 天内通知投诉者，并在 15 天内告诉进展情况。

第二，对投诉尽可能迅速处理，委员会承诺的处理时间一般为 40 个工作日。

第三，着眼于解决问题而不作经济惩罚。投诉完全免费，无论是调解还是裁决。对媒体或编辑记者所作的"处罚"分别为：受到报业申诉委员会的谴责或批评、向投诉者道歉或更正、提供版面发表投诉者对报道的不同意见或反驳文章。

第四，尽可能向投诉者提供方便。

第五，尽可能公开、透明。申诉委员会的有关统计数据、裁决文件等都公开发表，年度和季度报告向各成员报刊、议会、市民咨询机构、公共图书馆等报送，并经常向社会各界征求意见。

英国报业评议会每年要处理大约 3000 件读者投诉，2004 年处理的投诉案件中，90% 最终裁定是记者或编辑违反了行业行为准则。

目前我国新闻工作者职业道德监督也有内外两种：在内部，多数媒体开通了监督电话，接听受众投诉。外部则有主管部门——各级党委宣传部、新闻出版局，行业组织——中国记协、各地区新闻工作者协会，监管新闻媒体、接受受众投诉。但是与国外同业相比，还存在着内部监督不独立、读者投诉渠道不畅、处理程序不公开、处罚措施不力不透明等问题。在加强我国新闻工作者职业道德建设过程中，不妨借鉴西方媒体实行的行业评议会制度，从内部和外部建立独立、透明、规范的双重监督，从而更有效地发挥媒体的社会效益，维护受众权益，提高新闻从业人员的职业道德水平。

3. 公开更正和道歉制度

播发了虚假失实报道，以更正的形式加以弥补，是新闻职业道德的基本准则，也是减小虚假新闻危害、挽回媒体声誉的有效做法。

客观地说，虚假、失实报道不可能完全杜绝。新闻工作是在和时间赛跑，迫于抢稿的压力，对动态事件不完整不完善的报道，需要通过后续报道加以补充、纠正。一份报纸每天都有几十甚至上百个版面，也难免出点差错。出现失实或者差错不要紧，读者希望媒体通过更正来说明、弥补，许多读者看到更正时，对新闻报道质量的感觉就好多了。更正制度已经在西方主流媒体普遍推行，刊登"更正"已经成为负责任的新闻媒体日常作业的一部分，而且作为一种新闻理念与制度被广大从业人员普遍接受。比如《纽约时报》一直推行"双重检查"制，也就是说，除了付印前的检查外，报纸在清晨印出后，有关版面编辑需对已问世的版面重新检查，发现差错后次日公开更正。

有些媒体认为，刊登更正是"家丑外扬"，自找难堪，即便刊登更正，也尽量"越短越好"，越不起眼越好，或是用羞答答的"软更正"的办法应付，即发一则"正面报道""消除影响"。被造假的单位和个人，大都会同意这种"软更正"，因为在当今情况下，媒体是强势，"今天不见明天见"，不敢得罪啊！一些媒体的老总还认为，如果更正太多，会削弱媒体的可信度。其实，受众调查表明，大多数读者认为更正会减少他们对报纸的疑虑。有些人发现，《纽约时报》刊登的更正比一些地方报纸多得多，但这并没有影响它的权威性。《纽约时报》前发行人苏兹贝格有一次在写给编辑部的备忘录中说："我不认为我们会因为承认错误而失去什么，相反，我们这样只会进一步加强我们的地位。"美国著名主持人克朗凯特也认为：凡是固定刊登"更正"新闻栏的报纸，便是最负责的报纸。美国新闻学者杰克·富勒也指出：如果说勇于就事实性差错作出更正之初会引起公众笑话、造成报社惊惶的话，那么此举最终会建立可信度和自豪感。普利策说得好：在这个地方我们不能容忍差错。如果我们发现了差错，不对记录进行纠正决不罢休。这些经验之谈，对我们建立实施更正制度，可以增添决心和信心。

建立更正制度，国外媒体提供了可资借鉴的经验。

首先，要确定更正的对象和范围。一般说来，需要更正的内容不仅包括事实上的错误，还包括时间、地点、人物上的差错，甚至文字错误等。但是有分歧的观点、意见，不在更正之列。

其次，刊发更正必须及时。《纽约时报》的政策叫"立即刊登"制度，绝不容许人为地拖延迟滞。这一方面防止时间过长，读者已经淡忘了原新闻，或者已经固化了错误印象，另一方面也能够保证原新闻和更正提供给了同等数量的读者，公平公正。

再次，更正内容必须清晰、明确，即使没有看过原文的读者也知道是怎回事。这就需要先把错误的事实或者信息要素扼要介绍，然后说明正确的内容。

另外，刊发更正的位置必须醒目、固定。一般说来，报纸很难保证对新闻失实或差错内容以同一版面同等篇幅进行更正，那么，在固定的醒目位置刊登更正，就是挽回差错的最有效手段。《纽约时报》每天在第二版下方有固定的"更正专栏"，集纳对各个版面新闻的更正条目，已经成了该报的传统。不少读者拿到报纸后首先看这个更正栏目，以纠正自己曾经收到的错误信息。

目前，我国一些报纸逐渐开始尝试推行更正制度，这是在提高新闻专业化水平道路上迈出的重要一步，值得鼓励和提倡，并且以制度化的方式，在全国媒体中间推行。这对于防止虚假新闻泛滥，提高我们媒体的公信力，必将大有裨益。

跋：鞭挞"客里空"，我们见义勇为、义无反顾

吕怡然

十年前的一个冬天，我从《新民晚报》新闻编辑部调任《新闻记者》杂志主编之后的第四个年尾，在讨论新一年编辑工作的时候，大家议论起近来的虚假新闻报道愈演愈烈，令人难以容忍，我突然一个激灵，提出是否搞一次"2001年十大假新闻"评选，以示我们捍卫新闻真实性的态度？这个提议获得众人的赞同。于是，立即开始筹划评选，从当年诸多虚假新闻报道中选定最典型、影响最广、性质最恶劣的十件，请时任本刊编辑的贾亦凡和东方网编辑陈斌撰稿，邀漫画家阿仁配以漫画，2002年的第一期《新闻记者》赫然出现了《2001年十大假新闻》。我们为此加的一段编者按称：

2001年，可谓是中国假新闻的"丰收年"，从年头到年尾，传媒源源不断地生产出五花八门、令人瞠目结舌的假新闻。为了全面"检阅"2001年假新闻的"重大成果"，以提请新闻界同仁自重，本刊特评选出2001年十大假新闻，并授予相应的"荣誉称号"。今后，本刊拟每年评选当年的十大假新闻。不过，但愿我们的"阳谋"会落空：这次评选是第一次也是最后一次。

当时无论如何不会想到，我们的"阳谋"迟迟没有落空，这个"评选"竟一发不可收，延续至今已达十个年头，而此时，我已经是一个养老金领取者了。

十年了，甜酸苦辣，一言难尽！

每年的"十大假新闻"一经发布，首先是网络上广泛转载，各种报刊也纷纷转摘，影响日益广泛，形成对虚假新闻报道的包围、谴责态势，有些还揭露"十大"之外的新闻造假现象和典型案例。有些新闻传播专业报刊还深入剖析假新闻的成因，探讨防范之策；有些学者逐年对这些案例进行梳理、归类、分析，归纳新闻造假的动机、手法，提出杜绝假新闻的建议。我们为之欣慰。

有些报刊的假新闻"不幸上榜"，老总们并不讳疾忌医，而是责成相关人员查找原因，举一反三，汲取教训。假新闻《中国少女改写牛津大学800年校史》和《女大学生状告爸爸的吻》的编辑，主动回顾了编发假新闻的来龙去脉，进行一番理性思考，并分别为本刊撰写论文。我们为之感动。

"年度假新闻"评选引起主管部门的高度重视。中宣部多次发出阅评对此表示肯定；全国新闻战线"三项学习教育活动"领导小组办公室根据领导要求，对"十大假新闻"进行核查，多次发出通报；中宣部等三部门举行制止虚假新闻研讨会，指定我们参加，并在会上对本刊鞭挞假新闻予以肯定；上海市委宣传部领导、全国和上海市记协领导及文新报业集团领导经常予以关心，表示支持；许多业界和学界的同仁、专家、学者常常一见面就提起他们很关注我们的"十大假新闻"评选，鼓励我们坚持下去……我们为之振奋。

几乎每年1月，年度"十大假新闻"推出后，我们会接到电话、收到函件、接待来人。有些是向我们解释、与我们沟通，而更多的是对我们表示诘问、质疑、抗议、指责、谩骂。气势汹汹"打"上门者有之，要求收回杂志全部销毁者有之，发来律师函扬言要诉诸法律的有之，所在省市宣传部门通过上海宣传部门要求本刊更正、道歉的有之，在网上声讨本刊的评选失实、犯错，质问我们"有什么资格评假新闻"、"意欲何为"，讥讽我们充当"新闻警察"为图"出风头"、"捞好处"者亦有之。我们为之纠结。

在经受了多次"法庭上见"的威吓而每次都不了了之后，2010年春天，我们受到"侵害名誉"的指控，终于成了被告，被索赔人民币500000元。原告一口咬定我们的评选使他们蒙受了名誉损伤和经济损失，虽不得不承认他们刊发了虚假新闻照片，但声称并非故意；对方律师更是认定我们"违背职业道德","违反'不得举行全国性评选活动'的规定"……新闻打假惹上新闻官司,新闻媒体状告新闻媒体,可谓开中国新闻界之先河。我们为之无语。

十年打假,最初"这次评选是第一次也是最后一次"的心愿,显然表明我们实在太过幼稚天真。这些年来,虚假新闻报道屡禁不止,绵绵不绝,以致主管部门三令五申,数度开展专项整治行动,虽见成效,却打假依然未有穷期。尽管"假"始终与"真"相伴,且虚假新闻报道成因复杂,所以无数新闻报道中夹杂着若干"客里空"也不足为奇,但当前一个相当严重的问题是,有一些媒体老总对报道失实不以为意,为新闻打假不以为然,一旦自己媒体的虚假新闻"中选",并不是首先查明原因,追究责任,举一反三,引以为戒,更不会自我检讨,引咎辞职,而是恼羞成怒,大光其火,对打假者兴师问罪。如此心态,如此做派,"客里空"焉得不会一而再、再而三地出笼作祟?我们为之担忧。

……

十年间,我们始终信奉,判断新闻真与假的标准具有惟一性,即是否符合客观实在。长期领导党的新闻宣传工作的陆定一曾意味深长地说:"新闻工作搞来搞去,还是个真实问题。新闻学千头万绪,根本性的还是这个问题。有了这一条,就有信用了。有信用,报纸就有人看了。"他还强调:"事实与新闻政治性,二者之间的关系,万万颠倒不得。一定要认识事实是第一性的,一切'性质',包括'政治性'在内,与事实比起来都是派生的、被决定的、第二性的。"何等鲜明准确,何等切中时弊!可以说,这不仅是中国,也是国际新闻传播界的主流新闻观、核心价值观。

十年间,我们反复申明,评选"年度十大假新闻",除了以新闻职业精神、职业道德和新闻工作者的良知捍卫新闻真实性之外,我们别无他求。作为一份地方性的专业期刊,我们深知自己的弱小无能。而对新闻造假行为痛心疾首,对虚假报道深恶痛绝的我们,只是以一种力所能及的方式,为新闻真实性鼓与呼,为抨击"客里空"尽一份绵薄之力。我们绝无自以为是、哗众取宠之心,更无存心和哪家媒体"过不去"之意,仅仅是"路见不平一声吼",在新闻领域见义勇为而已。企图以此博"名"谋"利"?那只是有人"以小人之心度君子之腹",何况这年头做"得罪人"的事,哪会有"名"和"利"可言?

十年了,我们无悔,但有遗憾。坦率地说,面对诸多烦恼,我们曾经萌生打"退堂鼓"之念头。新闻打假,路途遥远,何必非要持续不懈地做下去?但是我们终于走到第十个年度,将100条假新闻钉在时代的耻辱柱上。遗憾的是,我们终究心有余而力不足,虚假新闻防不胜防,打不胜打,尤其在新兴媒体迅速崛起,海量信息泥沙俱下、良莠难辨的新时期。而刚性的长效机制未能有效地建立起来,鞭挞虚假新闻每每是"短促突击",成了权宜之计。

十年了,我们无惧,但有困惑。心底无私天地宽。面对无理交涉和诉讼,我们并不害怕,以事实说话,凭证据论辩。但我们的困惑挥之不去:为什么如今真实性这个新闻的铁律在现实的诱惑面前会如此不堪一击?为什么浮华浮躁浮夸浮浅之风在新闻界如此盛行?为什么一些新闻把关人对疑窦丛生的虚假信息会如此漫不经心?为什么至今尚未对造假责任者实行"零容忍""零宽恕"以致常常无人为造假担责?

十年了,我们慨叹良多,但更有信心。我们的评选工作是一个不断求索、不断成熟的过程,肯定不是尽善尽美的。但我们的"见义勇为"始终如一,义无反顾。况且,我们并非孤军奋战,无论熟识还是素昧平生者中,理解、声援、支持我们的大有人在。同时,2010年末,中宣部等部门在部署新闻界"三项学习实践教育"活动时,再次强调了对虚假新闻报道的治理,并要求开展为期半年的专项活动。而《新闻记者》的同事们也将以他们的智慧和韧劲一如既往、持之以恒。因此,完全有理由相信,我们的努力不会徒劳,尽管真实与虚假、正气与邪气的博弈仍将继续,然而虚假新闻在中国终究会失去孳生泛滥的土壤,新闻永远姓"真"名"实","客里空"当无立锥之地,新闻传播事业会大有希望。

在第十次公布"年度十大假新闻"之际,我写了以上这些感言,发表在2011年第一期《新闻记者》上。此后,作为上海新闻界深入开展"杜绝虚假报道,增强社会责任,加强新闻职业道德建设"专项教育活动的一项重要内容,上海市新闻战线"三项学习教育"活动领导小组、市新闻工作者协会、文新报业集团于2011年1月21、22日联合主办了"维护新闻

真实性 增强媒体公信力"高峰论坛暨《新闻记者》"十大假新闻"评选十周年研讨会。研讨会上,《新闻记者》受到上海市委宣传部的嘉奖表彰。这无疑是对我们十年打假的一个全面总结和又一次的热情鼓励。借这个东风,我们着手编撰这本《拷问传媒公信力》。

本书分作三个部分:第一部分,请复旦大学新闻学院特聘资深教授童兵先生领衔的学者对《新闻记者》"年度假新闻"的十年评选做一个分析报告,从理论上学术上做一些梳理概括,找出一些带有规律性的东西。第二部分,是十年来每年的"十大假新闻"的原文汇集(略有订正),以及每年评选之后的各种反应。这些反应,事实上已成为评选活动的一个构件,也是《新闻记者》与社会进行互动、联动的表现与结果。故集纳于此,录以备考。因限于条件,难以囊括全部相关文献信息,故名"不完全备忘录"。需要说明的是,十年"十大假新闻"的写作形式不完全一致,收入本书时也一仍其旧,未再统一。第三部分,是从历史与现实的纵横交错中对虚假新闻的"前世今生"做了较为系统的回顾,在理论上对新闻真实性原则做了全面阐述。这是在《文汇报》原党委书记、副总编辑,也是《新闻记者》的原分管领导吴谷平先生2005年撰写的"制止虚假新闻报道专题讲座"基础上进行修改充实的成果。

上海市新闻工作者协会主席、新闻学会会长、复旦大学新闻学院院长宋超先生对本书的编撰出版非常关心和支持,欣然出任编委会主任。文汇新民联合报业集团党委书记缪国琴、社长高韵斐也对本书高度重视,给予鼎力襄助。文汇出版社社长桂国强为本书的出版倾注热情,责任编辑陈润华为之操劳多多。在此一并表示衷心感谢!

贾亦凡、刘鹏、陈斌、郭天容、阿仁等均参与了本书的编撰工作。我们并肩十年,一路走来,风雨兼程,戮力打假,本书正是我们心路历程的见证,也为中国当代新闻史留下了值得记载的一页。

传媒的品质是诚信,新闻的生命是真实,诚信和真实理应是新闻工作者的职业底色和宝贵生命。我们曾为之努力,并将继续努力,真诚祈盼着公信力在中国传媒永驻。

2011 年 3 月 22 日

图书在版编目（CIP）数据

拷问传媒公信力/宋超主编. — 上海：文汇出版社，
2011.4

ISBN 978 - 7 - 5496 - 0180 - 6

Ⅰ.①拷…　Ⅱ.①宋…　Ⅲ.①新闻工作者-职业道德-
文集　Ⅳ.①G214-53

中国版本图书馆CIP数据核字（2011）第047008号

拷问传媒公信力
——新闻打假十年实录

主　　编/宋　超
编　　著/《新闻记者》杂志社
责任编辑/陈润华
封面设计/郭天容
装帧设计/靳　伟

出版发行/ 文匯出版社
　　　　　上海市威海路755号
　　　　　（邮政编码200041）
经　　销/全国新华书店
照　　排/南京展望文化发展有限公司
印刷装订/上海新文印刷厂
版　　次/2011年4月第1版
印　　次/2011年4月第1次印刷
开　　本/787×1092　1/18
字　　数/320千
印　　张/$18\frac{1}{3}$

ISBN 978-7-5496-0180-6
定　　价/36.00元